U0107100

理解他者　理解自己

也
人
————
The Other

共域世界史

王献华 主编

父权制与资本积累

国际劳动分工中的女性

Maria Mies

[德] 玛丽亚·米斯 著

李昕一 徐明强 译

Patriarchy
and Accumulation
on a World Scale:
Women in the International
Division of Labour

上海书店出版社
SHANGHAI BOOKSTORE PUBLISHING HOUSE

化的吸纳和后现代主义对女性共同性的否定下，这些内核已经湮灭多年。本书再次彰显了早期女权主义运动中非常强烈的一种观感，即谈论女性就是触及历史和我们日常生活的根基。正如米斯所说，女性并不是人类中的特殊群体；每一个时代、每一个社会中，她们都在这个星球上创造了生命，所有其他活动都依赖于她们的工作。因此，追溯女性受剥削的起源就是要追问，为什么历史"发生了错误的转折"，历史在哪里"发生了错误的转折"，推动世界历史的真正力量是什么，我们身处的资本主义制度蕴含了怎样的事实。

这就是《父权制与资本积累》一书所承担的任务，其结果就是，历史叙述和理论阐释在一个"惊人"范围内得以重建。本书沿着数百年来男性暴力侵害女性的轨迹，跨越空间、时间和学科界限，将狩猎/采集社会与资本主义、殖民主义的发展联系起来，展示了民族解放运动的陷阱。在这种延绵不绝的历史发展当中，我们挖掘以性别分工为特征的等级制度及其物质基础，并强调非剥削性社会应当遵循的原则。

因此，从本书中可以获得大量的历史和政治知识。《父权制与资本积累》也给我们上了一堂重要的方法论课程，展示了理论建构的极佳案例。更重要的是，本书结合"家务劳动有偿化"（Wages for Housework）运动的相关理论，将女性的无偿家务劳动界定为资本主义积累的支柱，并结合对第三世界农民经济和殖民化的分析，发展了一个理论框架，使我们能够将不同形式的剥削和社会运动放在一起思考，认识到女性的分裂和团结，同时也使女权主义成为一种探索，在这种探索中，我们能够把握世界经济结构调整的主要趋势。

不可避免地，这样一部作品会引起许多问题。有些人可能会对所持的这一论点感到困惑：在历史的开端，出现了一种劳动性别分工，即男性专营暴力和破坏技术，而女性专门从事日常生活和世代生产的活动，随着时间的推移，这种分工巩固发展为"父权制"，在这种制度中，男性对女性劳动的暴力化占有成为生产的主导力量。

这是一个具有挑衅性的论点，颠覆了我们从上学第一天就开始学习的文明故事。我想，一些人类学研究可能会因为找到了相关证据而有所发展。但不管米斯的父权制起源理论能否得到经验细节的验证，她的论点都有不容忽视的逻辑力量。因为它向我们提出了挑战，要求我们解释普遍存在的男性对女性的暴力行为，甚至让"性别怀疑论者"（gender sceptics）也不得不认识到他们所处环境中也有这种共同点。与此同时，它还揭示了资本主义（此乃"父权制的最新表现"）中被认为富有创新性和创造性的特征，充分显示出了它对无偿占有自然财富，以及女性身体和劳动成果的寄生性依赖。

正如米斯所证明的那样，只有随着资本主义的来临，暴力作为一种经济力量才得以普遍化和强化，这已经超越了以往任何制度。正如她所说，世界体系的形成使资本主义能够向外剥削，加剧殖民地的分裂，加速资本主义对地球自然财富的破坏。在这一背景下，《父权制与资本积累》一书最有力的部分之一，是其对资本主义发展第一阶段特征——猎巫、奴隶贸易、殖民化——与当今世界经济重组阶段特征之间连续性的分析，表明了"一端的发展始终意味着另一端的不发展"，同时也表明，不能仅仅将"原始积累"限定在资本主义社会的起源。相反，"原始积累"是资本主义发展各个阶段的基本内容，现在已经成为一个永恒的过程。

这是自《父权制与资本积累》第一次出版以来，社会和政治发展一次又一次证明的"真理"。本书断言，在资本主义关系的全球扩张与暴力侵害女性行为的升级——作为对女性抵制剥夺她们身体和劳动的惩罚——之间存在着直接的因果关系。不仅成千上万的女性和许多年轻男性继续被奴役、被扼杀于"自由出口区"（free export zones）——我们这个时代的贫民工厂，近年来，对女性的暴力行为也大大增加，"杀害女性"（femicide）一词现在甚至在政府报告中也普遍使用。在意大利，2013 年的法律条款还将"杀害女性"列为一种特殊的犯罪类型。与此同时，在世界各地，我们目睹了猎巫行动的死灰复燃。

值得赞扬的是，在描述"父权制资本主义"所释放出的破坏性力量时，米斯并没有弱化她的批评，也没有提供快速解决的方案，反而是证明了一个日益增长的认识：无法对资本主义进行改革。

当前，一些马克思主义者在理论上也会承认，人类再生产本身也是工作，而且是资本主义赖以生存的工作，几十年的女权主义写作和运动已经消除了与此有关的任何疑虑。更具争议却又在当今社会背景下更为重要的是，在技术对我们生活的控制变得如此有力的情况下，米斯没有将机器完成所有工作视为人类解放的条件，尽管这是马克思主义关于成熟工业化社会的一个梦想。她坚定地指出，这样的梦想忽略了一个事实，即产生压迫的不是工作本身，而是维持这种剥削制度的社会关系。

对于我们当中的许多人来说，这是一个至关重要的信息，尽管对资本主义社会的排斥越来越多，但这些人仍然迷恋它的技术生产，常常认为他们的权力是通过"脸书"或"推特"获得的。对这些人而言，事实上也是对我们所有人而言，《父权制与资本积累》这本书都是必要的政治指南。它不允许我们忘记新技术的生产成本、它们释放的暴力以及资本主义技术的普遍化对地球生产力的破坏性。

在这方面，历史也站在米斯分析的一边——在福岛事故后的世界里，持续工业化的梦想已经成为人类的梦魇。更重要的是，人们对当前资本主义危机的反应证明了米斯的观点，即真正的革命主体不是计算机程序员和其他机械化代理人，而是数百万每天靠不到一美元维持生存的女性，这些人完成了维持生计的工作，创造了更多合作形式的社会再生产。正是她们的隐性存在，并且每天都在努力创造不受资本主义积累逻辑支配的生存形式和社会关系，赋予了米斯这本书巨大力量。

这就是为什么，尽管《父权制与资本积累》毫不让步地描绘了资本主义的破坏力，但并没有鼓励任何形式的历史悲观主义。本书坚信，资本主义如此深刻地威胁着我们的生活再生产，但它并不会让我们俯首称臣，相反，反抗将一次又一次地重新出现在人类的议程上，直到资本主义的破坏力走向消亡。

西尔维娅·费代里奇

前 言

《父权制与资本积累》这本书曾于1986年由泽德图书（Zed Books）首次出版，现在本书再次出版，我感到很高兴。但需要扪心自问的是，本书在今天还有意义吗？如果有的话，又为什么有意义呢？在一个危机和战争接踵而至的世界中，我的分析和结论是否依然稳固？自1986年以来，又发生了哪些新变化？

我的第一个问题包含以下方面：在一个自由贸易支配着所有经济、政治和社会生活的世界里，父权制和资本主义的概念是否仍然有效？而且，正如我在1986年写的那样，资本主义和父权制是否仍然相互关联？我对资本主义父权制下女性劳动的分析是否仍旧不变？对女性、自然以及其他殖民地的暴力是不是依然没有从文明社会当中消失？

在回答这些问题之前，我想说明我是如何发掘父权制、资本主义、对女性/自然/殖民地的剥夺等概念的。有一件事从一开始就很清楚：我并不是坐在大英图书馆里，通过阅读政治经济学方面的书籍来获得见解；而是通过参与一些社会政治运动，特别是女权运动，还有学生运动、生态环保运动、和平运动以及后来的反全球化运动来获得的。事实上，写作和阅读是在这些斗争中和斗争后进行的。这意味着实践是在理论化之前进行的。对于女权运动来说，无论过去还是现在都尤为如此。因为对于为什么女性仍然被压迫、被剥削，为什么女性不能获得与男性相同的报酬，当时的书籍并没有做出有效解释。

《父权制与资本积累》是行动与反思、经验与理论交织过程的产物，但它也是在一个特定的历史时刻写成的，当时来自世界不同地区的人们，特别是女性，提出了类似的问题。我很幸运地在正确的时间和正确的地点遇到了正确的人，这些人看到了改变现状的需要，并相信他们自己能够做到这一点。因此，《父权制与资本积累》是这些不同情形相结合而生出来的"孩子"。

在下文中，我将描述这个过程的主要阶段，当时我发现了父权制的含义、资本主义是什么、为什么这两者有必然联系以及这种"联姻"的后果是什么。

1963 年，我在印度浦那（Pune）的歌德学院（Goethe Institute, GI）担任讲师。学校的学生，无论男女都来自印度各个地区。男人想学德语的原因很清楚：他们想在德国找份工作或者继续学习物理学或其他科学。但是，为什么印度女性想学德语呢？德语对她们有什么用呢？我做了一个小调查，后来以"为什么是德语？"为题发表了一篇文章（Mies，1967）。

我对男性的假设是正确的，但女性的答案却让人吃惊：她们学习德语是因为想推迟"谈婚论嫁"（marriage talk）。我想知道那是什么。她们告诉我，她们都不得不接受包办婚姻，由父母决定女儿嫁给哪个家庭的哪个男人。在所有中上层和中下层家庭中，这样的包办婚姻是惯例。在这些决定中，新郎和新娘都没有什么发言权。在更传统的家庭中，他们甚至不能相互见面。重要的是种姓、阶级、家庭地位和经济状况要门当户对。不管是过去还是现在，在这些"谈婚论嫁"中，最大的困难之一都是关于新娘家庭必须向新郎家庭支付多少嫁妆的协商。许多有多个女儿的贫困家庭为了给女儿找新郎会债台高筑，即使是现在也依然如此。另外，一个嫁不出去的女儿是没有经济保障或社会地位的。她是父母的耻辱。尽管这种情况今天已经改变，但包办婚姻和高额的嫁妆要求仍然很普遍。然而，在受过教育的中产阶级家庭中，只要女儿还在上学，她们就可以"推迟"谈婚论嫁。因为教育在印度中产阶级中具有很高的权重，即使是对女性而言，也同样如此。因此，只要他们的女儿正在攻读学士或硕士学位，父母就不会开启"谈婚论嫁"的议程。当然了，她们最后还是不得不嫁给一个她们通常不认识的男人。

我当时还不知道"父权制"这个概念真正意味着什么。但是，与学生的这些谈话，让我第一次体验到了在父权制社会中做一个女人意味着什么。她们使我看到了社会对女性的压迫和男女之间的父权关系。但那时候我还没有认识到，其实父权制并非只存在于印度。

从世界著名的人类学家伊拉瓦蒂·卡夫（Iravati Karve）那里我了解到，我从学生那里听到的只是整个父权制社会和家庭制度的一个特点，这个制度在印度次大陆已经存在了几千年。从那时起，我就想更多地了解这个制度。因此，当我在1968年回到德国时，我想研究这个问题：为什么现代印度女性仍然受到父权制家庭制度的压迫？我去了科隆大学，见到了社会学系系主任、国际知名的家庭社会学家勒内·柯尼希（René Koenig）教授。我向他讲述了我在印度的经历，以及对进一步研究现代印度女性的兴趣。当时，德国还没有一所大学教授妇女研究的课程，更不用说是对现代印度女性的研究了。柯尼希教授对这个话题非常着迷，他说："你为什么不读这个方向的博士呢？"我回答说："如果有可能，那我就做。"

我回到了印度，对现代中产阶级女性的困境和斗争进行了实证研究。研究结果证实了我五年前已经观察到的情况，即父权制是一个与社会、文化、经济和政治有关的整体性制度，它决定了女性从出生到死亡的一生。我学到的另一点是，尽管有"现代化和发展"，但父权制并不是过去的事情，在今天父权制仍大行其道。我的论文写的就是现代印度女性的斗争和困境，并以"印度女性与父权制"为题在印度出版（Mies，1980）。

然而，当我研究印度父权制中的女性地位时，我还发现了德国的父权制！

在一个正确的历史时刻我回到了德国。1968年的德国出现了两个新的、决定性的社会政治运动：学生运动和新女权运动。这两个运动都冲击了德国的社会、经济和政治基础。学生运动开始了对家庭、大学、教会和国家等既有机构的"反权威"斗争。学生们开始研究马克思主义——自二战结束后，这在联邦德国一直是禁忌，并阅读马克思和恩格斯以及其他社会主义者的主要作品。女权主义者攻击家庭法，特别是禁止堕胎，以及对女性的暴力，殴打妻子、强奸和男女不平等的现象。我们并没有尝试阅读有关女性受压迫的基础书籍，因为当时还没有，但我们开始用行动来抗议对女性的压迫。通过这些斗争，我发现印度女性和德国女性的处境有许多相似之处。在这两种文化中，女性都比男性低贱。在德国，女性在经济上也依赖于父母或丈夫。在教育、工作、薪酬和现实法律状况方面，男女之间并不平等。只有在丈夫同意的情况下，女性才可以得到一份工作。女性的"正常"定位是依附性的家庭主妇。而且，德国女性同样也是男性暴力的受害者。

与那些加入学生运动的大多数学生相比，我的年龄大得多。学生们组成了"马克思主义学习圈"。在那里我第一次读到了马克思和恩格斯关于阶级、阶级斗争、劳动、宗教、家庭和革命的著作。这一切让我大开眼界。

从一开始，德国的女权主义运动就是国际妇女运动的一部分。我最感兴趣的问题就是男女之间的劳动性别分工问题。关于家务劳动在资本主义家庭和社会中的作用的辩论，对我理解资本主义具有决定性意义。1980年左右，我开始参与这场新辩论，并开始更仔细地阅读马克思，特别是他对工作的看法，女性在家庭中的工作尤甚。许多年来，这场辩论是国际女权主义讨论的中心。马克思称家庭主妇的工作为"再生产劳动"，而男性在工厂的工作是"生产劳动"。

这时我开始写《劳动性别分工的社会起源》，这是一篇收入《女性：最后的殖民地》中的文章，该书是我和朋友维罗妮卡·本霍尔特-汤姆森（Veronika Bennholdt-Thomsen）、克劳迪娅·冯·韦尔霍夫（Claudia von Werlhof）共同撰写的（1988）。它被全世界的女性广泛阅读、广泛讨论。我们三人都曾在"第三世界"国家工作和学习过——维罗妮卡和克劳迪娅在拉丁美洲，我在印度。因此，我们不仅研究了资本主义对欧洲和美国女性的影响，而且还研究了资本主义对发展中国家的女性有什么影响。我们将其概称为殖民地。维罗妮卡和克劳迪娅都特别关注家庭主妇的工作和南美农民的工作之间的相似性。我对印度也做了同样的研究。我们认为，不仅全世界女性的家务劳动是资本的"免费资源"，而且小农的工作和城市贫民窟居民的工作也不例外。对殖民地而言，特别是对自然界而言也是如此。对资本家来说，所有这些都是"殖民地",是几乎可以免费占有的生产成果。

诸如"生产关系""生产模式"这些马克思式的概念,能否清晰地表达出那些不是直接为市场工作,而是每天为自己的生计(subsistence)和生存工作的人的基本状态?我们并不是唯一试图理解这些问题的人。于是,生计成为我们的主要概念,我们用这个概念来了解资本主义积累是如何真正发生的。很快我们就弄明白了,无偿家务是"再生产工作",因为女性工作是为了"再生产"男工,以便他能够在工厂门口出售劳动力以获得工资。此外,她们还会"再生产"下一代工人,以便资本积累的过程能够继续下去。马克思认为这种日常和代际的"工人阶级的再生产"是生物学问题。西方的大多数女权主义者认为,马克思对女性家务劳动的这种理解过于生物主义和性别化。

维罗妮卡对马克思以及罗莎·卢森堡的作品有更深入的研究,她告诉我们,卢森堡也对马克思的相关观点存疑,不是因为认为他忽略了女性的无偿工作,而是认为他忽略了农民和其他非资本主义阶层的非雇佣劳动者。

罗莎·卢森堡写道,马克思的资本持续积累模式是基于这样的假设:资本主义是一个封闭的系统,其中只存在雇佣劳动者和资本家。她写道,资本主义总是需要"非资本主义的环境和阶层"来扩展它。根据她的文章,这些层面包括农民、殖民地和帝国主义体系。如果没有对非雇佣工人和自然资源的持续剥削,以及市场的长期扩展,资本主义将无法继续其永久的"原始积累"过程

（Luxemburg，1923）。卢森堡不是一个女权主义者，但她的分析至关重要，能够让我们理解为什么女性作为无报酬的家庭工人、作为"殖民地"，以及最终作为自然界的资源，必须被剥削以实现资本的持续积累。这个过程必然建立在暴力的基础上，最终破坏了人和自然的生存。

为了检验关于女性和农民被剥削的论点，我们回到了之前学习过的国家——维罗妮卡和克劳迪娅去了南美，我去了印度。在印度，新的女权主义运动刚刚开始。我在海得拉巴（Hyderabad）遇到一群年轻学生，他们发起了一场废除嫁妆制度的运动。我把我的研究项目告诉他们，并询问在哪里可以找到这么一个地区，那里女性的生产生计处于被剥削的状态。他们告诉我，南印度东部海岸有一个叫讷尔萨布尔（Narsapur）的小镇，那里的贫穷女性为"外国"制作蕾丝。其中一个叫拉利塔（K. Lalitha）的学生，作为助手和翻译，和我一起去了这个小镇。我想研究这些女性以及她们在这样一个典型家庭产业中的工作状况。

对讷尔萨布尔的蕾丝生产女工的研究，是我作为社会学家和女权主义者学到的最重要的一课。这些女性坐在她们的土坯房子前面，从早到晚都在制作钩针蕾丝，直到天黑无法再劳动为止。她们的工作所得远远低于季节性农业女性劳动者的最低工资。

蕾丝行业是按照传统的包工制度（putting-out system）组织的。她们必须从出口商那里购买线，然后这些出口商再将蕾丝成品集中起来，出口到澳大利亚和欧洲。出口商已经成为一个百万富翁，在讷尔萨布尔有一座大房子。然而，除了这种"有偿劳动"，蕾丝女工们还必须做饭、打扫小屋、洗衣服、陪丈夫睡觉、生孩子、照顾孩子，以及全世界女性都会做的其他"看不见的工作"。因此，她们不得不将"再生产工作"与报酬最低的"生产工作"结合起来。她们的"产品"是奢侈品，出口到富裕国家，为那里的女性服务。我把这种两类工作的结合称为"劳动的家庭主妇化"（houswifization of labour）。我将这些研究结果发表在《讷尔萨布尔的蕾丝制造者》一书中（Mies，1982）。

今天，很多男性也不得不坐在"家里"，在电脑上为世界市场工作。尽管他们不像讷尔萨布尔的蕾丝女工那样贫穷，但是他们的工作条件在结构上是相似的。只不过直到今天，人们依然把这称为"不稳定的工作"。

我关于父权制和资本主义之间相互联系的研究，在1979年进入了一个新阶段。当时我应海牙社会研究学院（Institute of Social Studies，ISS）的邀请，为发展中国家的女性设立了一个硕士项目。项目名称是"妇女与发展"，由荷兰政府赞助。这时官方机构开始认识到"妇女问题"对工业化世界的未来发展具有重要意义。为我们这个项目寻找候选人并没有遇到什么困难。这些女性来自印度、孟加拉国、泰国、苏丹、索马里、特立尼达和多巴哥、菲律宾、伯利兹、南非，还有两位荷兰女性，她们非常热衷于研究第三世界的妇女问题。

然而，有一个问题我必须立即解决。这样一个硕士项目没有课程表，也没有书籍，更没有可供咨询的学院。因此，我必须自己开发课程。为此，我需要学生的帮助。我向学生们咨询，他们国家的女性必须面对的主要问题有哪些。他们的故事对所有人来说都很吸引人，也很新鲜，我们从彼此身上学到了很多东西。尽管存在文化差异，但是我们了解到，世界上所有国家的女性都处于类似的境地：她们被认为比男人低下，处于从属地位，被压迫、被剥削，而且经常不得不面对丈夫、家庭和社会的暴力。简而言之，她们都是父权制的受害者。即使在荷兰和德国，对女性的暴力也是"正常"的。

也正是在这个时候，女权主义者开始研究女性的历史，因为这段历史在所有国家基本上都被抹去了。这种新的女性历史被称为"她的故事"（her-story）。我想让学生们在他们各自的国家找出母亲和祖母的"她的故事"。我问学生，在他们的国家是否有早期的妇女运动。我们惊讶地发现，这种运动早就存在，只不过在这个时期被遗忘了。

当我问自己对德国早期的妇女运动了解多少时，我意识到我自己对这一历史真的了解不多。因此，我自己必须先做功课。我开始研究 19 世纪和 20 世纪初的社会民主主义妇女运动。当读到这段历史时，我了解到德国社会主义妇女形成了她们自己的、独立的、全体妇女的组织，在那里她们也可以讨论妇女的问题。男性社会主义者不喜欢这些独立的妇女组织。但是，当社会主义政党被禁止时，妇女们可以继续她们的鼓动行为，因为她们将之称为"文化工作"。国家不认为这些妇女在政治上是"危险的",所以未加约束。但是,在党再次合法化后,领导人解散了独立的妇女组织,要求妇女作为个人成员入党。

当我在研讨会上谈到这个故事时,项目中的大多数女性都讲述了类似的经历,特别是在第三世界的解放斗争中所经历的事情。我们的结论是,女性与男性一起,为摆脱殖民主义、种族主义、帝国主义和资本主义的压迫而战斗,这是受欢迎的事情,但是当战争结束后,她们就会被送回家,重新扮演起母亲和家庭主妇的旧角色。

另一个问题是,海牙社会研究学院没有关于妇女的教科书,特别是关于第三世界妇女的教科书。因此,我们不得不自己编写。一年后,来自斯里兰卡的同事库玛丽·贾亚瓦德纳(Kumari Jayawardena)加入,我们开始一起撰写我们所知道的各自国家早期妇女运动的内容,编写了《民族解放和女性解放》(Jayawardena and Mies,1982)。库玛丽写的是斯里兰卡早期的妇女运动,我写的是《马克思主义者的社会主义和女性解放:德国的无产阶级妇女运动》。

我们要求学生写论文,说明他们对自己国家妇女历史的了解。后来,一些学生在攻读博士学位时继续这项研究。例如,来自特立尼达和多巴哥的罗达·雷多克(Rhoda Reddock)写了她的论文《特立尼达和多巴哥的女性、奴隶制、工作和政治》(1994)。通过她的研究,我了解到奴隶贸易并不是所谓的"前资本主义"的生产模式，而是全球资本主义的直接结果，其中特别是女性被当作商品进行交易。奴隶贩子们计算过，让女奴"繁殖"奴隶，还是购买新的奴隶，哪一个更有利可图。他们得出的结论是，"购买比繁殖更有利可图"。因此他们不允许女奴生孩子。我和我的朋友们多年前获得的见解，即"女性是资本最廉价的劳动力，她们被当作殖民地和自然界一样对待"，这个判断被学生讲述的他们自己国家的故事所证实。

学生们对荷兰女性也进行了自己的研究。他们无法理解为什么荷兰女性或西方女性需要一场解放运动。她们不是拥有自己想要的一切吗？她们可以嫁给一个自己喜欢的男人。她们受过教育，可以找到一份工作。她们还想要什么呢？我对他们说，你们为什么不与荷兰的一些女权主义团体见见面，了解一下情况呢？我们把这称为"在荷兰的实地考察"。回来后，他们的报告把我吓了一跳。一位来自菲律宾的女性写道："我一直认为西方的价值观对西方人有好处，东方的价值观对东方人有好处。现在我知道，西方的价值观甚至对西方人都没有好处。"一位非洲女性写道："我不理解这些荷兰女性。她们一直都在谈论男人。谈论这些男人是未婚、已婚还是离婚。难道她们没有更重要的事情可做吗？"

对于来自世界各地的学生来说，他们在海牙社会研究学院的经历是至关重要的。他们了解到，尽管文化不同，但世界各地的妇女问题是相似的。同时他们也了解到，父权制和资本主义是相互关联的，我们必须与两者作斗争。因此，他们发明了一个伟大的口号："文化使我们分裂，斗争使我们团结。"

暴力——资本主义父权制的秘密

我们从第三世界女性以及欧洲历史中学到的主要教训是，直接暴力是使女性、殖民地和自然界被迫为"白人"服务的手段，没有这种暴力，欧洲的启蒙运动、现代化和发展就不会发生。

在欧洲，启蒙时代是以残酷迫害和杀害身为女巫的女性开始的。德意志是猎杀女巫的中心之一。从 1976 年到 1980 年，女权主义者为了寻找性别歧视的根源，重新发掘了教会、国家和现代科学对那些名为女巫、实为贫困女性所犯下的暴行和罪行。猎杀女巫开始于 12 世纪，一直持续到 17 世纪。人们对欧洲的猎巫行动进行了大量的历史研究，研究结果在各方面都令人震惊。或是强迫妇女承认她们曾使用魔咒伤害邻居，或是强迫她们承认曾与魔鬼合作、与魔鬼交欢，酷刑手段令人毛骨悚然，而教会、国家、法律和"现代科学"在这些女巫审判中的联合行动也同样残酷异常。

哲学家和政治学家试图根除"魔法"，实现"新人"（Bacon）的诞生，或者在绝对主义国家（如法国）提高出生率。现代科学家和医生设法将助产士和传统女性诊疗师的技能妖魔化，窃取她们的知识，以发展新的、科学的医学。刑讯室在事实上承担了实验室的功能，以探究对人体可以做什么。在同一时期，我们的地球母亲被折磨，以便她能向人类透露她的秘密（Federici，2004）。虽然猎巫行动应该已经结束，但这个时代的世界观、启蒙运动的世界观和理性的世界观仍然是一样的。它基于这样的信念：地球、自然和人类的现状是不够好的。它们必须改进、发展，变得更好，以达到地球文明的"更高阶段"。这个"更高阶段"只能通过酷刑和暴力来实现。自启蒙运动以来，西方文明的关键词是理性和进步。在现代资本主义经济学中，理性只意味着无限的资本积累。其他类型的乌托邦也是基于同样的理性逻辑，基于进步和科学技术的发展。而这些需要暴力来分析自然，找出她的秘密，包括人类的秘密。就像对待女巫一样，在理性、科学、技术和现代经济得以建立之前，所有野蛮的、未被驯服的、神秘的和落后的思维都必须被暴力消除。今天也不例外，需要用暴力来实现"文明"，"改善""欠发达的世界"和"野蛮的自然"。因此，暴力仍然是现代资本主义父权制文明的秘密。

今天有什么不同？

当我问这个问题时，我首先想到的是，今天的普遍情绪是不同的。1968 年，许多人仍然充满希望，认为他们可以改变现状，可以建立一个更好的世界，可以阻止生态破坏和核工业对世界的毒害。这种乐观主义已经不复存在。当前西方社会的普遍情绪如果不是压抑的，那也是悲观的。这种变化事出有因。自从我写本书以来，世界发生了巨变。在这里，我只想提一些最重要的变化。

从 1979 年到 1980 年，撒切尔夫人和罗纳德·里根将新自由主义作为新的经济教条引入英国和美国。自由市场经济的主要支柱是全球化、自由化、私有化和普遍竞争（GLPC）。在世界银行、国际货币基金组织和后来的世贸组织的推动下，这种自由市场经济被迅速引入世界各国。在南方的负债国，政府被迫接受这种模式。但北方的富国也迅速按照自由市场的原则改造经济。最后，在"冷战"结束后，一些前社会主义或共产主义国家也采用了新自由主义，因为它向每个人承诺，可以快速发家致富，有更多的就业机会，有更多的民主，全球采购的商品价格会降低，人员和资本可以从一国自由流动到另一国。大多数政府相信这些承诺。但后来许多人都意识到，这些变化的代价是失业率上升，新一轮的贫困，对工人更多的剥削，更多的生态破坏和一个已经放弃经济调控角色的国家。

一开始，来自世界各地的国际人士强烈反对这种自由贸易政策，他们了解这种新经济的真正含义，特别是对贫穷国家的影响。但从长远来看，这种反对声变得越来越弱，因为跨国公司能够把更多更便宜的商品从"低工资国家"投放到全球市场。孟加拉国是工资最低的国家之一，中国也向世界上的所有国家出口廉价的消费品。其结果是，以前富裕国家里越来越多的人失去工作，面临贫困的境况。

也许各个生活领域最彻底的变化是通过互联网发生的。这种新的"通信技术"能够将人们从世界的一端即时连接到另一端。但是，互联网带来的最深刻和最深远的变化是对现实的全新理解。迄今为止，我们一直认为现实是人们可以看到、触摸到、闻到的东西，可以被我们所有的感官所感知。简而言之，现实意味着我们生活在一个物质的世界里，生命有开始有结束。然而，互联网创造了一个"虚拟世界"，在这个世界里一切皆有可能，所有的边界都被消除，死亡不再存在。互联网不是一种工具，而是一种代用的宗教。然而人们相信它，相信它将创造一个"新世界"。这种信仰的深远后果尚不可知。

但是，现实世界中的其他事件也深深地改变了世界，以至于到处都能感受到其后果。第一个是2001年9月11日对纽约世界贸易中心的袭击。乔治·W.布什将这次袭击归咎于伊斯兰恐怖分子。在他看来，从这一天起，不仅是美国，全世界都有了一个新的敌人：恐怖主义和伊斯兰教。世界各地都必须打击这个"新的敌人"。布什本人谈到了开展"新十字军东征"的必要性。针对这个"新敌人"的战争浪潮随之而来。首先是伊拉克，接着是阿富汗。战争名单上的下一个候选人是伊朗。

今天，世界各地又出现了战争。人们希望东西方对抗结束后会出现一个和平的时代，但这种希望已经落空。在西方媒体看来，在伊拉克和阿富汗的战争是合法的，因为它们会带来自由、民主和现代性。这些承诺中最反常的是，对于"解放"这些国家的女性，使其摆脱落后的、过时的文化和男人的暴力而言，这些战争是必要的。无论是过去还是现在，所有的西方媒体中都充斥着这样的宣传：必须将穆斯林女性从他们的"父权制男人"手中解放出来。当德国的北约士兵被问及他们为什么在阿富汗时，许多人回答说："我们必须为女孩能够上学、女性不被强迫穿全身罩袍而战斗。"从什么时候开始，战争是为了把敌人的妇女从其暴力的男人手中解放出来呢？以往的战争"解放"过妇女吗？自古以来，女性就是战争的受害者。女性遭强奸历来是战争的一部分。最糟糕的是，大多数人相信这种宣传。对这些新的战争不再有任何抗议。

在相当长的一段时间里，我认为这些新战争的真正目的是获得石油和天然气等资源。但现在我想：这些新的战争难道不是关于女性的战争吗？一片土地上的女性属于谁？属于那片土地上的男人还是属于新的入侵者？许多年之前，我曾这样回答这个问题："谁拥有土地，谁就拥有土地上的女人。"（Mies et al.，1988）但今天我想说："谁拥有土地上的女人，谁就拥有土地。"这就是新旧父权制的规则。

今天悲观情绪的另一个原因是，世界经济正面临一个又一个的危机。这造成了一种巨大的不安全感。继美国之后，欧洲（特别是南欧国家）也成为这场持续性危机的受害者，而且这种持续性危机的局面不太可能结束（Sarkar，2012）。这些危机不仅是经济上的，它们还产生了心理层面和社会层面的影响。但这种情况也使得越来越多的人质疑这整个制度，并寻找替代方案。他们开始问：新的视角、新的视野位于何方？

许多年前，我和一些朋友把这种新观点整合成《生计视角》一书（Bennholdt-Thomsen and Mies，1999）。我们很早就知道，只要人们相信越来越多的钱会带来更好的生活，资本主义父权制就会继续对生活产生破坏。新视角的第一个要求就是，人们需要放弃对金钱的信仰。其次是对经济目标形成新的定义。"经济"这个词来自希腊语 Oikonomia，也就是关于家庭的知识。Oikonomia 的目标不是金钱的积累，而是满足家庭所有成员的基本需求。这就是维持生计的含义。

2003 年 9 月，我受邀参加在特里尔（Trier）举行的妇女会议。会议是由天主教农村妇女协会组织的。这次会议的口号是"世界是我们的家"。我认为这可能是人们正在寻找的新模式的关键词。如果每个人都把整个世界当作自己的家，世界将呈现出不同的样子。

但现代，发达国家的人们有不同的担忧。他们第一次意识到，不仅仅是发展中国家的人会受到贫穷的威胁，他们自己也不例外。在经历了长期繁荣之后，西方国家经历了一场又一场的危机。经济学家曾经宣称，这种危机在发达国家已经永远结束。但现在它们又回来了，无论是美国还是欧洲，概莫能外。而政治家们不知道如何解决这些问题。事实上，目前的危机是资本主义的一部分。资本主义需要危机。面对那些对目前的危机负有责任的大银行和手眼通天的跨国公司，政治家们束手无策。当前南欧受到危机的打击最大，特别是希腊、西班牙和葡萄牙，现在要依靠北欧较富裕的国家，特别是德国，把它们从破产中拯救出来。

然而，对未来经济的不安全感，让人们对新贫困的原因以及从新贫困中获利的群体产生了新的认识。长期以来，"资本主义"这个词汇一直是禁忌，但现在它又被用在公共话语中。今天，许多人意识到，目前的危机不能在资本主义父权制的框架内得到解决。他们正在寻找一个新的视角、新的范式、新的文明（von Werlhof，2011）。世界各地都在讨论许多新的愿景，其中就有自给自足的观点。今天，自给自足的观点不仅是一个浪漫的想法，而且是一种必需品。

在本书首次出版后的二十八年里，有一件事对我来说已经很清楚了：一个新的范式不能建立在暴力革命的基础上。早期的革命没有一个能消除父权制和资本主义的相互联系。资本主义只是父权制的最新化身。如果想克服这两者，我们必须走一条不同的道路。这是一条播撒新种子的道路。来自孟加拉国的朋友法里达·阿赫特（Farida Akhter）在她的《运动的种子》一书中，描述了这条道路（2007）。

玛丽亚·米斯

2014 年 3 月于科隆

目　录

导 论

关于女权主义问题，我想澄清一些反复出现的困惑，这是我写本书的动因。我意识到，在女权运动向世界更多地区蔓延，妇女问题越来越被世界统治者"接受"的同时，这一运动所反对的东西和它所争取的东西变得越来越模糊了。

虽然我们当中的很多人都同意，我们的敌人是资本主义父权制这个制度，而不仅仅是男人，但我们不能否认，许多女权主义者甚至不谈论资本主义，或者，即便他们谈论的话，对这个制度的概念认知也相当有限，无非是试图把女权主义分析加入传统的马克思主义分析当中。另外还有一些人，只想与男性有更多的平等，就像美国的《平等权利修正案》（ERA）的支持者一样，甚至不希望超越资本主义父权制这个特定的制度。

　　同样，我们当中的大多数人觉得，女权主义抗争已经跨越了阶级、种族和帝国主义的所有障碍，因为世界各地的女性都是性别歧视和男性统治的受害者。因此我们认为，女性之间的国际团结，或者说全球姐妹情谊，是有现实基础的。另一方面，我们又不能无视这样一个严酷的事实：西方各阶级的女性和第三世界的中产阶级女性，她们的生活水准，也是建立在对欠发达地区和欠发达阶级的贫穷女性和贫困男性的持续性剥削之上的。

　　显然，说所有女性都被男人剥削和压迫是不够的。不仅有两性之间的等级划分，还有其他的社会和国际划分，与男性对女性的统治关系错综复杂地交织在一起。这意味着女权运动不能忽视阶级、剥削性国际分工和帝国主义的问题。另一方面，科学社会主义者提出的旧论点——"妇女问题"是次要矛盾，属于意识形态、上层建筑或文化领域——不能再被用来解释妇女的现实，特别是考虑到女权主义抗争在各地都是围绕暴力问题展开的，那就更是如此了。

　　未解决的问题涉及父权制和资本主义之间的关系。换句话说，是女性所遭受的压迫和剥削与永无止境的积累和增长范式之间的关系，还包括资本主义父权制与殖民地受剥削和从属地位之间的关系。

　　这些都不是学术问题。它们关系到每位女性的日常生活，也关系到女权运动的政治目标和存在形态。如果我们不能为这些问题找到合理的答案，就会出现这样的危险：女权主义抗争可能被一些势力收编。这些势力只想继续以破坏性模式积累资本，它们也需要这场运动的活力来满足日益松弛的"增长"过程。

下面的内容不是对所提出的问题进行系统研究的结果。这些问题在我近年来参加的许多斗争、讨论和会议过程中一再出现。许多讨论是在第三世界和第一世界的女性之间进行的，其中一些是在第三世界国家内部出现的。因此，如果没有国际妇女运动的存在，我不可能获得这些见解。许多女性和一些男性给了我宝贵的意见或反馈。我最珍惜的是那些挑战了我的假设的部分，它们迫使我深入和扩大分析。因此，在超发达和欠发达的阶级、国家和地区，是什么将女性团结起来，又是什么将她们分开，这个问题起到了关键作用。暴力在建立父权制男女关系以及资本积累过程中的作用，这一问题也同样关键。

随着时间的推移，我清楚地认识到，除非在当前所有社会关系的背景下，也就是在资本积累支配的全球分工背景下理解"妇女问题"，否则全世界的女权运动将继续混乱下去。女性、自然和殖民地的从属地位和受剥削状态是这种模式继续存在的前提条件。

第二个变得清晰的认识是，如果女性意图在这种模式的延续中恢复人格，这种斗争将一无所获。各地的女权主义者最好放弃这样的信念，即资本主义能够通过永无止境的积累或"增长"，为女性解放创造前提条件，然后可以实现女性解放。今天，更明显的是，积累过程本身破坏了各地人类本质的核心，因为它是建立在破坏女性对其生活和身体的自主权之上的。女性从持续性的增长模式中得不到任何人格上的好处，因此，她们能够发展出一种不以剥削自然、剥削女性和剥削其他民族为基础的社会观念。

从方法论上讲，这意味着只看硬币的一面是不够的，还必须研究被性别和国际分工割裂的各个部分之间的联系。这也意味着，有一个物质现实供我们理解这些分工和联系，因为世界市场确实连接着世界上最偏远的角落和最陌生的人。但是，尽管这些联系事实上存在，它们却几乎完全被我们的意识所掩盖。我们事实上消费了大量由第三世界国家的人们所生产的商品，只不过我们没有意识到他们的存在。为了克服国际分工和性别分工中商品生产带来的这种疏离感，我不仅试图观察西方女性的遭遇，也尝试观察同时发生在殖民地女性身上的事情。通过观察硬币的两面，就有可能找出有关女性的矛盾政策。在过去和现在，军国主义者、资本家、政治家和科学家组成的兄弟会在努力维持增长模式，这些矛盾政策都是在这个维持过程中被推行的。我们有可能克服文化相对主义的有限观点，这种观点声称，女性被全世界的文化所分割，而事实上，我们既被商品关系所分割，又被商品关系所联系。

我在海牙社会研究学院担任"妇女与发展"项目的协调人时，有机会与许多来自亚洲、拉丁美洲和非洲的女性见面并进行讨论，这有助于我"观察硬币的两面"。此外，我在印度生活和工作多年，与印度女权主义者有很多接触，这也有助于我"观察硬币的两面"。因此，下面的大部分分析都是基于我关于印度和印度新妇女运动的经验和实证知识。我的很多见解要归功于印度姐妹，包括农村和城市的姐妹。她们与父权制结构和制度作斗争的勇气，给了我很大的启发。

我也从社会研究学院的第三世界学生那里学到了很多东西。他们迫切地想了解女权主义是怎么回事，以及它对他们自己和他们国家紧迫的贫困问题有什么意义，这促使我去寻找答案，这些问题的答案不仅对西方女权主义者有效，对第三世界女权主义者也有效。

自从认识到父权制和全球范围内的资本积累构成了结构上和意识形态的框架，当前女性的现实情况就必须在这个框架内被理解，全世界的女权运动就不能不挑战这个框架，挑战与之相联系的劳动性别分工和国际劳动分工。

本书第一章试图澄清女权主义的主要挑战是什么。在讨论了美国和欧洲的新妇女运动历史，特别是其主要问题、活动和辩论之后，第一章集中讨论了新妇女运动与旧妇女运动的区别。此外，第一章还讨论了亚洲、拉丁美洲和非洲的女权运动，这些运动的出现对解决旧的遗留问题意味着什么，以及资本主义的特征、殖民主义问题和未来社会的社会主义愿景。在这方面，女权主义对暴力和家务的分析以及女权主义的政治概念，在挑战女性解放的旧理论上发挥了关键作用。

第二章试图追溯劳动性别分工的社会渊源。当前关于男女支配关系的起源问题，常见的主要是生物学假设，对此，这一章进行了批判性分析，并对这种关系是由生物或经济决定因素演变而来的观点提出了质疑。本章强调，"猎人／战士"对武器的垄断构成了男女之间，以及不同阶级和民族之间持久剥削关系的必要政治力量。因此，剥削性的性别分工是建立国际劳动分工的社会范式。

第三章追溯了殖民化和家庭主妇化这两个相关的、双面的历史过程。从 16 世纪开始，对殖民地的征服和利用是欧洲资本积累的基础。但同样重要的是，在这几个世纪的女巫大屠杀中对女性身体和生活自主权的摧毁。在这一章中，我试图追踪其他国家和女性被定义为"自然"的过程和政策，或者如何被白人男性以资本积累或进步和文明的名义变成受剥削的殖民地。

第四章将这一分析扩展到当代新的国际劳动分工，以及女性作为最廉价的生产者和消费者在这个世界市场体系中所扮演的角色。将各地女性定义为受扶养的家庭主妇的策略——也就是家庭主妇化的过程——是跨国资本将全世界女性纳入积累过程的主要策略。这意味着经济和劳动力市场被分割成主要由男性工作构成的所谓正规、现代部门，以及由广大女性工作构成的非正规部门。这些女性不被视作真正的雇佣劳动者，而是家庭主妇。

第五章主要关注在建立不以雇佣劳动为基础的生产关系中，针对女性的暴力侵害的作用。这一分析主要是基于印度女性的经历以及她们反抗嫁妆谋杀和强奸的斗争。分析认为，针对女性的各种形式的直接暴力不是某种永恒的、与生俱来的男性虐待倾向的结果，而是正在进行的"原始积累"过程中的一种机制，通过这种机制，男性试图积累财富和生产资本，依托的基础并不是经济而是直接胁迫，以及父权制对女性控制的延伸。本章表明，父权制暴力并不是某个封建时代的特征，而是所谓现代化进程的"必要"内容。

第六章讨论的问题是，经历过解放战争或革命的社会主义国家能否为女性解放提供理想的选择。根据上述分析，在资本积累的规律下，女性解放是不可能的。在一些案例的基础上，尽管我们可以看到社会主义关于女性参与社会生产的言论，但实际上，社会主义的积累过程也是建立在同样的家庭主妇化机制和经济二元化模式之上的，也就是一个以男性为主的"进步的"社会化部门和一个以女性为主的附属的私人或非正式部门。

最后一章试图发展一个未来社会的女权主义视角，这个社会将超越基于商品、财富和生产力不断扩大的积累模式。在这个社会里，自然界、女性和其他民族不会因为他人的利益而被殖民和剥削。人类世界是有限的，抽象的进步观念必须以承认这一点为基础。这需要一个有关工作的新概念，它将超越目前的将必要劳动归属于机器、将创造性劳动保留给人类的划分方式。保持必要劳动和创造性劳动的结合是人类幸福的前提条件。这种劳动概念能够废除目前的劳动性别分工以及国际劳动分工，它必须建立在替代性的经济基础之上，这种经济不以对自然、女性和殖民地的剥削为根基，而是试图在最大程度上实现自给自足。由超发达国家和超发达阶级的女性发起的消费者解放运动，可以成为迈向这种自给自足的经济形态、重新获得对我们生活和身体控制权的第一步。这样的运动，再加上欠发达国家和欠发达阶级的生产解放运动，可以在全球范围内为女性解放做出很大的贡献。

第一章

何为女权主义？

当下我们的位置

　　妇女解放运动（Women's Liberation Movement，WLM）可能是最具争议，同时也是影响最为深远的新社会运动，这一运动超越了环保运动、替代运动以及非暴力运动等其他类型。它的存在可谓"一石激起千层浪"。对于"环保问题""和平问题"以及"第三世界的依附问题"，人们可以进行冷静的学术研究或政治性的公共讨论，但"妇女问题"，却总是会引起男性和许多女性高度情绪化的反应。对每个人而言，这的确是一个敏感问题。究其原因，主要是妇女运动并不像其他运动那样，矛头主要指向国家、资本家这些外在的机构或敌人，它针对的是人们最亲密的人际关系，即男女关系，妇女解放运动意图改变的正是这一点。因此，战争不是发生在具有共同利益或政治目标的特定群体和某些外部敌人之间，而是发生在男女内部和男女之间。每个人迟早都会"被迫选边"，而"选边"就意味着我们内心的某些东西分崩离析，原本秉持的身份认同四分五裂，不得不推倒重来。这是一个痛苦的过程。对此，大多数男性和女性都避之不及，因为他们担心，如果意识到我们社会中男女关系的真实本质，那么在这个争权夺利、贪婪成性的冷酷世界中，平静、和谐的最后孤岛也将化为齑粉。更进一步，如果允许这个问题进入意识范围，那么他们将不得不承认，他们自己，包括女性和男性，不仅一边是受害者（女性），另一边是恶棍（男性）；而且对于这个把女性和男性捆绑在一起的剥削制度和压迫体系，所有人都是帮凶。如果想建立一种真正自由的人际关系，那他们就必须放弃同谋身份。这一点不仅适用于将特权建立在这一制度基础上的男性群体，同样也适用于生存状态与之紧密联结的女性群体。

女权主义者就是这样一群人，她们敢于打破关于压迫、不平等男女关系的无声阴谋，并希望对这种关系加以改变。但是，大声指称这种男性主导的体制，给它起一些诸如"性别偏见"（sexism）或"父权制"（patriarchy）之类的名字，并没有减少前文中所提到的矛盾心态，反而将之扩大了。

从 20 世纪 60 年代末新妇女运动兴起之初，社会上就出现了相互矛盾的反应。在这场运动中走到一起的美国女性和欧洲女性开始称自己为女权主义者，并成立了全是女性参加的团体，在 20 年代旧妇女运动逐渐退潮后，她们开始在这些团体中谈论"师出无名的问题"（problem without a name，Friedan，1968）。我们每个人都在私下里一遍又一遍地听姐妹们诉苦，她们受到父亲、丈夫、男朋友的虐待。但这一直都被认为是这名或那名女性自己"命不好"。早期的意识觉醒团体、公开演讲会、全体女性会议，以及那些最早从混合性团体和组织中分离出来的女性悲壮行动，都提供了一些历史机遇，让广大女性认识到，这些看起来明显属于私人范畴的不公问题，其实是所有女性的共同问题，也是实打实的社会和政治问题。当"个人的就是政治的"这一口号被创造出来，围绕着"神圣家庭"及其圣殿（holy family and its sanctum sanctorum）形成的禁忌，也就是家庭内部的私事和女性的性别化体验，被彻底打破了。公开演讲中暴露出来的性别偏见如此之广、如此之深，让所有女性都大为震撼。新的焦点自此而生，向男性的支配地位、女性遭受的所有羞辱虐待以及两性之间持续性的不平等状态奋起抗争成为一个共识，并在女性群体当中催生出一种新的姐妹情谊，这种情谊在一开始就是力量、激情和愉悦的巨大源泉。这种姐妹情谊基于一个大体上还算清晰的认识，即所有女性，不论阶级、种族、国家，都面临共同的问题，正如 1977 年牙买加"姐妹剧院团体"（Sistren Theatre Collective）的妇女们在金斯敦成立小组时所说的，也就是"男人如何虐待我们"[1]。

无论在哪里，即便是欠发达国家，当女性聚在一起谈论这些

---

[1] 1977 年，为了给失业妇女创造诸如打扫街道的就业机会，迈克尔·曼利政府发起了"冲击运动"。在此期间，牙买加金斯敦"姐妹集体"的 13 名妇女在一起接受有关助教的培训。培训过程中，她们需要为一年一度的"工人周"庆祝活动表演一段戏剧。于是她们邀请了牙买加戏剧学院的奥诺·福特-史密斯帮她们准备剧本。当史密斯问她们想演什么戏时，她们说："我们想演一部关于我们作为女性如何受苦的戏，一部关于男人如何虐待我们的戏。"（参见 Honor Ford-Smith：'Women, the Arts and Jamaican Society', unpublished paper, Kingston, 1980；Sistren Theatre Collective：'Women's Theater in Jamaica', in *Grassroots Development*, vol. 7, no. 2, 1983, p. 44）。——此类注释为原注，下同。

最私密同时也最忌讳的经历时，都可以看到同样的愤慨、关切和亲如姐妹般的团结一心[1]。在运动之初，大部分男性，特别是那些对公众舆论有一定影响的人，如记者和媒体人，他们或敌对或轻蔑的反应，只会加强女权主义者之间的姐妹情谊，她们越来越相信在男性主导的社会结构中，女权主义者秉持的分离主义是为女性创造生存空间的唯一路径。但女权运动传播得越是广泛，男性被排除在外的"女性领地"边界越是清晰，对这一运动或消极或公开的敌对反应就越多。对一些男性和女性而言，女权主义都不再是什么好词了。

在欠发达国家，这个词大多被看作带有贬义的"西方"属性，或"资产阶级"属性，以此表示女权主义同殖民主义和资产阶级统治隶属于同一类别，而第三世界的女性不需要这个运动。在许多国际会议上，特别是 1975 年在墨西哥举行的联合国妇女大会上，我可以看到某些例行行为，即当女性在公共平台上发言时，她们首先必须与"那些女权主义者"划清界限，然后才能作为女性发言。"女权主义者"经常被认为是"其他的女人""坏女人""渐行渐远的女人""痛恨男人的女人"，就像当代的女巫，受人尊敬的女人都不愿与之有任何瓜葛。来自亚非拉地区的女性，尤其是

---

[1]　我可以观察到，在 1973 年或 1974 年印度出现了这种情况，当时一个小型的妇女团体聚集在海得拉巴，并由此成长为印度第一个新的妇女组织——妇女进步组织（POW）（参见 K. Lalitha：'Origin and Growth of POW: First ever Militant Women's Movement in Andhra Pradesh', in *HOW*, vol. 2, no. 4, 1979, p. 5）。与此同时，在许多第三世界国家，女权主义团体和组织正在兴起。

那些与发展机构或联合国有关的女性，通常会将自己与这些"西方女权主义者"区分开来，因为在她们看来，女权主义会把她们国家最迫切的问题，即贫穷问题和发展问题放在一边，置之不理。另一些人则认为女权主义者会分裂工人阶级或其他受压迫阶级的团结，认为她们将女性解放问题放在阶级斗争或民族解放斗争之前，从而忘记了更广泛的革命问题。对女权主义的敌意在正统左派组织中尤其强烈，且男性甚于女性[1]。

尽管对女权主义，特别是"西方女权主义"有这些负面看法，但是"妇女问题"还是再次出现在历史议程上，已经不能再被搁置。国际妇女大会在墨西哥召开，《世界行动计划》采取了一种超前战略，试图将女性所有被压制的愤怒和缓慢的反叛引导到政府政策的可控路径上，特别是保护第三世界女性免受"西方女权主义"的传染。但这一策略适得其反。为这次会议准备的报告，在

---

[1] 左派反女权主义的理论基础是一些经典立场，由恩格斯、倍倍尔和克拉拉·蔡特金最早阐述，即"妇女问题"是阶级问题的一部分，不应该单独处理。在开始的时候，相关左派政党忽视新女权运动，认为这无关紧要。然而，当他们意识到，甚至是在欠发达国家，这一运动也持续存在并持续性地动员越来越多的妇女，政策就发生了变化。一方面，这些政党采用新妇女运动的符号和口号，甚至采用了部分概念，将自己打造为新社会运动的前卫先锋。另一方面，他们继续与自主的女权主义团体和运动进行旧的论战，认为它们是"资产阶级的"，是"背离的异端"。在德国共产党（DKP）这个面向莫斯科的组织的近期历史中，可以清楚地看到这个过程。他们的妇女分支使用女权主义者的颜色、符号和口号，甚至声称自己是"自主的"。欠发达国家的女权主义者也有类似的经历，这些国家的正统左派对妇女运动也持有敌对的、双重的策略（参见 Datar：'The Left Parties and the Invisibility of Women：A Critique'，in *Teaching Politics*，vol. X，Annual No.，Bombay，1984）。

一些情况下，是第一份关于男女之间日益不平等的官方文件（参见印度政府文件，1974）。对第三世界国家开始出现的小型女权主义团体，这些报告赋予其重要性和合法性。1980年在哥本哈根举行的"联合国妇女十年中期会议"上，人们承认全世界妇女的状况没有改善，反而恶化了。但与此同时，第三世界女性的意识、战斗力和组织网络都得到了提升。尽管第三世界在这次会议上对"西方女权主义"提出了很多批评，但它仍然标志着对"妇女问题"的态度发生了变化。会后，第三世界女性在讨论和写作中不再回避"女权主义"这个词。1979年，在曼谷举行的国际研讨会上，第三世界和第一世界的女性已经对什么是"女权主义思想"达成了某种共识；题为《未来发展战略：女权主义视角》的研讨会文件阐述了女权主义的共同目标（纽约，1980）。1981年，首次有关拉丁美洲女性的女权主义者会议在波哥大举行[1]。在亚非拉地区的许多国家，已经出现了一些小型女性团体，尽管她们不得不

---

[1]　印度似乎是亚洲地区女权运动传播最迅速的国家。最近，孟买的一些妇女解放组织发起了"妇女解放之旅"（Stree Mukti Yatra），在这个活动中，约有20万名妇女和约10万名男子参加了关于女性受压迫和女性解放的戏剧表演、海报展览、会谈和讨论、幻灯片展示、图书销售和其他活动。这个"流动讲习班"由一辆载有75名女性解放活动家的巴士组成，在12天内行驶了1 500公里，在马哈拉施特拉邦的11个城镇和10个村庄举行活动。正如一位参与者所写的那样："目的是让人们认识到女性在社会中的次等地位，并消除围绕女性解放概念的一些误解。"（Nandita Gandhi in *Eve's Weekly*, 16–22 February 1985）这次旅行的反应和结果是如此之大，以至于印度主要日报之一的《印度时报》评论说："正如为期两周的'妇女解放之旅'在马哈拉施特拉邦所证明的那样，女权主义已经来到这里。它再也不能被视为无关紧要的西方舶来品，是少数城市妇女的专利。"（Ayesha Kagal, 'A girl is born', in *Times of India*, 3 February 1985）

面对来自各方的大量批评，但她们坚持公开称自己为"女权主义者"[1]。第三世界女性开始反对压迫性男女关系中的一些最粗暴表现，如印度的嫁妆谋杀和强奸、泰国的色情旅游、非洲的阴蒂切除术、拉丁美洲各种形式的大男子主义（machismo），她们似乎也不可避免地遇到了西方女权运动开始时的状况，面对剥削性和压迫性的男女关系。这种男女关系由直接和结构性暴力支持，后者又与包括当前国际分工在内的所有其他社会关系相交织。

第三世界女权主义者此次发起的真正的草根运动，遵循了与西方女权主义者类似的组织原则。小型的、自治的妇女团体或妇女中心被组建起来，或围绕特定的问题，或围绕普遍的问题，女性可以在这个场所聚会、发言、讨论、思考以及共同行动。因此，在牙买加的金斯敦，上文提到的戏剧团体"姐妹"，是一个全部由女性组成的团体，目的是提高贫困女性关于剥削性男女关系和阶级关系的思想意识。在秘鲁的利马，"弗洛拉·特里斯坦"（Flora Tristan）团体是拉丁美洲最早的女权主义中心之一（Vargas，1981）。在印度，一些女权主义团体和中心在大城市成立。其中最知名的是"女性斗争"（Stri Sangharsh）团体（现已解散），以及德

---

[1]　1982年7月，第二届拉丁美洲和加勒比地区女权主义会议在秘鲁利马举行，与会者的人数从波哥大第一届会议的230名增加到700名。来自15个国家的妇女参加了这次会议，从城市的中产阶级知识分子到工人阶级和农民。组织者说明了妇女为何如此热切地响应他们的号召："对抗工业化国家中保守主义的死灰复燃，女权运动发挥了关键作用。如果不改变父权制，这些问题就会持续存在。"（参见 Jill Gay，'A Growing Movement: Latin American Feminism'，in *NACLA Report*, vol. XVII, no. 6, Nov–Dec 1983）

里的"朋友"（Saheli），还有以前的"女权主义网络"（现已解散）、"女性解放组织"（Stree Mukti Sangathna）、"反对压迫妇女论坛"、孟买的"妇女中心"、海得拉巴的"女性力量组织"（Stri Shakti Sangathana）、班加罗尔的"解放"（Vimochana）、加尔各答的"妇女中心"。大约在同一时期，在第三世界国家出现了第一批真正的女权主义杂志。最早的一本是《妇女》（Manushi），由德里的一个妇女团体出版。在斯里兰卡，《妇女之声》（Voice of Women）也在同一时期出现。类似的杂志也在拉丁美洲出版[1]。

第三世界"自下而生"的女权主义在基层兴起，与之平行的是，"由上而生"的女权主义主要集中于妇女在发展中的作用、妇女研究和妇女地位上。在很大程度上，这些"由上而生"的女权主义起源于国家和国际官僚机构、发展组织、联合国组织，与之相关的女性甚至女权主义者，试图利用这些官僚机构的财政和组织资源来促进妇女事业。在这方面，某些美国组织，如福特基金会，发挥了特别重要的作用。福特基金会为第三世界国家，特别是加勒比地区、非洲（坦桑尼亚）和印度的妇女研究提供了慷慨捐助。成立研究中心、制定政策，这些的目的就是将妇女研究纳入社会科学的教学大纲。

印度成立了一个全国性的妇女研究协会，已经举行了两次全

---

[1] 在一份简短的注释书目中，列出了拉丁美洲妇女团体出版的约36种女权主义期刊（参见 Unidad de Comunication Alternativa de la Mujer-ILET, publications alternativas de grupos de mujeres en america latina, Santiago, Chile, 1984）。

国性的会议。目前，加勒比地区也在成立一个类似的组织。但是，印度的协会仍然坚持使用"妇女研究"这一更广泛的术语，而加勒比地区的协会则自称为"加勒比女权研究和行动协会"（CAFRA）。

这一称呼已经体现了第三世界国家新妇女运动的两股力量——来自下层的力量和来自上层的力量——之间正在进行的理论和政治讨论。这个运动在数量上越是扩大，越是被体制内的机构所接受，来自国际资助机构以及地方政府的资金越多，那些只想在现有机构和系统中"增加""妇女部分"的人和那些为彻底改变父权制社会而奋斗的人之间的矛盾就会越尖锐。

在众多发展机构、政府和非政府机构、当地和外国机构为农村和城市贫困女性设立和提供资金的众多经济项目中，这种冲突也存在。越来越多的发展规划者将"妇女部分"纳入战略。尽管对这些政策背后的真实动机持保留的态度（见第四章），但我们可以看到，这些项目有助于越来越多的妇女意识到"妇女问题"，这个进程同时也加剧了关于女权主义的政治分歧和理论纷争。

如果我们今天试图评估国际妇女运动的情况，我们可以观察到以下情形：

1. 运动开始以来，女性对于受压迫和受剥削的认识就一直在迅速扩大，而且还在不断提高。目前，这一运动在第三世界国家比在第一世界国家发展得更快，在第一世界国家，由于有待分析的原因，这一运动似乎处于低潮。

2. 尽管她们在"男人如何虐待我们"这一基本问题上有共同之处，但女性之间仍有许多分歧。第三世界的女性与第一世界的女性有分歧，城市女性与农村女性有分歧，女性活动家与女性研究者有分歧，家庭主妇与职业女性有分歧。

除了国际资本主义父权制下的各种结构性分工这类客观分化外，还有许多意识形态上的分化，这些分化源于个别女性或女性集体的政治取向。因此，在那些主要忠于左派传统的女性和那些批评左派在妇女问题上存在盲目性的女性之间，存在着分歧和冲突。女权主义者之间也有分歧，这源于对问题核心的分析和解决该问题的策略有所不同。

3. 沿着阶级、国家和种族的界限，可以在不同的女性群体之间发现这些差异。除此之外，即使是在同一种族、阶级或国家的女性群体中，也可以发现这些差异。在西方女权运动中，女同性恋和异性恋女性之间的划分在运动的发展中发挥了重要作用。

4. 生活在父权制下的女性具有一些共性经验，不同的女性也存在一些差异性经验，每个加入运动的女性都必须将这两种因素结合起来，因此，在这个运动中充斥着高度的紧张，情感上的能量不仅被用于女性的团结，也被用来将自己与其他女性分开。第一世界和第三世界的运动都是如此，至少对那些并不是受党的指示运行，而是围绕着问题、活动和项目自主地组织起来的运动而言是如此。

5. 许多女性持道德主义式的态度，对这种既团结又分裂的经历作出了回应。她们要么指责"其他女性"的家长制甚至父权制行为，要么以内疚感和夸张式地拍胸脯来回应（如果她们是被指责的一方）。

后者尤其可以在性与种族的关系方面观察到，近年来，这已成为美国、英国和荷兰妇女运动中最敏感的领域之一，而很多第三世界的女性生活在这些国家，她们加入了这些国家的女权运动（Bandarage，1983）。一开始，白人女权主义者对种族问题往往漠不关心，或者对有色人种的女性采取母亲式或家长式的态度，试图把她们带入女权运动。只有当黑人和棕色女性开始将自治组织的原则扩展到她们自己的团体，并形成她们独立的黑人女性集体、杂志和中心时，白人女权主义者才开始看到，把男人放在一边、把女人放在另一边的"姐妹情谊"并没有实现。然而，尽管大多数白人女权主义者今天会承认，除非废除种族主义，否则女权主义无法实现其目标，但理解性剥削和种族剥削及压迫之间关系的努力通常还是停留在个人层面，个别女性会进行一些反省，以发现和惩罚自己这边的"种族主义者"。

另一方面，对黑人女性的分析也只是为了表达黑人女性的愤怒情绪，她们拒绝成为"通往每个人的桥梁"（Rushin，1981）。

迄今为止，对资本主义父权制下的种族主义和性别歧视之间相互关联所开展的历史分析和政治经济分析还并不丰富。遵循社会科学研究中普遍的非历史性趋势，种族歧视被置于和性别歧视相同的地位。两者似乎都与生物学上的既定因素有关：性别和肤色。但是，许多女权主义者在性别关系方面拒绝生物还原论，并坚持认为女性被剥削和压迫有其社会和历史根源，而在种族关系方面，过去的殖民主义和现在的资本主义掠夺和剥削黑人世界的历史大多被遗忘。相反，西方和非西方女性之间的"文化差异"被放大了。今天，这种殖民关系得到了国际劳动分工体系的支持。很多白人女权主义者的生活水平在很大程度上取决于这种殖民关系的延续，因此这种关系在白人女权主义者的意识中逐渐淡化，与此同时，处于"白人世界"中的黑人女性，她们的意识亦是如此。"白人世界"中的黑人女性和"黑人世界"的兄弟姐妹拥有相同的肤色，但这并不能自动将她们与后者放在同一阵线上（参见Amos, Parmar, 1984），因为黑人女性也被资本主义父权制依据殖民和阶级的界线予以划分；而在关于性别和种族的论述中，阶级划分尤其经常被遗忘。目前，"黑色"或"棕色"或"黄色"的资本主义是资本主义世界体系的副手们的巨大希望。在"黑人世界"中，有一些黑人女性的生活水平比"白人世界"中的一些白人女性的生活水平还要高，更是比白人和黑人世界中的大多数黑人女性的生活水平要高。如果我们不想落入道德主义和个人主义的陷阱，就有必要看一看表面之下的情况，对劳动性别分工、社会劳动分工和国际劳动分工的相互作用进行一个唯物主义和历史的理解。因为这些是资本主义父权制在征服世界的过程中创造的客观分工，尽管它们并不决定一切，但这是我们存在差异的基础，而且这些分工与特定的文化表现形式紧密相连。

性别、阶级和种族，或者说是殖民主义，在我们的社会中以怎样的方式交织在一起，这并不仅仅是一个靠善意就能解决的意识形态问题。任何想为国际女权主义团结提供现实基础的人，都必须尝试了解这些按照性别、种族和阶级而形成的划分是如何交织的。仅仅呼吁更多的"姐妹情谊"或国际团结是不够的。

有人曾试图就意识形态和政治层面的分歧，对新女权运动中的各种倾向进行分类和标记。因此，一些倾向被称为"激进女权主义"，另一些被称为"社会主义女权主义"或"马克思主义女权主义"，还有一些被称为"自由主义女权主义"；有时，根据发言者的政治派别，也有可能谴责某种倾向是"资产阶级女权主义"。在我看来，这种标签化的做法无助于更好地理解女权主义到底是什么，它代表什么，它的基本原则、对社会的分析和策略是什么。除此之外，只有对那些主要从外部观察运动并试图将其纳入既有类别的人而言，这种标签化才有意义。所形成的类别在某些国家，例如在盎格鲁-撒克逊世界，可能有一些价值，在其他国家则没有。但总的来说，它们的解释价值是相当有限的。因此，"激进女权主义"这个标签，大多用来描述美国女权主义的一个主要趋势，并不能向外人解释它所代表的东西。只有那些了解该运动的人才知道，激进女权主义者是那些主张女性与男性彻底分离的人，特别是在作为父权中心的性别关系领域。在论战中，"激进女权主义者"经常被指责为反男性或者女同性恋者。

　　然而，这种贴标签的方法的主要缺点并不仅仅体现在解释力不足，而且还体现在它试图将"妇女问题"纳入已有的理论和政治框架。这意味着并没有从女性解放的角度对这些框架本身予以批评，而是假定它们或多或少是充分的，只是缺少"妇女成分"。如果加入了这个"妇女成分"，这些理论就是完整的。大多数遵循这种方法的女权主义理论家显然没有意识到，"妇女问题"的性质决定了它不能简单地被添加到其他的一般理论中，它是从根本上批评了所有理论，并要求完全建立一种新的社会理论。在试图将女权主义加入社会主义的过程中，尤其可以看到这种贴标签的方法。将妇女运动中的一些趋势定性为"社会主义女权主义"或"马克思主义女权主义"，这代表一种倾向，也就是将新的女权主义批判和反叛纳入现有的马克思主义理论体系。就像一些荷兰"社会主义女权主义者"的口号那样，简单地假设没有女性解放就没有社会主义，没有社会主义就没有女性解放（Fem-Soc-Group），我们还不了解这些妇女所说的社会主义或女权主义的含义。（对于提出这一口号的荷兰妇女来说，"社会主义"或多或少与欧洲的社会民主相同。）这样的口号或标签在日常政治层面上可能显得很有用，因为人们想知道应该把妇女运动这样一个分散运动的成员归入哪个鸽子笼。但对于这些人如何分析"妇女问题"、提出了怎样的解决方案、女性解放的政治目标与社会主义未来社会愿景之间的关系，这些口号或标签并没有给我们提供线索。不能简单地假设这种关系。我们需要做的是，对女性遭受的剥削和压迫与其他民族和自然遭受的剥削和压迫之间的相互关系，进行新的历史分析和理论分析。

追随被称为"激进"或"自由"女权主义等其他倾向的女性，试图将自己的分析纳入其他理论框架。因此，精神分析成为美国、法国和联邦德国女权主义者的理论出发点（Millet，1970；Mitchell，1975；Irrigaray，1974；Janssen-Jurreit，1976）。必须在西方大部分女权运动存在个人主义倾向的背景下，理解对心理学和精神分析的强调。

其他人则使用功能主义、结构主义或互动主义，将其作为他们分析"妇女问题"的理论框架。

当然，一场旨在从根本上改变社会关系的社会运动并不是在理论真空中运作的。开始阐明其理论立场的女性自然要参考现有的理论。在某些情况下，这导致了对这些理论最低程度的批判，例如，弗洛伊德的"阴茎嫉妒"和女性气质理论就受到了女权主义者的猛烈攻击，但这种理论仍然保持了完整状态。在其他情况下，这种批判甚至都没有发生，这些理论的基本概念和范畴在女权主义分析中被不加批判地使用。

对结构功能主义及其角色理论来说更是如此。角色理论是资本主义下维护父权制核心家庭的理论框架，许多女权主义者对此不但没有批评，反而加以强化。强调性别角色的刻板印象，试图通过非性别主义的社会化改变这种性别角色刻板印象来解决"妇女问题"，这样做不仅加强了结构功能主义的分析，而且还阻碍了对女性受剥削和压迫的深层根源的理解。将男女问题定义为社会角色刻板印象及其社会化的问题，也就相当于将这个问题置于一个意识形态的层面，它成为一个文化事务。这个问题的结构性根源仍然是不可见的，因此它与资本积累的联系也是不可见的。

后者也同样适用于使用结构主义的尝试，而且是在其马克思主义式修正中（Althusser, Meillassoux, Lacan）作为分析女性受压迫的理论框架。这些尝试也是以维持经济基础和意识形态"相对自主"（Althusser）之间的结构性划分而告终。而对女性的压迫被认为是意识形态或文化的一部分。

所有将"妇女问题""添加"到现有社会理论或范式的努力，都没有把握住新女权主义抗争的真正历史主旨，即它对父权制或父权制文明这一体系的彻底攻击。而资本主义正是这一体系的最新和最普遍的表现形式。上述理论几乎都停留在"文明社会"的范式中，而女权主义在政治目标上必然要超越这种社会模式，因此不能简单地加入其中，或往里装入一些被遗忘的"盲点"。我们当中一些试图填补这些盲点的人最终发现，我们的问题、我们的分析使整个社会模式受到质疑。我们可能还没有发展出充足的替代性理论，但我们的批评首先从盲点开始，逐渐深入剥削性和压迫性男女关系的理论，认识到"我们的问题"实际上和"隐藏的大陆"有系统性的联系，最先联系起来的就是对自然和对殖民地的剥削。渐渐地，一个新的社会图景出现了，在这个社会中，女性不仅仅是偶然地"被遗忘""被忽视""被歧视"，她们"还没有"机会达到男人的水平,她们是几个"少数的""特殊的"群体中的一个,"尚"不能被容纳到其他一般化的理论和政策中。这里"一般"或"特殊"的整个概念必须被彻底改变。那些作为社会生产生活实际基础的人,也就是广大女性,怎么能被定义为一个"特殊"类别呢?因此,必须挑战所有这些理论中固有的普遍有效性的主张。但遗憾的是,许多女权主义者还不清楚这一点。

许多女性都参与了各种斗争和行动,但她们自己无法掌握这些斗争和行动的深层历史意义,这是一种特殊的经历。因此,尽管她们在事实上带来了某些变化,但她们并不"理解"达成的变化比她们梦想的更为深远、更为激进。以全球抗议强奸运动为例,通过关注男性对女性的暴力,使其在强奸中浮出水面并试图使之成为公共问题,女权主义者无意中触及了文明社会的一个禁忌,毕竟这是一个"和平社会"。尽管大多数女性主要关心的是帮助受害者或进行法律改革,但强奸现在已成为一个公共问题,这一事实有助于撕开所谓文明社会的面纱,使其隐藏的、残酷的、暴力的基础暴露出来。许多女性在开始了解女权主义革命的深度和广度时,对自己的勇气感到害怕,并对她们所看到的一切闭上了眼睛,因为在推翻几千年的父权制的任务面前,她们感觉完全无能为力。然而,问题仍然存在。无论我们这些女人和男人是否准备好回应当下提出的历史问题,它们都将留在历史的议程上。我们必须找到有意义的答案,这有助于调整社会关系,使我们的"人性"得到发展而不是被压制。

只能同安乐不能共患难的女权主义？

上面提到的，女权主义者之间的结构和意识形态分歧，在摆脱父权制理论框架、发展新路径等方面的困难，这些都不能用女性的某些固有弱点来解释。这些困难反而是女性在社会和政治上的无能为力以及由此产生的模糊性的表现。无权无势的群体很难以不同于强者的方式来定义现实，特别是当他们完全融入一个权力和剥削的体系中。对于在物质生存方面极大依赖于强者的善意的那些人士而言，这一点尤为如此。尽管许多女性反抗各种"男性沙文主义"，但她们往往不敢与那些决定她们工作和生计的人对立。对中产阶级女性来说，这些人往往是学术和政治机构中的权贵，甚至是她们的丈夫。

只要西方经济体的国民生产总值不断扩大，他们就有能力向这些不满群体抛出一些面包屑，以此来化解像女性这样的社会异议人士和社会动荡分子。在妇女运动的压力下，某些改革被引入，如堕胎法一定程度上放宽、离婚法的改革等。在一些国家，如荷兰，国家甚至设立了妇女解放委员会，妇女行动和意识提高团体可以要求国家支持其活动。另外在美国，多数大学都设立了妇女研究系，也没有遭到多大的反对。虽然这一切都需要妇女运动进行大量的斗争，但在系统中给予"女孩"一定的位置是一种家长式的善意。在这个阶段,各种父权制机构已经利用他们的力量来收编女性,将她们的反叛纳入系统、进行招安。但是,20世纪80年代初经济危机加深,大多数西方国家的保守政府和保守倾向逐渐抬头,出现了新的经济结构调整政策,这些都标志着温和的或福利国家式的女权主义已经结束(De Vries,1980)。在一些国家,特别是美国和联邦德国,针对新妇女运动下产生的一些三心二意的改革,尤其是放宽堕胎法,保守派政府实际上又发起了攻击。这种倒退策略重新强调父权制家庭、异性恋、母性意识形态、女性的"生理"命运、她们对家务和育儿的责任,对女权主义也开始进行全面攻击。其结果是,那些希望通过一些法律改革或意识提高而实现女性解放的妇女们退出了运动,甚至对它产生了敌意。在学术界,像社会生物学这样保守甚至是彻头彻尾反动的理论再次浮出水面,女性要么保持沉默,要么开始撤回她们先前对这些理论的批评。在妇女研究领域,可以看到一种学术性女权主义倾向,这种学术性女权主义的目标不再是改造社会和男女关系,而是让更多女性进入学术机构,从事妇女研究工作(Mies,1984b)。

然而,这种倒退战略只是西方经济中更为基本的结构性变化的政治表现,这些变化通常被称为"劳动力灵活化"(flexibilization of labour)。女性是这一战略的直接目标。生产过程和服务部门工作的合理化、计算机化和自动化,这些新策略使女性首先被挤出"正规部门",失去高薪、达标和安全的工作。但是,她们不仅仅是被送回了家,回到了炉灶。事实上,她们被推到一系列不达标的、低薪的、不安全的工作中，她们不得不在家务劳动之外再做这些工作，而家务劳动比以往任何时候都更被视为她们真正的天职。而且，与官方关于女性和家庭的保守意识形态相反，实际上家庭不再是一个可以使女性物质生活能够得到保障的地方。男人是"养家糊口"的人，这一点虽然仍然是新政策背后主要的意识形态形象，但从经验上看，他们也正在从舞台上消失。男性失业率上升使其养家糊口的角色变得岌岌可危，女性的婚姻也不再是她们获得终生生计的经济保障。

这些新经济政策随即使得西方经济体中的女性开启了迅速贫困化的进程。在美国、法国、英国和联邦德国，女性是"新穷人"中最大的一部分。在联邦德国，她们在失业者中的比例几乎达到了40%。在就业市场上，女性面临着来自男性的全面竞争。在学校和大学里高薪、安全、有声望的工作方面，情况更是如此。在联邦德国，教育系统的削减政策导致了大规模的失业，特别是女教师的失业，女性被挤出了大学中报酬较高的合格职位。由于工作机会越来越少，男性联盟再次关闭了自己的大门，并将女性再次置于她们的原有位置上，根据许多人的说法，她们的原有位置就是家庭和家务。许多在正规部门里拥有一定权力的男人利用这种政策来排挤女性，特别是被称为女权主义者的人。西方经济的结构调整在很大程度上遵循了大多数欠发达国家已经实行的模式，也就是把劳动力市场和生产过程划分为工业和服务业中的正规部门与非正规或无组织部门，前者由高薪、合格的男性工人组成，即传统的雇佣工人，他们的工作保障、工资和其他利益是工会关注的重点；后者包含许多不同的生产关系和生产类型，从兼职工作到非自由合同工、所谓的个体经营、电子行业中的新型包工制度，再到家务劳动和其他有偿、无偿或低薪工作。这个部门的特点是低工资、没有任何工作保障和高"灵活性"。

对这个囊括了所有长期失业的边缘人（其中大部分是女性）的部门，工会认为自己没有责任，因为根据资本家、国家和工会共同的经典定义，这些人并不是"自由"雇佣劳动者。在这个所谓的非正规部门工作的人就像是家庭主妇一样。他们的工作量往往比"自由"雇佣劳动者更多，但他们的劳动是不可见的。因此，它可以成为一个不受控制的、无限剥削的来源。沿着欠发达国家已知的模式，经济和劳动力市场的二元化是西方企业资本试图降低实际工资水平的方法，以节省生产成本、打破工会的力量。因为非正规部门的工人，像家庭主妇一样，无法开展游说活动，他们是原子化的。专家们说这些是"劳动力灵活化"，我们中的一些人更愿意称之为劳动的"家庭主妇化"（Mies，1981；v. Werlhof，1984）。

将经济划分为"有形"和"无形"部门，这种策略并不新鲜。它从一开始就是资本主义积累过程中的方法。按照定义，无形部门被排除在"真实"经济之外，但它们实际上构成了有形经济的基础。这些被排斥的部分是资本的内部和外部殖民地，内部是工业化国家的家庭主妇，外部则是亚非拉地区的殖民地。由于欧洲和美国的福利规定和社会保障制度，非正规部门的建立本身还不能使这个部门成为剥削和积累的有利可图的猎场。只有同时削减国家在社会福利方面的开支，政府才能迫使那些被赶出正规部门的人为了养家糊口，不得不接受任何工资和任何条件的工作。归根结底，这意味着为欠发达世界绝大多数人提供的条件正在回到资本主义中心。虽然目前超发达国家人民群众的生活水平仍然比第三世界国家高得多，但从结构上看，在非正规部门就业的人，他们的情况正在接近欠发达国家大多数人的情况。

对于西方国家的女性和妇女运动来说，这些发展具有深远的影响。在这种削减社会福利、使劳动力合理化和灵活化的综合战略中，女性受到的打击最大。因此，她们构成了西方国家"新穷人"的主体（Atkinson，1982；Möller，1983）。

对于妇女运动来说，这些发展是一个巨大的挑战。一方面，它们意味着"同安乐的女权主义"已经结束。那些希望通过对国家施加压力，为女性争取更多社会福利；希望通过要求女性在就业市场，尤其是在市场高层有平等机会；希望通过增加女性在政治和其他决策机构的参与来实现女性解放的女权主义者，她们发现自己的期望破灭了。她们今天必须认识到，就女性而言，基本的民主权利、对平等和自由的要求，也是"只能同安乐"的权利。尽管说得天花乱坠，但在资本积累提出要求后，这些权利就被中止了。

另一方面，在民主资本主义国家，实现资产阶级革命对女性的承诺的可能性幻灭了,这产生了非常显著的后果:它至少迫使那些没有放弃对女性解放承诺的妇女,睁开眼睛看看我们所处的现实,并转向那些被许多女权主义者所忽视、不在她们直接关注范围之内的问题。在我看来,这些问题包括:

1. 重新评估资本主义究竟是什么,重新评估对女性的剥削和压迫或父权制是如何与资本积累过程联系在一起的。

2. 关于殖民主义的新讨论。由于殖民环境正在回到宗主国,而且女性比其他人受这一过程的影响更深,国际劳动分工或殖民主义所带来的第三世界和第一世界女性的结构性划分正变得越来越模糊。因此,西方女权主义者必须马上了解,被殖民的女性不仅存在于非洲、亚洲或拉丁美洲,在美国和欧洲也存在。此外,他们必须找到一个答案,为什么这个高度发达的"民主"资本主义体系仍然需要这样的殖民地,在这些殖民地,民主资本主义所制定的所有规则都被悬置了。或者换句话说,我们需要追问,为什么世界范围内的资本积累体系无法满足解放妇女或解放其他殖民地的要求。

3. 在上述论述和分析中,我们将重新探讨女权主义对未来社会的愿景本该是什么或女性解放的现实前提是什么。这种讨论必须超越资本主义父权制所造成的界限,并考虑到全球市场体系中各个环节内女性的经验和分析。只有在一个包括资本主义父权制所创造的所有生产关系,而不仅仅是我们身边所看到的生产关系的视角下,只有通过一个真正的全球和整体的方法,我们才有希望制定一个未来社会的愿景，在这个社会中，女性、自然和其他民族不会以"进步"和"增长"的名义受到剥削。

女权主义新在何处？连续性和断续性

对妇女历史的重新发现和重新评估，是新女权运动的重要发现之一。这种分析"妇女问题"的新型历史方法与女性解放的政治目标紧密相连。除非我们知道事情的来龙去脉，否则我们就无法知道应该如何改变它们。

因此，要对女权运动进行批判性评估，以解决一些基本的开放性问题，就必须考虑这一运动的历史，不仅要考虑20世纪60年代末在西方开始的新妇女运动相对较短的历史，而且要考虑在20年代末逐渐消亡的早期妇女运动的历史。只有通过评估这些运动如何处理上述基本问题，澄清新旧妇女运动的连续性和断续性是什么，我们才有希望从历史中学习，避免在历史上出现过的大段模糊不清的情况。

连续性：女性解放—— 一种文化事务？

第一波妇女解放运动是在资产阶级革命的背景下开始的，特别是1789年的法国革命和1776年的美国革命。

在法国大革命期间，自由、平等和博爱的原则表面上作为全人类基本人权而提出，而非单纯为了正在崛起的资产阶级。事实上，这些原则本身的激进性和普遍性，就使得在拥护这些原则方面有直接利益的资产阶级无法将其限定在自己的范围内。它无法阻止各类被压迫者和受压制者——包括无产阶级、殖民地国家、黑人奴隶以及最后同样具有突出重要性的女性——在一段时间内将这些原则作为他们解放斗争的基础。因此，在1789年和1848年前后的革命时期，法国妇女首次提出了妇女平等权利的要求，这并不令人惊讶。她们希望通过参加巴黎街头的斗争，以及全国各地兴起的许多讨论小组和共和派俱乐部，在大革命中进行自己的革命。来自巴黎贫困地区的大批妇女积极参加了反封建的斗争。1793年，当有人在修道院宣读《人权宣言》时，一位名为奥兰普·德古热（Olympe de Gouges）的女性提高了嗓门，宣读了她关于"妇女权利"著名的17项条款。她宣称，如果妇女有权利死在断头台上，她们也必须有权利在讲坛上发言。同年，她就死在了断头台上。尽管女性一直是革命先锋，但她们仍然被排除在政治舞台之外。

将女性甚至资产阶级内部的女性排除在公共领域和政治权力之外，即便是玛丽·沃斯通克拉夫特（Mary Wollstonecraft）于1792年发表的《女权辩护》也无法改变这种政策。资产阶级革命的普遍原则是自由、平等、博爱，但无论是在欧洲还是在美国，女性都被有意排除在这些基本人权之外，这一矛盾是19世纪妇女运动的起点。因此，旧的妇女运动的斗争，主要是为了让女性进入这个被资产阶级男子垄断的公共或政治领域。

尽管克拉拉·蔡特金发起并领导了19世纪最后十年德国无产阶级妇女运动，但她也嘲笑这种对"妇女权利"的关注是过时的"资产阶级女权主义"。她认为一些女性解放战略在目标上也基本没有什么不同：女性作为雇佣劳动者参与公共或社会生产被认为是她们解放的前提条件（参见Zetkin, 1971）。

大多数旧的女权主义者斗争和提要求的对象都是国家，他们希望国家是公共领域的组织者和掌控者，而不是一种男性的或父权的体系。"私人"和"公共"之间的社会劳动分工是资本主义工业社会的主要结构特征，这被认为是必要的和进步的。左派、自由派或激进的女权主义者都没有对它提出挑战。旧的妇女运动所争取的，是女性能够在这个公共领域获得她们的应有地位。旧的运动之所以坚持这个方向，所依据的理论假设在于，自古以来，女性就被排除在公共领域（政治和经济）之外。现代社会经济在技术和物质财富方面取得了巨大发展，政治方面的资产阶级民主也提供了结构和意识形态上的先决条件，使女性能够从蒙昧的私人生存中走出来，进入公共领域，与男人在"社会生产"中并肩工作。因此，她们将有"权利"与男人一起坐在行使政治权利的同一个公共平台上。旧的女权运动之所以能够燃起希望、激发灵感，是因为她们期待资产阶级革命的民主权利最终也会惠及女性。自由派和左派女性之间的区别在于，前者认为公共领域的政治参与是女性解放的关键，而后者则认为只有在"社会生产"中的充分经济参与才能实现女性解放。

这两种倾向也使用了同样的公共鼓动和宣传方法，即在公共平台上写作和发言。两者都认为针对女性的教育和培训是提高女性经济、政治和文化地位的最重要方法之一。对无产阶级妇女运动来说，重视女性教育被认为是使她们具有阶级意识和改善工作机会所必需的。对于自由主义妇女运动来说，女孩和年轻女性的教育被视为实现女性解放的最重要途径。19世纪和20世纪的早期女权主义者中，许多（如果不是大多数）都是教师或社会工作者。自由主义阵营对女性教育和文化的强调是基于一种社会理论，根据这种理论，所有不平等或剥削的结构性问题都已基本解决，女性受压迫是一种"文化滞后"和意识形态上的不合时宜，可以通过教育和平权行动及改革来废除。

新妇女运动最初也主要被视为一场文化运动。可能是由于它产生于20世纪60年代末的美国和西欧大型抗议运动的背景之下——包括反越战运动、民权运动、黑人权力运动、美国的嬉皮士运动和欧洲的学生运动等，它被视为一种文化现象，主要影响那些有机会接受高等教育的年轻中产阶级女性。正如赫伯特·马尔库塞所指出的，这一代人以及这一阶层的挫折和反叛并不是源于物质匮乏或贫困。战后匮乏和重建的年代已经过去，西方资本主义的经济已经达到了一个水平，多数人已经能够获得大部分耐用消费品，充分就业和持续增长似乎已经永远消除了贫困和周期性经济危机。源于盈利和工人苦难之间落差的传统工人阶级抗议，也被高额的实际工资、工人融入马尔库塞所说的单向度消费社会所冲淡。工会、资本和国家共同创造了这个单向度社会（Marcuse，1970）。资本主义经济必须开辟新的生产和消费领域，开辟新的市场，这需要更多的人达到更高的教育水平，而高等教育的扩张是新的通信技术和 / 或文化商品市场扩张的前提条件，在这个背景下，朱丽叶·米切尔（Juliet Mitchell）解释了抗议运动的出现（1973）。

与以前相比，更多的年轻人接受了高等教育。然而，这本身也产生了矛盾。自由和公民权利的普遍理想（这是议会制民主国家的基础）与国内少数族裔和国外第三世界人民遭受歧视、压迫和剥削的严酷事实之间存在巨大落差，这个群体意识到了这个巨大落差。此外，也正是这个群体，意识到并阐明了消费主义的非人化和异化影响。二战后，它第一次明确指出人的尊严在大量的物质商品中被破坏了。因此，许多参加抗议运动的人强调文化或政治形式的抗议和反消费主义。物质的富裕并不能满足人类对幸福、正义、自由、自我实现的更深层次的渴望，挫折感就从这种认识中产生了。"周围都是水，但没有一滴水可以喝"，可能就是这种情绪的表达。然而，（大多数人）还没有在资本主义工业体系的固有机制中找到这种挫折感的根源。相反，人们认为有必要进行一场文化革命，以消除技术和增长的消极影响。增长模式本身和技术扩张主义还没有受到批评。一个标准的论点是，现在技术进步已经彻底征服了西方社会的贫困，终于有了财富再分配和人民文化解放的空间。现代民主社会中人类可实现的潜力与实际情况之间的差异，是许多抗议运动的合法性来源。所有的因素最终都列在那里，以实现资产阶级革命的承诺，这不仅指向一些人，而是指向所有人。如果这没有实现，那也不是因为结构性缺陷或匮乏，而是因为缺乏意识或政治意愿。

最初妇女运动在某种程度上也赞同这一取向。美国、欧洲以及第三世界国家的女性意识到，尽管所有的民主宪法都宣称男女平等，但女性仍然被视为社会意义上的少数，她们在政治、就业、教育、家庭及其相关机制中到处受到歧视。由于当时人们乐观地希望女性最终能够成为完整意义上的"公民"，1966 年贝蒂·弗里丹（Betty Friedan）成立了美国全国妇女组织（NOW），其重点就是争取《平等权利修正案》。法律行动、平权行动、文化行动、通过非性别歧视的社会化和教育改变角色模式、反对媒体中的性别歧视形象，这些都是女权主义者开展斗争的一些主要形式，现在仍然如此。

对意识、意识形态或文化领域斗争的强调，甚至在新妇女运动最初的兴奋期结束后仍在继续。许多女权主义者仍然认为，通过教育或不同形式的社会化，可以改变父权制的男女关系，让女孩有更多机会接受高等教育和培训，可以消除政治和就业领域对女性的歧视。当前，妇女研究已经被许多大学和学院接受，其合法性主要来自这种"文化女权主义"，这种观点声称，平等接受教育和以女性为导向的教育内容，将大大提高女性地位。

尤其随着"新技术"、计算机技术、基因工程和生物技术的出现，我们可以再次听到以下观点：女性应该在这些技术方面接受更多的教育和培训，特别是在计算机科学和微生物学方面，否则她们将再次被这场"第三次技术革命"所抛弃。即使是对这种技术发展持批评态度的女权主义者也认为，"我们首先要了解这些新技术，然后才能说是否应该拒绝它们"[1]。

相信教育、文化行动甚至文化革命是社会变革的动因，这是城市中产阶级的典型信念。他们对妇女问题的看法则基于这样的假设：女性受压迫与基本的物质生产关系或经济制度无关。这种假设在西方，特别是美国的女权主义者中比较盛行，她们通常不谈论资本主义。对许多西方女权主义者来说，女性受压迫的现象根植于父权制文明的文化中。因此，对她们来说，女权主义主要是一种文化运动，一种新的意识形态或一种新的意识。

社会主义国家也认为女性解放是一个文化或意识形态问题（见第六章）。在废除私有财产和对生产关系进行社会主义改造之后，人们认为，男女关系中剩下的所有问题都是"文化滞后"的结果，是过去"封建"或"资本主义"社会的意识形态遗留问题，可以通过法律改革、教育、劝说、文化革命，尤其是通过不断教导和宣传来克服。由于男女关系没有被视为基本生产结构关系的

---

[1]　1984 年 4 月在格罗宁根（荷兰）举行的第二届国际跨学科妇女大会上，组织者和许多提交论文的女性主要关切的是动员女性赶上"第三次技术革命"的大潮。女性解放再次被看作她们掌握现代科学技术知识的一种结果。

一部分，这些方法在社会主义国家的成功率与在资本主义国家一样低。在这两种制度中，宪法和正式法律中所载的自由主义或社会主义意识形态，与父权制实践之间的差距同样很大。

"文化女权主义"在女权主义者的理论作品中产生了巨大的影响。这里不是详细讨论这个话题的地方，但文化女权主义的一个更重要的表现是性别（gender）和性（sex）之间的概念区分。这首先由安妮·奥克利（Anne Oakley）提出，同时也在女权主义者的著作和讨论中被普遍使用。根据这种区分，性与生物学有关，其基础是荷尔蒙、性腺和生殖器，而任何特定社会中的男性和女性的性别认同（gender identity）则被认为是心理和社会的，也就是历史和文化决定的。为了避免出现"性由生物学决定"这种混淆，引入了性别这一概念，以表示由社会和文化决定的性别差异，并以"性别化"（gendering）来指称这些差异的内部化（Oakley，1972）。

将性归入生物学范畴、将性别归入社会文化范畴，这种区分乍一看似乎很有用，因为它消除了以下烦扰，即一次又一次地将女性所受的压迫归因于构造。但是这种区分遵循了尽人皆知的"自然"与"文化"二元论模式（Ortner，1973）。对女性来说，这种划分在西方思想中有着长期的、灾难性的传统，因为自现代科学兴起以来，女性就被置于"自然"的一边（Merchant，1983）。如果女权主义者现在试图摆脱这一传统，将性定义为纯粹的物质事务和生物事务，而将性别定义为这一事务"更高的"、文化的、人类的、历史的表达，那么她们就延续了那些理想主义的父权制哲学家和科学家的工作，将世界划分为粗糙的"坏"物质（然后被剥削和殖民）和"好"精神（被牧师、官吏和科学家垄断）。

不足为奇的是，这一术语立即被各种人采用，而这些人在其他情况下可能对女权主义并没有多少同情，甚至还有些敌意[1]。如果我们不谈"性暴力"，而是谈"性别暴力"，那么这种冲击就会因一个抽象的术语而有所缓解，它将整个问题从情感和政治承诺的领域移到科学和明显"客观"的话语领域。如果女性问题被再次转移到这个层面，一些不想改变现状的男性和女性，可能就会再次对妇女运动感到相当自在。

但我们不要欺骗自己。人类的性和性行为从来都不是纯粹粗暴的生物事务。女性或男性的身体也不是一件纯粹的生物事务（见第二章）。"人类的本性"一直是社会的和历史的。在整个历史中，与他人和外部自然的互动影响和塑造了人类的生理。因此，性和性别一样都是一个文化和历史范畴。

然而，通过对性和性别的二元分割，将一个视为生物的，另

---

[1] 其中之一是伊万·伊里奇（Ivan Illich），他首先从芭芭拉·杜登（Barbara Duden）、吉塞拉·博克（Gisela Bock）和克劳迪娅·冯·韦尔霍夫等女权主义者那里得到了一些想法和概念，她们对资本主义下的家务劳动的分析，启发他写下了关于"影子工作"的论文。但是，通过将家务劳动归入"影子工作"这一不分性别的概念，他不仅再次掩盖了针对女性的剥削，而且最终还给唯物主义的女权主义分析以理想主义解释。在将整个分析转移到文化领域的过程中，英语中的"性别"概念派上了用场。下一步是他对女权主义者直截了当的攻击，据他说，女权主义者要废除所有普遍的、由文化决定的性别差异（参见 I. Illich: *Gender*, New York, 1983）。

一个视为文化的，又为那些想将人类的性差异视为解剖学问题或"物质"的人打开了大门。然后，作为物质的性可以成为科学家的研究对象，他们可以根据自己的计划对其进行解剖、分析、操纵和重构。由于所有的精神价值已经从性中被驱除，并被封装在性别的范畴内，迄今为止仍然围绕着性和性行为领域的禁忌可能很容易被消除。这个领域可以成为生物工程、生殖技术、遗传和优生工程以及资本积累的新猎场（参见 Corea, 1984）。

当然，安妮·奥克利和其他引入性与性别区分的人可能没有预见到这些发展。在他们看来，这些类别区分只是一种分析工具，或是有助于澄清我们想法的理论构造，但概念也是构建现实的手段。因此，我们的分类和概念必须要能帮助我们超越资本主义父权制，帮助我们构建一个现实，在这个现实中，女性、男性和自然都不会被剥削和破坏。但这样做的前提是，我们理解今天女性受压迫是资本主义（或社会主义）父权制生产关系、不断增长的范式、不断提升的生产力量、对自然的无限剥削、商品的无限生产，以及不断扩大的市场和僵死资本永无止境的积累的一部分。纯粹的文化女权运动将无法确定阻碍我们前进的力量和权力。对一个没有剥削和压迫的未来社会，它也无法形成现实的看法。

断续性：身体政治

纵观新妇女运动近期的历史，我们可以了解到，引发女性反抗的主要问题不是文化女权主义通常处理的问题，即不平等和歧视问题，而是其他问题，这些问题都与女性身体有这样或那样的联系。与旧的妇女运动相比，新的女权运动并没有把斗争集中在公共领域（政治和经济），而是在历史上第一次把私人领域作为女性斗争的舞台。在资本主义父权制下，女性被归入"私人"领域，这看起来是一个非政治的领域。通过公开谈论她们与男人最私密的关系，她们的性行为，她们在月经、怀孕、育儿方面的经历，她们与自己身体的关系，对自己身体的不了解，她们在避孕方面的问题等等，女性开始将她们最私密的、个人化和原子化的经历社会化，从而将其政治化。无论是过去还是现在，无论是在西方还是在欠发达国家，"身体政治"都是新妇女运动所关注的领域。将这种私人化的、被隔离的男女关系领域定义为一个政治领域，提出"个人的就是政治的"这一口号，使得资产阶级社会在私人和公共之间的结构性划分受到了挑战。这同时意味着对通常理解的"政治"概念的批判（Millet，1970）。"身体政治"并不是女权主义者刻意发展的策略，它是从西方社会广大女性在某些问题上的挫折和反抗中产生的，这些问题显示了我们社会中男女关系暴力和压迫的基本性质。这些问题是什么？

　　在许多国家，包括美国、英国、法国、联邦德国，以及后来的意大利和西班牙，只有在20世纪70年代早期放宽或废除堕胎法的运动中，妇女运动才成为一场群众运动。

　　在美国、英国和联邦德国，参加左派学生运动的女性开始脱离这些组织并形成她们自己的自治团体，这是女权运动第一阶段的开端。这些团体集中在大学中心,虽然她们最初的壮观行动被广泛报道,但普通女性还不承认男性统治(或当时所谓的"男性沙文主义")对她们而言也构成了问题。这种情况随着反对堕胎法的运动而改变。

在法国,一些知名女性于1971年4月在《新观察家》(Nouvel Observateur)杂志上发起了一场自我指责运动。许多知名女性签署了一份声明,表示她们曾经堕过胎。她们以此向作为法律和秩序监护人的国家提出挑战,要求对她们采取法律行动。同年,阿莉塞·施瓦策尔(Alice Schwarzer)在德国《明星》(Stern)杂志上发起了一场类似的运动。374名女性签署了宣言。随后是一系列大规模的行动、示威和集会,动员了数十万女性,她们走上街头,拿起武器反对国家、法律、教会和妇科医生这些作为现代父权制监护人的最强大机构。这场大型运动对执政党(社会民主党)施加了压力,要求废除将堕胎定为犯罪的法律。70年代初,在实现了一些法律改革之后,反对堕胎法的运动逐渐平息下来。在旧的运动中,法律或政治目标的实现通常就是运动的结束。而在新的妇女解放运动中,情况并非如此。人们甚至可以说,反对堕胎法运动的结束标志着运动的开始。实际情况是女性并没有被一个政党、工会或其他组织动员起来,而是被刚刚建立起全国性网络的女性小团体动员起来(Schwarzer,1980)。

伴随着大规模的示威和集会,所有城市都出现了大量的小团体,紧随其后、摇旗呐喊。走上街头的女性不想再默默无闻地消失在与世隔绝的家中。她们热衷于加入或组建新的女性团体。这些女性团体最初讨论的是堕胎法的问题。但很快她们就发展成为提高认识的团体，不仅讨论堕胎的问题，而且交流一个人的性行为，一个人作为母亲、情人、妻子的经验。简而言之，女性私人生活的隐秘现实成为一个公共问题，许多女性意识到，她们与自己的男人、孩子、老板等的"独特"问题是所有女性的"普遍"问题。在这些讨论中，人们清楚地认识到"敌人"不仅是国家、教会、法律和男医生，每位女性在自己的床上也有"敌人"。因此，废除堕胎法的运动产生了一个合乎逻辑的结果，即越来越多的女性开始思考和讨论性问题，讨论为什么性交的后果总是由女性承担，为什么女性对自己的性知之甚少，为什么女性的性高潮和手淫以及女同性恋等问题都被列为禁忌。这些讨论最终使人们认识到，许多女性所经历的男女之间最亲密的性关系是以暴力、羞辱和胁迫为特征的。

在身体政治领域，暴力和胁迫似乎是维持不平等权力关系的主要机制。女性越来越多地发现，她们的身体与自己已经疏离，变成了别人的物品，成了"占领区"。许多人开始明白，男性统治或当时所开始说的父权制，其根源不仅仅在公共政治领域，还有男性对女性身体的控制，特别是对她们的性和生育能力的控制（Millet，1970）。

由此，我们"发现"了男性暴力的其他表现形式，并与之进行了斗争。女性被动员起来之后，讨论的下一个话题是殴打女性和妻子的问题。许多国家的大量团体发起了一场反对殴打妻子以及反对男性对女性的身体和心理虐待的运动。在大多数西方国家，自主的妇女团体为被殴打的女性建立了庇护所，以此作为第一个自助措施。同时，印度等欠发达国家也建立了这种庇护所。

在反对殴打女性的运动之后，还伴随着一场类似的普遍运动。这些运动同样广泛地反对强奸和猥亵女性，反对街头、媒体、广告和色情制品中对女性的暴力。反对堕胎法的运动，至少在最初阶段是针对国家及其立法机构的，而围绕男性暴力问题的运动则侧重于作为受害者的女性，女权主义者试图通过一些自助举措来帮助她们，如创建强奸危机中心、受虐妇女之家、女权主义健康团体等等。在此期间，人们清楚地认识到，只要女性一直生活在男人对其身体或心理攻击的恐惧中，她们就不可能发展出一种新的意识。同时也很清楚，法律改革或国家支持在这个层面上是无济于事的，因为那些试图呼吁国家或警察保护她们免受男性暴力的女性很快就意识到，如果男人在家庭这个他私人的庇护所里面对女人不好，国家是不会干涉的。尽管现代国家作为总体的家长垄断了所有直接的暴力，但它把一些暴力留给了家庭中的个别家长。因此，例如强奸，只要发生在婚姻内，就不会成为应受惩罚的罪行。所有国家被强奸的女性都意识到，所有与强奸有关的法律都对女性有偏见，强奸被归咎于受害者本人，被强奸的女性如果指控一个男人，往往会在法庭上被律师第二次"强奸"，他们会随意询问受害者的性生活情况，而男人的侵犯做法往往被淡化为轻率的行为。女权运动越是围绕性别暴力的各种表现形式进行动员，女性就越是明白所有民主宪法所宣布和维护的一些基本人权，特别是个人身体的不可侵犯性和完整性的权利，并没有为女性提供保障。所有女性都是这种男性暴力的潜在受害者，而现代民主国家的全部力量和精密性都无法落实女性的这些基本权利，这一严峻的事实使许多女权主义者开始怀疑，国家是否还是她们争取女性解放斗争的盟友。所有诸如"直接暴力已经从现代民主'文明'社会中消失"的说法，都令那些经历过许多不同形式暴力的女性难以接受。越来越多的女性开始明白，这些社会中经常被称赞的"和平"是建立在对女性的日常直接和间接侵犯之上的。在德国的和平运动中，女权主义者提出了一个口号："父权制的和平就是对女性的战争。"

在身体政治的背景下，对女性来说，反对针对女性的暴力的运动也许是最重要的一课。与早期妇女运动所希望的相反，女性参与公共领域、获得投票权和加入雇佣体系，并没有解决父权制男女关系的基本问题，这种关系似乎是建立在暴力之上的。围绕着性别暴力的诸般表现而进行的动员，提高了女性的认识，让她们看清个别男人明显的"私人"侵犯与"文明社会"的主要机构和"支柱"之间的系统性联系，这些机构和支柱包括：家庭、经济、教育、法律、国家、媒体、政治。从她们对各种形式的男性暴力的亲身经历开始，女性开始明白，强奸、殴打妻子、性骚扰、调戏女性、性别歧视的笑话等等，不仅仅是个别男人不正常的行为表现，而是整个男性对女性的统治体系（或者说父权制）的组成部分。在这个体系中，直接的身体暴力和间接或结构性的暴力仍被普遍当作一种方法，用来"让女性待在她们的位置"。

对于男性暴力侵害女性的起源和政治意义，不同的女权主义团体有不同的解释。一些人在男性暴力中看到了一种普遍的、永恒的男性统治体系或性权力政治的表现（Millet，1970），归根结底，它植根于男性的体质或心理。这种解释几乎没有为历史发展和特殊性留下任何余地，而是假定各地的男人在任何时候都试图把自己的权力建立在女性的从属地位上。

我对这个问题的看法是，如果我们作为女性拒绝对我们的从属地位进行生物学上的解释，我们也必须拒绝有关男性性别暴力现象的生物学还原主义。更现实的做法是将这些男性暴力的形式，特别是它们似乎在增加的事实（见第五章），解释为有时间限制的和特定的，并看出它与主导我们当今世界的社会范式（即"文明"），换句话说，与"资本主义父权制"有着内在的联系。这并不意味着早期的父权制不包含对女性的暴力（参考中国、印度、犹太的父权制），但这些制度从未声称他们已经消除了直接暴力，从未声称他们已经"平息""文明化""驯化""合理化"了所有男人对男人、男人对女人的直接侵犯。但现代或资本主义的父权制或"文明"反而是以这种主张而崛起；它宣称自己优于所有其他"凶残""野蛮"的制度，这种文明声称，已经取缔了公民互动交往中所有的直接暴力，而是将其移交给总的主权者，也就是国家（参见 Elias，1978 ）。

尽管"文明"取得了所有备受赞誉的成就，但如果在这种制度下，女性仍然被男人强奸、殴打、调戏、侮辱、折磨，那么就会出现一些需要回答的严肃问题：

1. 如果对女性的暴力不是偶然的，而是现代资本主义父权制的一部分，那么我们就必须解释为什么会这样。如果我们拒绝生物学的解释——正如我所做的那样，我们就必须寻找对这种制度的运作至关重要的原因。

2. 就像女权主义者所做的那样，如果我们把所谓的私人领域纳入经济和政治领域，那么资本主义把所有经济以外的暴力或胁迫转化为经济胁迫的说法就不能成立了。

3. 在政治领域，国家对直接暴力的垄断显然止于私人家庭的门口。

4. 如果是这样，那么划分"私人"与"公共"的界线，也就意味着划分"私人"无规制的男性暴力（强权统治，rule of might）与有规制的国家暴力（正当统治，rule of right）。

5. 因此，就女性而言，在文明或"现代"社会中"正当统治"将取代"强权统治"的期盼并没有实现，尽管这是旧妇女运动所希望的。现实情况是两者并存（参见 Bennholdt-Thomsen，1985）。

6. 同样，如果这种共存不只是偶然的，或者像某些人解释的那样是"野蛮"时代遗留的结果，那么显然，我们必须对什么是文明或资本主义父权制有不同的理解。

因此，所有国家的女性围绕着暴力问题行动起来，对我们所处的社会制度下的公认观点提出了根本性质疑。

断续性：政治的新概念

在早期致力于提高意识的团体中，"私人"与"政治"或"公共"之间的划分已经被抛弃，人们发现私人领域是公共性别政治的基础。"个人的就是政治的"，这一口号产生的效果是，女性开始改变她们作为"非政治化"存在的自我认知，开始作为政治主体围绕与她们密切相关的问题展开行动。在围绕"身体政治"展开的斗争中，出现了一个新的有关政治概念的界定，从根本上批评了议会民主中旧的政治概念。对女权主义者来说，"政治"不再等同于投票，选举自己的候选人进入议会，并希望他能以选民的名义改变现状。女权主义者试图从"代表政治"（politics by delegation）或间接政治（vicarious politics）的概念转向"第一人称政治"（politics in the first person）的概念[1]。特别是那些自称"自治"的团体，她们明确表示，不想把争取女性解放的斗争委托给一些男性主导的政党或其他组织。历史告诉她们，当涉及父权制男女关系的关键问题时，即使是这些组织中的女性也无能为力。

---

[1] "间接政治"或"代表政治"是德语术语 Stellvertreterpolitik 的译名。在联邦德国，女权主义者是第一个拒绝 Stellvertreterpolitik 的人。后来的其他社会运动，如替代运动、生态运动和绿党运动等，也开始挑战代议政治的概念，并以基层民主或草根民主的新概念取代它。

与旧的运动相反，新的女权主义者更相信直接的政治行动、社会运动和倡议，相信自己所开展的妇女研究，甚至在政治或学术机构批准之前，她们希望用自己的手段创建许多女性自助项目和其他项目，而不是等待行政部门或政治家的支持和承认。女权主义者很快了解到，如果通过非议会的手段和方法进行宣传，而不是遵循政党或工会政治的官僚程序，即使是小型和无权的团体也能更快地实现目标。"第一人称政治"不仅更有趣、更鼓舞人心，而且显然也比"代表政治"更有效。

几乎所有国家的经验都是这样，在这些国家里，小型自治的女权主义团体开始采用这种"第一人称政治"的概念，围绕身体政治的问题进行动员，女性和政党（特别是左翼政党）中的妇女分支也面临着压力，如果他们不想把整个动员工作留给女权主义者的话，就必须处理好这些问题。尽管正统的左翼政党一直批评甚至敌视女权主义，但当堕胎自由化、反对强奸或其他针对女性的残暴行为的运动开始时，左翼政党（从共产党到社会民主党）中的女性不能坐视不理。但这种斗争的主动性从未产生于党内女性。

自治团体坚持"第一人称政治"的原则，这也是因为担心自身的动员会被那些政党利用，谋取他们自己的选举利益。许多无权无势的团体都有过这样的经历，他们曾要求一些政党领袖来处理他们的不满并以他们的名义进行斗争。为了反对这种"间接政治"，人们坚持了自治原则。这意味着，首先女性不会把她们的斗争、分析、组织和行动托付给任何人，而是把政治掌握在自己手中。

不同的国家对自主和"第一人称政治"的强调是不同的。在执政党同情新妇女运动的国家和地区，例如社会民主党执政的斯堪的纳维亚和荷兰，"自主的女权主义者"和"党内妇女"之间的区别并不那么明显。这些国家的许多女权主义者在政府组织中工作，并希望以此来推动国家机器向女性倾斜。只要风清气正，这种方法在这些国家就能显示出良好的效果。

在联邦德国，那些年社会民主党也在执政，但该党的父权结构占据更为明显的支配地位，甚至其妇女分支——社会民主党妇女工作组（ASF）也无法取得任何成就。在那些年里，许多党内妇女感到失望和沮丧。1980 年大选后，许多人放弃了党内政治，成立了一个名为"10 月 6 日妇女倡议"的自治团体。

女权运动提出的政治概念，以及"自主的纲领和实践"的原则，不仅是对既有议会政党的挑战，更是对传统左派政党的挑战。这一挑战的影响也许可以通过意大利共产党（CPI）对女权主义的反应得到最好的说明。1976 年，在全国共产主义妇女大会上，杰拉尔多·基亚罗蒙托（Gerardo Chiaromonto）将女性"解放"（liberation）一词与意大利共产党传统上使用的"解放"（emancipation）一词一起正式引入党的话语中。后者采纳倍倍尔、蔡特金等所理解的方式：将女性引入社会生产，以此作为她们解放的先决条件。女权主义者使用的前者，则意味着整个人的完全解放，而不仅仅是劳动能力的解放。

在此之前，意大利共产党一直对女权主义者持敌视和批评态度。现在，强大的意大利共产党对女权主义的正式承认，是意大利女权主义者动员活动向党内男性及女性施加巨大压力的结果。正如卡拉·拉瓦约利（Carla Ravaioli）所说，女权主义是萦绕在1976年意大利共产党全国妇女大会上的幽灵，也是之后许多辩论中的幽灵。意大利共产党的发言人第一次公开承认，女权运动是一个现实，该党必须努力了解其起源和动机。"在应对劳工运动问题、习俗问题、性别问题和人际关系方面的问题时，我们党的确存在不足，我们必须研究这些不足的原因。"（Chiaromonto，引自Ravaioli，1977: 10，译自 M. M.）

女权主义对这种经典政治概念发起的挑战，比在男女情感领域发起的挑战更深入。意大利共产党把这些都定义为"上层建筑"或文化的一部分（见前文）。正如卡拉·帕斯奎内利（Carla Pasquinelli）所指出的，意大利共产党早期之所以对女权主义持保留态度，恰恰是因为"个人的就是政治的"这一原则与民主集中制和无产阶级专政是两个方向（1981）。意大利共产党对女权主义的开放当然是意大利欧洲共产主义新战略的一部分，但它也反映了这样一个事实：尽管存在多样类型，自身也经常运作混乱，但女权主义以其少数激进的原则，挑战了经典的政治和理论主张，以及其手握全面改造社会的蓝图的宣言。对女权主义者来说，这些政党和它们的政治还不够激进。

这里无意进一步阐述女权运动在传统左派组织中的反响。在一些国家，已经出现关于女权主义和左派之间关系的新讨论[Rowbotham，Segal，Wainwright，1980；Hartmann，1981；Jelpke（ ed. ），1981]。当第三世界国家的女权主义者写下她们自己运动的历史时，她们很可能会发现类似的发展。今天，早期公开敌视女权主义或认为其无关紧要的态度已经让位于"拥抱女权主义"的策略，这一点可以在许多传统的左翼政党身上看到，这证明了新政治概念的力量。

此外，"第一人称政治"的概念、拒绝代议制政治、拒绝"私人"和"公共"之间的分界线以及私人领域的政治化，这些后来也被一些新的社会运动采用，如联邦德国的公民倡议运动、替代运动、生态运动和绿党运动，它们将"基础民主"（basis-democracy）作为主要的政治原则之一。女权运动的一些组织原则，如非官僚化、非等级化的运作，权力下放和强调基层能动性，现在也被欧洲和美国的大多数社会运动所共享。

因此，尽管新女权主义运动并不是从一个统一的纲领和充分发展的分析开始的，但是它们在私人和身体这些女性一直被贬低的领域反抗各种形式的男性统治。这种路径有其自身的动力和势头，比运动的大多数批评者最初认为的更进一步，达到了社会结构的更深层次。女权运动作为一种政治运动，其影响可能比当今任何其他新的社会运动都要深远。

断续性：女性的工作

女权运动与旧妇女运动以及正统左派传统决裂的另一个领域是女性的工作领域。旧的运动和正统左派接受了资本主义在私人家务劳动和雇佣工作之间的划分，或者用经典的术语说，是再生产和生产之间的划分。雇佣工作或生产被看作实现女性解放的唯一领域。女权主义者不仅挑战了这种分工，而且还挑战了"工作"和"非工作"的定义，从而也对公认的划分方式提出了质疑，这种划分来自政治和经济之间的二元论。一旦女性开始将个人和"私人"视为政治，那么她们也就开始重新评估和定义大多数女性在这一"私人"领域所做的工作，即家务劳动，这才是合乎逻辑的。

关于家务劳动的辩论是女权主义发起的最有成果的辩论之一。比起其他的辩论，这场辩论不仅是对传统左派的政治概念的挑战，也是对其一些基本理论立场的挑战。重要的是，关于家务劳动的辩论是男性参与女权主义讨论的第一个例子。

但在这场关于家务劳动的辩论开始之前，在它多少退化为学术讨论之前，家务劳动的问题就在 20 世纪 70 年代初意大利的劳工斗争中被作为一个政治问题提出。对于正统马克思主义中有关女性工作的理论，第一个挑战来自意大利，来自玛丽亚罗莎·达拉·科斯塔（Mariarosa Dalla Costa）的文章《女性的力量和社群的颠覆》，1972 年在帕多瓦（以及同年在布里斯托尔）与塞尔玛·詹姆斯（Selma James）《一个女人的位置》一起出版。

在这篇文章中，家务劳动是"非生产性"的这一经典立场第一次受到了挑战。达拉·科斯塔指出，家庭主妇在家庭中生产的不是简单的使用价值，而是"劳动力"这一特定商品，丈夫作为"自由"雇佣劳动者可以在劳动力市场上将其出售。她明确指出，家庭主妇的生产力是（男性）雇佣劳动者生产力的前提条件。由国家组织和保护的核心家庭，是生产"劳动力"这种商品的社会工厂。因此，家庭主妇和她的劳动并不在剩余价值生产的过程之外，而是构成了这个过程得以启动的基础。换句话说，家庭主妇和她的劳动是资本积累过程的基础。在国家及其法律机制的帮助下，女性被关在孤立的核心家庭中，她们在那里的工作被社会所忽视，因此被马克思主义和非马克思主义理论家定义为"非生产性"的。它以爱、关怀、情感、母性和妻子的形式出现。达拉·科斯塔对正统的左派观念提出了挑战，这种观念首先由恩格斯提出，但后来被共产党教条化和条文化，并且至今仍在坚持，即如果女性想要为她们的解放创造先决条件，就必须离开"私人"家庭，作为雇佣劳动者与男子一起进入"社会生产"。与这一立场相反，达拉·科斯塔确定了资本和国家在女性的无偿家务和男子的有偿雇佣工作之间建立的战略联系。资本躲在被称为"养家糊口者"的丈夫身后，被称为"家庭主妇"的女性则必须直接与丈夫产生联系，她应该出于"爱"而不是为了工资而工作。"与工厂里的集体谈判向我们展示的相比，这份工资要求的工作量更大。女性的工作似乎是资本之外的个人服务。"（Dalla Costa, 1973: 34; 译自 M. M. ）

在雇佣劳动者和非雇佣劳动者之间，资本建立了人为区分和等级制度，达拉·科斯塔对此提出了反对：

> 将人变成雇佣劳动者，资本通过这种方式使人从属于自己，这就在雇佣劳动者和所有其他不领取工资的无产者之间制造了一个裂痕。在很多人看来，这些不领取工资的无产者没有能力成为社会反抗的主体，因为他们不直接参与社会生产（Dalla Costa, 1973: 33）。

在这个分析的基础上，达拉·科斯塔还批评了许多左派观念，即女性只是"被压迫"，她们所面临的问题是"男性沙文主义"。由于资本能够要求家庭主妇的无偿劳动和雇佣劳动者的有偿劳动，对女性的家庭奴役被称为剥削。达拉·科斯塔认为，如果不理解对非雇佣劳动的剥削，也就无法理解对雇佣劳动的剥削。

承认家务劳动是生产性劳动、是剥削的领域、是资本积累的源泉，也就意味着对左派政党和工会的传统政策和战略发起挑战，这些政党和工会从未将家务劳动纳入其工作概念和斗争中。他们总是与资本勾结，实施将所有非雇佣性工作从公众视野中剔除的战略。

家务劳动的问题首先在意大利提出，这并不是偶然的。意大利是欧洲较"欠发达"的国家之一，却有一个强大的共产党。正如塞尔玛·詹姆斯在她的导言中指出的，意大利只有少量的工厂女工，大多数女性是"家庭主妇"或农妇。另外，在反议会人士的影响下，意大利发生了一些劳工斗争，其中包括"再生产斗争"，即在社区和学校开展的抗租斗争。在所有这些斗争中，女性都发挥了突出作用。

此外，在妇女斗争、第三世界国家反帝斗争、美国黑人的斗争和青年斗争之间，达拉·科斯塔已经看到了其中的结构相似性，他们都被定义为资本主义以外的人（或属于"前资本主义""封建"等形式）。与弗朗茨·法农（Frans Fanon）一样，她把女性之间的分裂（作为家庭主妇和雇佣工人）解释为殖民化过程的结果，因为家庭和住所对女性来说是一个由"宗主国"、资本和国家所支配的殖民地（Dalla Costa，1973：53）。达拉·科斯塔和詹姆斯想把女性作为革命主体重新引入历史。

作为推翻资本主义的战略，他们发起了"家务劳动有偿化"运动。欧洲和加拿大的许多女性被这场运动动员起来，并就这一战略的前景进行了热烈的讨论。最终，这场运动消停了，因为其中固有的几个问题无法解决，例如"家务劳动有偿化"并不会结束家庭主妇的孤立和原子化，雇佣劳动的全面普及不一定会推翻资本主义，反而有可能导致异化和商品生产的全面化或者引发新的问题——谁来支付家务劳动的工资，资本家、国家还是丈夫？

尽管有这些悬而未决的问题，但"家务劳动有偿化"运动还是将妇女的家务劳动问题列入了女权主义理论的议程。在达拉·科斯塔和詹姆斯的著作之后进行的"家务劳动辩论"，是对女权主义工作理论的一个重要贡献，特别是在英国，此外还有联邦德国。然而，由于参与这场辩论的许多女性和男性来自传统的左派，他们最终关注的似乎是"拯救他们的马克思"，而不是促进女性解放。

因此，大部分的辩论以典型的学术争论告终，其核心问题是，马克思的价值理论是否适用于家务劳动。由此，正统的马克思主义者和女权主义者之间的分界线仍然是家务劳动是否被认为是"社会生产"劳动的问题。

我不打算在这里再去讨论家务劳动辩论的问题。就女权运动政治而言，它的贡献是有限的。但它确实让左派组织第一次面对了资本主义下女性家务劳动这一尚未解决的问题。今天，许多左派女性和男性承认，马克思在分析资本主义时一定程度上忽略了家务劳动，但他们接着说，这并不意味着马克思赋予雇佣劳动的核心角色是无效的，因为与资本之间的雇佣劳动关系仍然构成资本主义生产关系。

在 1973 年至 1979 年期间进行的家务劳动辩论，并没有涵盖资本在积累过程中所利用的其他非雇佣工作领域，尤其是欠发达国家的自耕农、小商品生产者、被边缘化的人（其中大部分是女性）从事的所有工作。因此，参与家务劳动讨论的大多数人并没有超越欧洲中心主义的资本主义观点。根据这种观点，其他领域的这些人类劳动被认为处于资本主义和社会本身之外。它们被称为"前资本主义""外围资本主义""封建"或"半封建",或者仅仅是欠发达和落后的。有时它们也被称为"不平衡发展"的领域。

资本主义下的家务劳动也被排除在资本主义本身的分析之外,而这正是家务劳动成为"殖民地"和不受管制的剥削来源的机制,发现这一点,使我们看到了对其他非雇佣劳动进行殖民地式剥削的分析,特别是第三世界国家小农和女性的工作。这一讨论主要是由联邦德国的女权主义者领导的,她们认为马克思在妇女工作领域的分析存在不足,对此她们重新进行思考。同样,她们也将这种思考扩展到对殖民地其他各类非雇佣工作分析的不足上[1]。

在《女性的工作,政治经济学批判的盲点》这篇文章中,克劳迪娅·韦尔霍夫挑战了资本与雇佣劳动是唯一的资本主义生产关系的经典观念。她指出了另外两种基于非雇佣劳动的生产关系,即家务劳动和殖民地的生计劳动,这些也是"特权"(男性)雇佣劳动关系的前提条件。在这些年,克劳迪娅·韦尔霍夫、维罗妮卡·本霍尔特-汤姆森和我之间展开了一些讨论,探讨各种形式的非雇佣劳动关系及这些关系在全球资本积累体系中的地位,罗莎·卢森堡关于帝国主义的著作在讨论中起到了决定性的作用

---

[1] 这一讨论是由克劳迪娅·冯·韦尔霍夫、维罗妮卡·本-汤姆森和我本人在 1977 年左右发起的。我们的分析以论文的形式主要发表在《女权主义理论与实践》(*Beiträge zur feministischen Theorie und Praxis*)等女权主义杂志上。其中一些主要文章的合集发表在 Claudia v. Werlhof, Maria Mies, Veronika Bennholdt-Thomsen: *Frauen, die letzte Kolonie* (Women, the Last Colony), Reinbeck, 1983。

（Luxemburg，1923）。

　　罗莎·卢森堡曾试图利用马克思对资本扩大再生产或资本积累过程的分析（Marx，*Capital*，vol. II）来探讨帝国主义或殖民主义。她得出的结论是，相关的积累模式是基于这样的假设：资本主义是一个封闭的系统，其中只有雇佣劳动者和资本家。罗莎·卢森堡认为，从历史上看，这样的系统从未存在过，资本主义一直需要她所说的"非资本主义的环境和阶层"来扩大劳动力和资源，尤其是扩大市场。这些非资本主义的环境和阶层最初是农民、工匠及其"自然经济"，后来是殖民地。因此，对罗莎·卢森堡来说，殖民主义不仅是资本主义的最后阶段（Lenin，1917），而且是其永恒的必要条件。换句话说，没有殖民地，资本积累或资本的扩大再生产就会停止（Luxemburg，1923：254-367）。

　　这里无意进一步讨论罗莎·卢森堡著作之后出现的辩论。从20世纪20年代共产国际的倾向来看，她的观点遭到批评和拒绝并不奇怪。我也不关心罗莎·卢森堡的最终期望，即如果所有"非资本主义的环境和阶层"都被纳入积累过程，资本主义就会合乎逻辑地崩溃。但她的作品为我们对全世界女性劳动进行女权主义分析开辟了一个视角，能够超越工业化社会和这些国家的家庭主妇的有限视野。它进一步帮助我们从理论上超越资本所创造的各种人为的劳动分工，特别是劳动性别分工和国际劳动分工，也正是通过这些分工，那些处于非雇佣劳动关系中被剥削的领域被掩盖了，管理雇佣劳动的规则和条例被悬置了。我们认为，将所有这些关系纳入对资本主义下女性工作的分析，是女权主义最重要的任务，因为毫无疑问，如今资本已经达到了罗莎·卢森堡所说的阶段。在资本扩大全球积累的贪欲中，所有的环境和阶层都已经被挖掘出来。如果把我们的斗争和分析局限于资本主义父权制所造成的分割，也就是说如果西方女权主义者只试图理解超发达社会的妇女问题，如果第三世界妇女只把她们的分析局限于欠发达社会的问题，那将是自取灭亡。资本主义父权制通过划分并同时联系世界上的这些不同地区，已经创造了一个世界性的积累背景，在这个背景下，对女性劳动的操纵和劳动性别分工发挥了关键作用。

纵观女权运动简史，我们可以看到，摒弃资本主义父权制造成的所有二元和等级划分，即公共和私人、政治和经济、身体和精神、头脑和心灵等之间的划分，是一种正确和成功的策略。这不是一个预先计划好的行动方案，但其衍生出来的问题已经表明了，女权主义者只有从根本上超越这些殖民化的划分，才能期待成功，因为人们越来越清楚，资本主义生产模式与广为人知的"资本—工资—劳动"间的关系并不一致，资本主义需要不同类别的殖民地，特别是女性、其他民族和自然，以维护不断扩大的增长模式。

目前，我认为有必要让全世界的女权主义者识别并揭开资本主义父权制造成的所有殖民化划分的神秘面纱，其中特别值得关注的就是劳动性别分工和国际劳动分工之间的相互作用。

　　对于这些殖民式的划分，很有必要从另外一个角度予以着重讨论。一些欧美国家的女权主义者和批判性的科学家、生态学家一起，开始批评西方科学技术的二元论和破坏性范式。他们从荣格心理学、人本主义心理学、非二元的"东方"精神——特别是道家和其他东方哲学——中获得灵感，提出了一个新的整体性范式，即"新时代"（New Age）范式（Fergusson，1980；Capra，1982；Bateson，1972）。这个"新时代"范式强调，在我们的世界里一切与一切相连，并影响一切。这种观念无疑与一些女权主义者的反叛以及对未来社会的愿景一致。然而，如果想让这种再次"成为整体"的愿望，也就是在白人制造的所有裂痕和分割之间建立桥梁的愿望不再受挫，"新时代"女权主义者、生态女权主义者和其他人就有必要打开他们的眼睛和头脑，看看真正的殖民地，这些殖民地遭受的剥削保证他们可以沉迷于"东方精神"和"疗愈"之中。也就是说，如果整体性范式只是一种新的精神或意识，而不能识别并反对资本主义积累和剥削的全球体系，那么它最终也不过是为虎作伥，为资本主义下一轮的破坏性生产提供合法性。资本主义下一轮的重点不再是生产和销售汽车、冰箱等初级物质商品，而是生产和销售一些非物质商品，如宗教、心理治疗、友谊、精神，以及充分使用"新时代"技术的暴力和战争。

　　因此，在下文中，我将论述资本主义父权制的这些殖民化分工，特别是劳动性别分工和国际劳动分工之间的相互作用。

概念

在开始讨论劳动性别分工和国际劳动分工之前，我想澄清一下，为什么我在分析中使用某些概念而不是其他概念。这并不意味着我打算完全定义这些概念，在女权主义话语中出现的概念大多是斗争性概念，而不是由运动的意识形态策划者下的理论定义。因此，我提出的概念具有比科学定义更开放的特点。它们来自我们的斗争经验和对这些经验的反思，因此具有一定的说明价值。我认为，就这个或那个概念的使用进行纯粹的学术辩论对我们帮助不大。但是，正如我们在讨论"性别"或"性"这类概念的使用时已经看到的，重要的是要认识到，概念化的问题就是权力的问题，也就是说是政治问题。在这个意义上，澄清概念立场是女权主义政治斗争的一部分。

剥削还是压迫／从属？

在女权主义论述中，词语被用来表示和解释女性在社会中所遭受的问题。"从属"（subordination）和"压迫"（oppression）这两个术语，被广泛用于说明女性在等级结构体系中的地位和压制她们的方法。那些自称为激进女权主义者的女性，以及那些拥有马克思主义背景或自称为马克思主义／社会主义女权主义者的女性，经常使用这些概念。后者在讨论妇女问题时通常不谈剥削，因为对她们来说，剥削作为一个概念，应该用来描述资本主义下对雇佣工人的经济剥削。女性的不满不同于雇佣劳动者的不满，是"私人"男女关系的一部分，这种关系不被视为剥削关系，而是压迫关系，因此她们避免使用剥削一词。

然而，在下面的讨论中，我将使用剥削一词来确定压迫性男女关系的根源。这种用法的原因如下：

马克思将资本主义剥削这一具体的形式特殊化了，根据他的观点，剥削意味着资本家对剩余劳动的占有，他是在特定的意义范畴内使用这个一般术语。但正如下一章所解释的那样，"剥削"具有更广泛的内涵。归根结底，它意味着某人通过掠夺他人而获得某些东西，或以牺牲他人的利益为代价而生活。它与男性对女性、一个阶级对其他阶级、一个民族对其他民族的统治联系在一起。

如果在谈论男人和女人的关系时我们不谈论剥削，那么我们对压迫或从属关系的讨论就是悬浮的，如果男人没有任何好处，他们为什么要对女人进行压迫呢？讨论压迫或从属关系，如果不提及剥削，就会成为一个纯粹的文化或意识形态问题。这样压迫和从属关系的基础就变得无法确定，人们就开始诉诸男人的一些天生的攻击性或虐待倾向这些概念。但是剥削是一个历史范畴，而不是生物学或心理学范畴，这构成了男女关系的基础。它在历史上是由父权制部落和社会创造的。因此，我和玛丽亚罗莎·达拉·科斯塔一起，在三重意义上谈论对女性的剥削：她们被男人剥削（不仅在经济上，而且作为人被剥削）；她们作为家庭主妇被资本剥削；如果她们是雇佣劳动者，她们也以雇佣劳动者的身份被剥削。但即使是这种剥削也是由其他两种相互关联的剥削形式决定和加剧的。

在下面的文字中我没有讨论不平等或歧视问题,因为从我对旧妇女运动的要求的讨论中可以看出,法国大革命的这些诉求不再构成新女权运动的核心愿望。大多数女权主义者甚至不希望在父权制下与男性平等。关于家务劳动的讨论表明,从雇佣劳动中获得解放的期望在任何地方都没有实现,无论是在资本主义国家还是在别的国家,概莫能外。如果所有左翼政党仍然把他们的女性解放政策限制在"平等"和"妇女权利"的诉求上——这基本上是资产阶级的概念,他们就忽略了作为社会现实的父权制。而在父权制下,女性的"平等"只能意味着女性变得像那些父权制化的男人。大多数自称为女权主义者的女性并不被这种前景所吸引,她们也不对在这种制度下实现平等诉求抱有希望。许多男人担心女权主义者只想用女性的主导地位来取代男性的主导地位,因为这就是"平等"对他们中大多数人的意义——平等意味着特权,但这种担心是错误的。女权运动不想用另一个(女性)权力集团取代一个(男性)权力集团,而是想建立一个非等级的、非中央集权的社会,在这个社会中,没有哪一个权力集团靠剥削和支配他人而生存。

资本主义—父权制

读者会注意到,我使用资本主义—父权制的概念来表示使女性受剥削和压迫的制度。

在女权运动中，曾有过这样的讨论：把今天大多数社会中女性遭受的男性统治制度称为父权制是否正确（Ehrenreich and English，1979）。"父权制"的字面意思是父亲的统治，但今天的男性统治超越了"父亲的统治"，它包括丈夫的统治，男性老板的统治，大多数社会机构、政治和经济领域中的男性统治，总之就是所谓"男人的联盟"或"男人的集合"。

尽管持保留意见，但我还是继续使用父权制这个词。我的理由如下："父权制"这个概念是由新女权运动重新发现的，并将其作为一个斗争的概念，因为该运动需要一个术语来表示影响女性的全部压迫和剥削关系，表达这些压迫和剥削关系的系统性特征。此外，"父权制"这个词体现了女性被剥削和压迫的历史和社会维度，因此与"男性统治"的概念相比，父权制不太能容纳生物学的解释。从历史上看，父权制是在特定时期，由特定地理区域的特定民族发展起来的。它们不是普遍的、永恒的、一直存在的制度。（有时女权主义者把父权制说成自古以来就存在的制度，但这种解释没有得到历史、考古和人类学研究的证实。）当前父权制几乎是一个普遍的制度，它影响并改变了大多数前父权制社会，这一事实必须用父权制得以扩散的主要机制来解释，即抢劫、战争和征服（见第二章）。

与其他术语相比，我更倾向于父权制这个术语，因为它使我们能够将现在的斗争与过去的斗争联系起来，进而也能给我们带来未来的希望。如果父权制在历史上有一个具体的起点，那么它也可以有一个终点。

父权制的概念表示女性受剥削和压迫的历史深度，而资本主义的概念则表示这一制度的当代表现或最新发展。不能仅仅通过参照旧形式的父权制统治来解释今天的妇女问题。如果接受这样的立场，即父权制是一种"前资本主义"的社会关系体系，它与"封建主义"一起被资本主义关系摧毁、取代，那就无法解释这些问题，因为女性受到的剥削和压迫不能仅仅用资本主义的运作来解释，至少不能用通常理解的资本主义来解释。我的论点是，没有父权制，资本主义就无法运作，除非维持或新创造出父权制的男女关系，否则这个体系的目标——永无止境的资本积累过程——就无法实现。我们也可以说这是一种新父权制（见第四章）。因此，对于可见的资本主义制度，父权制构成了大部分不可见的地下内容。由于资本主义必然是父权制的，像一些女权主义者那样独立地谈论两个体系是一种误导（参见 Eisenstein，1979）。我同意查亚·达塔尔（Chhaya Datar）的观点，她批评了这种二元论的方法，在她看来，如果分别谈论两个系统，那么就解决不了两个系统如何相互关联的问题（1981）。此外，一些女权主义作者试图将女性受到的压迫和剥削定位在这两个系统中，这只是旧的资本主义社会劳动分工的翻版：女性在家庭私人领域或"再生产"中遭受的压迫被归于"父权制"，后者被视为上层建筑的一部分；而她们作为办公室员工和工厂工人遭受的剥削则被归于资本主义。

在我看来，这样的双系统理论并不能超越资本主义发展过程中形成的社会劳动分工和性别分工的范式。然而，在前文中我们已经看到，这种超越是女权运动具体的、新的、革命性的主旨。如果女权主义沿着这条道路走下去，不忽视其主要的政治目标——废除对女性的剥削和压迫，那么它就必须将资本主义—父权制当作一个内在相互联系的系统，超越它、克服它。换句话说，女权主义必须与所有资本主义—父权制关系作斗争，从男人与女人的关系开始，到人类与自然的关系，再到宗主国与殖民地的关系。它不能希望只集中于这些关系中的一种而达到其目标，因为它们是相互关联的。

超发达和欠发达的社会

如果我们说女权主义必须与所有资本主义—父权制关系作斗争，那么我们就必须把分析扩大到世界范围内的积累体系、世界市场或国际劳动分工。这种分工造成的裂痕带来了特殊的概念问题。当我们提到世界市场中相互分离但又存在等级关系的双方时，我们应该使用什么术语呢？我们是否应该继续谈论"发达"和"欠发达"国家？或者为了避免线性发展过程的概念，我们应该谈论"第一"和"第三"世界国家？或者我们应该使用源自依附学派理论家的"宗主国"/"中心"和"边缘"的概念？每一对概念的背后都有一个完整的理论，它们试图解释这样一个历史现象：自从欧洲和后来的美国成为资本主义世界经济的主导中心以来，一个两极分化和分裂的过程一直在发生，其中西方工业化世界作为一极变得越来越富裕，越来越强大，而非洲、亚洲和拉丁美洲的殖民地国家作为另一极，变得越来越穷，越来越孱弱。

如果我们遵循女权主义原则，超越资本主义父权制造成的分裂，以便能够确定这些分裂只是整体的一部分，那么我们就不能把"第一"和"第三"世界当作独立的实体，而是要确定两者之间存在的关系。

这些关系是建立在剥削和压迫的基础上的，就像男女关系一样。与后者类似，这些关系也是动态的，其中发生了两极分化：一极在牺牲另一极的情况下变得"发达"，而另一极在这个过程中变得"欠发达"。根据这个由安德烈·贡德·弗兰克首次提出的理论，"欠发达"是资本主义世界经济中心国家（Wallerstein，1974）与其殖民地之间的剥削性不平等关系或依附关系的直接结果。这并不是某种莫名其妙的"落后"造成的。一边是正在自己"发展"的国家，一边是"发展不足"的国家，在两者之间的动态分化过程中，富强的西方工业国变得越来越"超发达"。这意味着他们的发展并没有停止在某一点上，对于这个特定的点，人们会说："这就够了。我们获得了足够的发展来满足人类幸福。"但是推动世界经济两极分化的动力，即资本积累过程，是基于一种永远不会说"这就够了"的世界观。它本质上是基于无限的增长，基于生产力、商品和资本的无限扩张。这种永无止境的增长模式的结果就是"超发达"的现象，也就是具有癌症特征的增长，无论是对这个过程中被剥削的人，还是那些显然从剥削中受益的人，这种情况都渐渐地体现出破坏性。因此，"超发达和欠发达"是一个固有剥削性世界秩序的两个极端，它们被全球积累过程或世界市场分割开来，但又联系在一起。

在这个意义上使用"超发达—欠发达"的概念，有助于避免一种幻想：在一个按照这些原则构建的世界体系中，欠发达民族的问题可以通过发展"援助"来解决，或者超发达民族可以通过进一步剥削欠发达世界来实现人类幸福。在一个有限的世界里，双方整体之间的剥削和压迫关系必然会对双方都产生破坏性。在目前的历史阶段，这一真理也开始逐渐在超发达世界的人们身上显现出来。

自主权

"资本主义父权制"这一概念概括了女权主义斗争所针对的系统或全部社会关系，"自主权"这一概念则表达了运动所努力实现的积极目标，至少对大部分女权运动来说是这样的。如前所述，自主权这一概念，通常被理解为在我们的身体和生活方面不受胁迫的自由，是在身体政治的背景下出现的斗争概念，而身体政治是女性受压迫和剥削的最私密、最具体的领域。

在女权运动中，对这个概念及其内容也有不同的解释。有一种解释在西方女权主义者中相当普遍，就是或多或少地将自主权与"个人独立""女性个人的自决"或"个人选择的权利"联系起来。在这种对个人的强调中有一个正确的要素，即在最终的分析中，女性个人作为不可分割的人，是对她本人和她的生活承担责任或者不承担责任的主体。我把自主权解释为这种最内在的主体性和自由领域，尽管它可能很小，但如果没有它，人类就失去了基本的人类本质和尊严，没有它，人类就变成了没有自由意志和意识要素的傀儡或有机体，或者仅仅是有机物的集合体，正如今天生殖工程师的样本。

因此，在自主权的概念中，女权主义者意图维持、加强或重新创造女性的这种最内在的主观人类本质的愿望，得到了表达和保留。另一方面，我们不能无视这样一个事实：资本主义在其营销策略中注重原子化的个人，在很大程度上歪曲了自主权概念中固有的人本主义愿望。由于资本主义商品市场创造了一种错觉，即个人可以自由地满足她／他的所有欲望和需求，个人自由等同于选择这样或那样的商品，人的自我能动和主体性被个人消费主义所取代。因此，在西方女权主义者中，个人主义已经成为女权主义团结的主要障碍之一，从而也成为实现女权主义目标的障碍。

如果我们想避免这种个人主义化的歪曲，我们就必须确信，对女性而言自主权意味着对人类本质的保护。然而，自主权并不仅仅用于上述方面。它也是一个斗争的概念，它的提出是为了表明女性希望从混合的、男性主导的组织中分离出来，形成她们的自主组织，有自己的分析、方案和方法。正如我们所看到的，相对于某些传统的左派组织，自主组织得到了重点强调，而前者一直声称在组织、意识形态和方案方面优于所有"群众运动"。在这个意义上，女权主义者对自主权的要求，意味着拒绝所有将妇女问题和妇女运动归入其他明显更普遍的主题或运动的倾向。妇女的自主组织表达了一种愿望，即保留女权运动的不同性质特点和身份，与此同时又要保持独立的权力基础。尤其是后者，是从旧的妇女运动中学到的经验教训。由于加入男性主导的组织（政党和工会），旧的运动失去了自己的身份，最终被解散。自主原则不仅在男性主导的组织、运动和环境中得到了维护，在女权运动内部，不同团体和类别的女性也坚持这一原则。这可以从各种次级运动在时间上的演变观察到，例如女同性恋运动。这个原则也被崛起的第三世界女权运动所遵循。由于没有中心，没有等级制度，没有官方和统一的意识形态，没有正式的领导，各种倡议、团体、集体的自主性是唯一能够保持运动活力、多样性的原则，也是真正人本主义的原则。

第二章

劳动性别分工的社会起源

在女权主义视角下寻找源头[1]

20 世纪 20 年代，实证主义和功能主义成为西方社会科学家的主导思想流派，在此之后，寻找社会中不平等和等级关系的根源，特别是男女之间不对等的劳动分工，就成了禁忌话题。对这个问题的忽视，甚至是系统性的压制，是学术界（特别是盎格鲁-撒克逊世界）针对马克思主义思想理论的整体运动的一部分（Martin and Voorhies，1975：155ff）。直到现在，这个问题才被再次提出来。值得注意的是，它不是由学术界首先提出的，而是由积极参与妇女运动的妇女提出的。无论各个女权主义团体之间有什么意识形态上的差异，她们在反抗这种等级关系方面是一致的，这种

---

[1] 1975 年至 1977 年我在法兰克福大学开设妇女运动史的相关课程，和她们一起进行了较长时间的集体思考，本章就是集体思考的结果。这里讨论的许多想法是在"母系社会中的工作与性别"课程中产生的。我的一个学生罗斯维塔·洛伊克特关于"女性的魅力"的论文（1976），帮助澄清了我们的许多想法。我要感谢她和所有参与这些讨论的女性。

在 1979 年比勒费尔德大学举行的"发展不足与生计再生产"会议上我首次发表相关主题的论文，这一章是论文修订版。1981 年，海牙社会研究学院将其作为不定期论文出版。

关系不再被视为生理上的宿命，而是被视为需要废除的东西。寻找这种不对等的社会基础是她们反叛的必然结果。长期以来，那些致力于与受到的压迫和剥削作斗争的女性，不能满足于许多学者提出的冷漠结论：不应该提出起源问题，因为我们对这个了解太少。寻找这种关系的社会起源是女性解放的政治战略的一部分（Reiter，1977）。不了解男女之间不对等关系的基础和运作，就不可能克服它。

正是这种政治和战略动机，从根本上将这种对起源的新探索与其他学术推断和研究工作区分开来。它的目的不仅仅是分析或寻找一个老问题的答案，而是要解决这个问题。

因此，应该将下面的讨论理解为对"提升关于性别不平等现状的认识以及旨在消除它的集体行动"（R. Reiter，1977：5）的一种贡献。

包含偏见的概念

当我们开始追问两性之间压迫关系的起源时，我们很快发现，自19世纪以来，社会科学家们提出的旧的解释没有一个是令人满意的。因为在所有的解释中，无论是源于进化论、实证主义—功能论，甚至是马克思主义的方法，需要解释的问题归根结底都被看作是由生物学决定的，超出了社会变革的范围。因此，在讨论两性之间不对等劳动分工的起源之前，识别我们在讨论中常用的一些概念中的生物学偏见是很有帮助的。

在分析女性受压迫和剥削的原因时，也许这种隐蔽或公开的生物决定论——典型如弗洛伊德所说的"解剖决定命运"——就是最根深蒂固的障碍。尽管为解放而斗争的女性拒绝了生物决定论，但她们发现，很难证实男女之间的不平等、等级和剥削关系是由社会（也就是历史）因素造成的。我们的主要问题之一是，不仅分析本身，而且分析的工具、基本概念和定义，都受到生物决定论的影响，或者说受到生物决定论的感染。

对我们的分析至关重要的基本概念，在很大程度上就是如此，例如自然、劳动、劳动性别分工、家庭和生产力等。如果在使用这些概念时没有对其隐含的意识形态偏见进行批判，它们往往就会掩盖而不是澄清问题。其中最为重要的就是"自然"这个概念。

这个概念经常被用来解释"社会不平等或剥削关系是与生俱来的，超出了社会变革的范围"这一判断。当这个词被用来解释女性在社会中的地位时，女性就应该特别小心了。她们在生产和再生产生活中承担的责任，通常被定义为生物学或"自然"的功能。因此，女性的家务劳动和照顾孩子的工作被看作她们生理的延伸，她们生孩子这一事实的延伸，以及"自然"为她们提供了一个子宫的延伸。所有生产生活中的劳动，包括生孩子的劳动，都不被看作人与自然（with nature）之间有意识的互动，也就是不被看作真正的人类活动；而是被看作自然的（of nature）活动，就像无意识地生产植物和动物，对这个过程没有控制权。这种将女性与自然（包括与她自身的自然）之间的互动定义为自然行为（an act of nature）的方式已经产生深远影响，而且到目前这种影响也依然存在。

受生物学家影响的自然概念，使得支配和剥削的关系变得神秘，即（男性的）人对（女性的）自然的支配。在上述适用于女性的其他概念中，这种支配关系也隐隐存在。劳动这个概念就是其中的典型代表！生物学定义充斥于女性与自身自然的互动中，因此，她在生产和养育孩子方面的工作以及其余的家务工作都不作为工作或劳动出现。劳动这一概念通常保留给资本主义条件下男性的生产性工作，也就是生产剩余价值的工作。

虽然女性也从事这种生产剩余价值的劳动，但在资本主义下，劳动的概念一般都带有男性或父权制的偏见，因为在资本主义下，女性通常被定义为家庭主妇，也就是非劳动者。

这种劳动的工具，或者说这个概念中隐含的人体生产资料是手和头，而绝不是女性的子宫或乳房。因此，不仅男性和女性在与自然的互动中被不同地定义，而且人体本身也被划分为真正的"人类"部分（头和手），以及"自然"或纯粹的"动物"部分（生殖器、子宫等）。

不能把这种划分归咎于男人某种普遍的性别歧视，这是资本主义生产方式的结果，它只对人体那些可以直接用作劳动工具或可以成为机器延伸的部分感兴趣。

在劳动这一概念中，我们可以观察到的隐藏的、不对等的、生物学上的偏见，在劳动性别分工这一概念本身中也普遍存在。从表面上看，这个概念似乎暗示着只是在男人和女人之间分配了不同的任务，但它隐藏了一个事实，即男人的任务通常被认为是真正的人类任务（有意识的、理性的、有计划的、有生产力的等等），而女人的任务被认为基本上由她们的"自然"决定。根据这个定义，可以将劳动的性别分工解释为"人类劳动"和"自然活动"之间的分工。然而，这个概念也掩盖了这样一个事实：男性（"人类"）和女性（"自然"）劳动者或工人之间的关系是一种支配甚至是剥削的关系。这里使用的剥削一词是指生产者和消费者之间发生了或多或少的永久性分离和等级化，后者可以在不事生产的情况下占有前者提供的产品和服务。在一个平等的社群中，那些生产某种东西的人在代际意义上也是消费者，但是这种原始情况已经被破坏了。当非生产者能够占有和消费（或投资）实际生产者提供的产品和服务时，剥削性的社会关系就存在了（A. Sohn-Rethel, 1978；Rosa Luxemburg, 1925）。可以用这种剥削的概念来描述人类很长一段历史时期的男女关系，当然，其中也包括我们的历史。

然而，当我们试图分析这种劳动分工的社会渊源时，我们必须明确，我们指的是这种不对等的、有等级的和剥削性的关系，而不是平等伙伴之间的简单任务分工。

在家庭这个概念方面，混淆视听的生物学逻辑同样也很普遍。这个概念以一种相当欧洲中心主义和非历史性的方式得到使用和普及，将核心家庭作为所有男女关系制度化的基本和永恒结构，除此之外，这个概念还掩盖了其结构是等级制的、不平等的事实。像"家庭中的伙伴关系或民主"这样的措辞，只是为了掩盖这个结构的真实性质。

像"生物的"或"自然的"家庭这样的概念，与这种特殊的、非历史性的家庭概念联系在一起，而后者的基础是异性性交和血缘繁殖的强制性结合。

这些有偏见的意识形态，其功能就是将不对等和剥削性的社会关系，特别是男女关系，进行掩盖、加以神秘化。对一些重要概念中固有的生物学偏见进行的简要讨论，表明了有必要系统地揭露这种意识形态。

这意味着，就面前的分析劳动性别分工的社会根源这一问题而言，我们不是在问男女之间的劳动分工是什么时候出现的。我们的问题是，是什么原因使这种分工成为一种支配和剥削的关系，成为一种不对等的层级关系？在所有关于女性解放的讨论中，这个问题仍然很重要。

可供参考的路径

我们可以做些什么来消除上述概念中的偏见？像一些女性建议的那样，根本不去使用这些概念吗？如果这样的话，我们就没有语言来表达我们的想法了。或者发明新的概念吗？但概念是对历史实践和理论的总结，不能随意地发明。我们必须接受，我们在分析中使用的基本概念已经像领土或殖民地一样，被主导的、带有性别偏见的意识形态所"占领"。虽然我们不能放弃它们，但我们可以"自下而上"地看它们，不是从主导的意识形态角度，而是从被压迫者、被剥削者和被奴役者的历史经验及其解放斗争的角度看它们。

因此，关于劳动生产力这一概念，有必要摒弃其狭隘的定义，并表明只要劳动在生产剩余价值的意义上是生产性的，只要它能够被开发、提取、利用，只要这种生活生产或生计生产（基本上是女性从事的非雇佣劳动）是一种适当的劳动，那就具备生产力。这种生活生产是所有其他历史形态的生产劳动的长期先决条件，也包括资本主义积累条件下的生产劳动。因此，它必须被定义为工作而不是无意识的"自然"活动。

在下文中，我将把进入生活生产领域的劳动称为广义的生产性劳动，即为满足人类需求而生产使用价值的劳动。生产性劳动与生产剩余的劳动相分离，生产性劳动被生产剩余的劳动遮盖，这是一种扭曲的抽象，使得女性和她们的工作被"定义为自然"。

在《资本论》第一卷对劳动过程的讨论中，马克思首先使用了"生产性劳动"的广义定义，即通过自然物质的变化，生产出供人使用的产品，满足人的需要（*Capital*, vol. I, 1974）。但在一个脚注中，他已经警告说，这个定义对于简单的劳动过程来说是正确的，但对于资本主义生产过程来说却完全不够，在那里，"生产性劳动"的概念被缩小到只指剩余价值的生产："只有那个为获取资本而生产剩余价值的劳动者才是生产性的。"（*Capital*, vol. I, 1974）在这里，马克思使用了由亚当·斯密和其他政治经济学家提出的狭义劳动生产力的概念（参见 *Grundrisse*, p. 212）。他同时又批评了这个概念，他说，成为"资本主义下的生产性劳动者不是什么好运，而是厄运"（p. 532），因为工人成为资本估价的直接工具。但是，只关注这个资本主义的生产性劳动的概念并将其普遍化，实际上就会使更普遍、更基本的生产性劳动的概念被掩盖——其中可能包括女性的生活生产，将所有"非生产性"劳动（即非雇佣劳动，包括大多数女性的劳动）从公众视野中删除。此后，无论是资产阶级还是马克思主义理论家所使用的"生产性劳动"这一概念，都保留了资本主义的内涵，而马克思附加在它身上的批判却早已被遗忘。在我们努力理解资本主义和现有社会主义下的妇女劳动的过程中，这种狭隘的、资本主义的"生产性劳动"的概念，是最难克服的障碍。

我的论点是，这种一般的生活生产，或主要通过女性及其他非雇佣劳动者作为奴隶、合同工和殖民地农民的非雇佣劳动进行的生计生产，构成了"资本主义生产性劳动"可以建立和进行剥削的长期基础。如果没有非雇佣劳动者（主要是女性）持续的生计生产，雇佣劳动就不会有"生产性"。我认为资本主义生产过程包括这两方面：对非雇佣劳动者（女性、殖民地、农民）进行过度剥削（superexploitation），然后才有可能对雇佣劳动进行剥削。我把他们的剥削定义为过度剥削，因为它不是基于（资本家）对超出"必要"劳动时间的时间和劳动（即剩余劳动）的占有，而是基于对人们自己生存或生计生产所需的时间和劳动的占有。它不是由工资来补偿的——工资的数额根据劳动者的"必要"再生产成本计算，而主要是由武力或强制机构决定的。这就是第三世界生产者日益贫困、日益饥饿的主要原因。在他们的处境里，西方国家工人开展工资谈判所依据的等价交换原则并没有得到应用（见第三章和第四章）。

寻找等级制劳动性别分工的起源，不应局限于在历史中或史前时期寻找"女性具有世界历史意义被击败"（Engels）的发生时刻。尽管灵长类动物学、史前史和考古学的研究对我们的探索是有用的、必要的，但除非我们能够发展出关于男女关系及人与自然和历史关系的唯物主义的、历史的、非生物学的概念，否则我们就不能指望这些学科能够对这个问题给出答案。正如罗斯维塔·洛伊克特（Roswitha Leukert）所说："人类历史的开始主要不是确定某个具体日期的问题，而是为人和历史寻找唯物主义概念的问题。"（1976：18，译自 M. M.）

如果使用这种与前面提到的战略动机密切相关的方法，我们将看到，男女之间纵向不平等关系的发展不仅仅是发生在过去的事情。

看一下"正在形成中的历史"，研究一下在资本主义中心和外围的影响下女性所遭遇的事情，我们就可以了解到性别等级制度的实际形成过程，在资本积累的支配下，贫穷的农民和部落社会正在被"整合"到所谓新的国家和国际劳动分工中。无论是在资本主义中心还是边缘地区，无论过去还是现在，一种明显的性别歧视政策都被用来将整个社会和阶级归入资本主义生产关系之下。

这种策略通常以"进步的"或自由的家庭法（例如禁止一夫多妻制）、计划生育和发展政策的幌子出现。在墨西哥举行的国际妇女大会（1975）上，首次提出了"将妇女纳入发展"的要求，在第三世界国家，这一要求主要被用来招募女性，充当资本主义生产过程中最廉价、最温顺和可操纵的劳动力，无论是在农业企业和工业企业，还是在无组织的经济部门都是这样，概莫能外（Fröbel，Kreye，Heinrichs，1977；Mies，1982；Grossman，1979；Elson/Pearson，1980；Safa，1980）。

这也意味着，我们不应该再把劳动性别分工看作一个只与家庭有关的问题，而应该将其看作整个社会的结构问题。男女之间的劳动等级分工及其动态变化，构成了主导性生产关系（即一个特定时代和社会的阶级关系）的组成部分，以及更广泛的国家和国际劳动分工关系的组成部分。

男性和女性对自然的占有

然而，寻找一个关于男人／女人和历史的唯物主义概念，意味着寻找男人和女人的人性。但人的本性不是一个既定事实。它是在历史中演变的，不能简化到生物层面，但这种天性的生理层面又总是与它的社会层面相联系。因此，如果我们将生理学与历史分开，就无法理解人性。男人／女人的人性并不是线性地、单一因果地自其生物层面演化而来，而是女人／男人与自然以及相互之间互动的历史结果。动物的底色是活着，而人类不只是活着。人类生产他们的生活。这种生产是在一个历史过程中发生的。

与动物世界的进化（自然历史）相比，人类历史从一开始就是社会历史。马克思和恩格斯认为，所有人类历史都因"三个方面"而突显特征，这三个方面在人类诞生之初就存在，今天也存在：1. 人们必须生活，以便能够创造历史；他们必须生产满足其需求的资料，包括食物、衣服、住所等。2. 需求满足催生了新的需求。他们开发新工具来满足新需求。3. 维持日常生活再生产的人必须制造其他人，必须生育——"男人和女人、父母和孩子之间的关系就是家庭"（Marx，Engels，1977：31）。

后来，马克思用"对自然物质的占有"这一表述，在最广泛的意义上将"工作"概念化：工作是对自然的占有，以满足人类的需要：

　　首先，劳动是一个人和自然都参与的过程，在这个过程中，人主动发起、调节、控制自己和自然之间物质化的互动关系。他把自己作为自然界的力量之一与自然界对立起来，使胳膊和腿、头和手，即他身体的自然力量运动起来，目的就是以适合他自身需要的形式占有自然界的产品[1]。通过这样作用于外部世界并改变它，他同时也改变了自身的自然。（Marx，*Capital*，vol. I: 173）

我们必须强调，这种"对自然的占有"是所有人类历史的特征，包括最早期的原始阶段。

恩格斯深受进化论思想的影响，他把这些最早的阶段作为史前史，从实际的人类历史中分离出来，根据他所说的，有了文明之后才有人类历史。这意味着人类历史从完全成熟的阶级关系和父权关系开始。对于人类当时是如何从史前历史跳到社会历史这个问题，恩格斯无法回答；此外，他也没有把辩证历史唯物主义的方法用于研究这些"尚未进入历史"的原始社会。他认为，进化的规律一直盛行到私有财产、家庭和国家的出现。

在 1884 年《家庭、私有制和国家的起源》序言的前两句中，他强调：

根据唯物史观，在历史中最终的决定性因素是直接生活

---

[1]　"对自然的占有"（Aneignung der Natur）在德语中具有双重含义。在马克思使用这一表述的方式中也能找到这种模糊性。一方面，他在"使自然成为我们自己的，使自然人性化"的意义上使用它。在他早期的著作中，"对自然的占有"这一表述就是在这个意义上使用的。另一方面，它定义了人与自然之间的支配关系。在《资本论》中就是这种情况，马克思将更广泛的定义缩小为"对自然的支配、控制和主宰"的意思。正如我们将看到的，这样解释这一概念对女性来说是有问题的。

的生产和再生产。但这本身具有两方面的特点。一方面是生活资料的生产，即食物、衣服和住所以及因此而需要的工具；另一方面是人类本身的生产，即物种的繁衍。一定历史时代和一定地区的人所处的社会制度受到这两种生产的制约：一方面是劳动的发展阶段，另一方面是家庭的发展阶段（Marx，Engels，1976：191）。

而正如安克·沃尔夫-格拉夫（Anke Wolf-Graaf）所观察到的，每个唯物主义女权主义者都会愉快地同意，唯物主义分析必须处理这两种生产，但恩格斯本人在处理"人的生产"时立即放弃了这种唯物主义概念（参见 Wolf-Graaf，1981：114-121），按照他的说法，这是由"家庭的发展"决定的，而生活资料的生产则由劳动发展决定。这种区分并不是偶然的，因为恩格斯在全书中一直遵循这种思路。恩格斯描述了从氏族到部落再到家庭的发展，但他没有采用经济式的分析，而是采用了进化论的分析，例如，他用女性对一夫一妻关系的"自然"愿望来解释乱伦禁忌和一夫一妻制的引入。只有在涉及私有财产和一夫一妻制的父权家庭时，恩格斯才引入了经济和历史唯物主义的解释。"跟随父权制家庭，我们进入了成文历史领域。"（Marx，Engels，1976：234）一夫一妻制的父系家庭"是第一个不是基于自然条件而是基于经济条件的家庭形式，也就是基于私人所有权对原始自然发展出的共同所有权的胜利"（Marx，Engels，1976：239）。

与"人的生产或生育"有关的"自然"过程（即非历史过程），以及与生产资料和劳动发展有关的历史过程，两者之间存在区别。在马克思主义理论中，没有出现关于女性及其劳动的历史唯物主义概念，上述区别就是基本原因。马克思和恩格斯在《德意志意识形态》的早期分析中，已经清楚地阐述了女性在人类生产中的劳动是"自然"的理想主义（自然主义、生物主义）概念。对于构成人类生活的"三个方面"，尽管马克思和恩格斯急于确立其历史性和物质性基础，但他们很快就排除或放弃了"第三个方面"，也就是把新人的生产从历史范畴中排除了。他们对"第三方面"的讨论仍然是这样开始的：

> 从一开始就进入历史发展过程的第三种关系：每日都在重新生产自己生命的人们开始生产另外一些人，即繁殖。这就是夫妻之间的关系，父母和子女之间的关系，也就是家庭。这种家庭起初是唯一的社会关系，后来，当从增长的需要中产生了新的社会关系，而人口的增加又产生了新的需要时，这种家庭便成为从属关系了……（Marx，Engels，1977：31）

这意味着，男女关系不再被视为历史的驱动力，构成历史驱动力的是"工业"。他们继续说：

> 生命的生产，无论是通过劳动来生产自己的生命，还是

通过生育来生产他人的生命，都表现为双重关系：一方面是自然关系，另一方面是社会关系。社会关系在这里是指许多个人的共同活动，不管这种共同活动是在什么条件下、用什么方式和为了什么目的而进行的（Marx, Engels, 1977: 31）。

一个女权主义者现在会期望，在接下来的分析中，马克思和恩格斯能够继续把新生命生产中的男女关系纳入"社会关系"的范畴。但当他们继续讨论时，这个方面立即被忽略了：

> 由此可见，一定的生产方式或一定的工业阶段，始终是与一定的共同活动方式或一定的社会阶段联系着的，而这种共同活动方式本身就是"生产力"。由此可见，人们所达到的生产力总和决定着社会状况，因而，必须始终把"人类的历史"同工业和交换的历史结合起来研究和探讨（Marx, Engels, 1977: 31）。

当他们谈到劳动分工的发展时，他们把"新生命的生产"设想为一个"自然的"而不是一个历史的事实，这一点变得更加清楚。这种分工"最初不过是性行为中的分工"（p. 33），或"家庭中的自然分工"（p. 34），只有在"物质劳动和精神劳动的分工出现时"，劳动分工才真正出现。在这个阶段之前，每项活动都只是动物活动或"羊群式/部落式的意识"。从这种羊群式的存在（根据这一概念，女性今天仍然是羊群式的存在），转变为真正人类的、历史性的社会存在，是（男性）劳动生产率的提高（p. 33），需求的增加和人口增长（p. 33）的结果。男人和女人在性行为中的合作，以及女性在抚养和哺育孩子方面的工作，显然不属于"生产力""劳动""工业和交换"的范畴，而是属于"自然"（Marx, Engels，1977：33–34）。将新生命的生产与通过劳动进行的日常需求生产分开，将后者提升到历史和人类的领域，将前者称为"自然"，后者称为"社会"，他们不由自主地促成了生物决定论，直到今天，我们依然受其影响。

对于女性和男性及其历史，如果想找到一个历史唯物主义的概念，我们首先要分析他们各自与自然的互动，以及在这个过程中他们如何建立自己的人性或社会性。如果追随恩格斯，我们就必须把女性与自然的互动置于进化论的范畴。（事实上，全世界的功能主义者和行为主义者都在这样做。）我们就不得不得出这样的结论：女性还没有进入历史。

女性 / 男性对自己身体的占有

马克思认为，就其基本形式而言，劳动过程是一种有意识的行动，目的是产生使用价值。在更广泛的意义上，它是"对自然物质的占有，以满足人类的需要"。这种"人与自然之间"的"物质交换"（stoffwechsel）是人类存在的永恒自然条件，或者说是每个历史阶段的共同条件（*Capital*，vol. I：179）。在人与自然之间的这种"物质交换"中，人类（女人和男人）发展并改变他们所处的外部自然，同时也发展并改变他们自己的身体自然。

为生产人类所需之物，人和自然之间进行互动，就像所有其他生产一样，这种互动也需要工具或生产资料。人类对自然界采取行动的第一个生产资料就是他们自己的身体。它也是所有其他生产资料永恒的先决条件。但身体不仅是人类作用于自然的"工具"，身体也是满足需求的目的。人类不仅使用他们的身体来产生使用价值，还在最广泛的意义上通过消费他们的产品来保持身体活力。

将劳动过程看作对自然物质的占有，在这个最广泛意义上的分析中，马克思并没有对男人和女人做出区分。然而，对于我们的主题来说，重要的是要强调男人和女人以一种不同性质的身体对自然施加影响。如果我们想在男女之间不对等分工方面厘清思路，就有必要悬置人类（作为抽象的一般存在）对自然的占有，而是讨论女人和男人对自然的占有。这一立场是基于这样的假设，即女人和男人占有自然的方式存在着差异。这种差异通常被掩盖了，因为"人的性质"被定义为"男性的性质"[1]。

男性（maleness）和女性（femaleness）并不是生物学上的必

---

[1] 在许多语言中这种性别歧视都普遍存在。像英语、法语和所有罗曼系语言一样，它们无法区分"男人"（man/male being）和"人"（man/human being）。在德语中，尽管 Mensch 也具有男性的内涵，但这种区别仍然可以表达出来，Mann 是男性，Mensch 是人类。

然结果，而是一个长期历史过程的产物。在每个历史时代，男性和女性都有不同的定义。这种定义取决于这些时代的主要生产方式。这意味着，根据为满足人类需求而占有自然物质的主导形式的不同，男女之间的生理差异会得到不同的解释和评价。因此，在整个历史上，男人和女人与自己的身体所形成的关系存在质的不同。在母系社会[1]中，女性被解释为所有生产力的社会范式，是生命生产中主要的行动准则[2]。所有的女性都被定义为"母亲"。但那时的"母亲"与今天的母亲含义不同。在资本主义条件下，所有女性都被社会定义为家庭主妇（所有男人都是养家糊口的人），而母性（motherhood）已经成为这种家庭主妇综合征的必要组成部分。早期对女性（femaleness）的母系定义和现代定义之间的区别在于，现代定义中所有积极的、创造性的（主观的）、生产性的（人类的）品质已经被清空了。

对男性和女性身体自然的占有，在历史上发展出了性质差异，这种差异也导致了"对外部自然的两种不同形式的占有"，也就是与占有对象，即感官身体活动对象间不同形式的关系（Leukert，1976：41）。

---

[1] 与博尔内曼一样，我使用"母系"（matristic）一词，而不是"母权"（matriarchal），因为"母权"意味着母亲能够建立一个政治统治体系。但即使在母系社会中，女性也没有建立这种持久的政治统治体系（Bornemann，1975）。

[2] 印度的女神（Kali、Durga 等）都是这种能动和行动准则的体现。而许多男神则是被动的、沉思的和苦行的。关于某种自然概念和对女性身体的占有之间关系的讨论，参见 Colette Guillaumin，1978。

女性和男性与自然的客体关系

首先我们必须强调，动物和人类的客体关系是有区别的。人类的客体关系是实践（praxis），即行动加反思；它只有在历史过程中才会显现出来，它意味着社会互动或合作。人的身体不仅是首要的生产资料，也是首要的生产力。这意味着人体在带来新事物方面是有经验的，能够改变外部和人类的自然状态。与动物相比，人类与自然的客体关系是一种生产关系。在把身体作为一种生产力的过程中，女人和男人之间的差异产生了深远的影响。

对她们自己和外部自然而言，女性与自然的客体关系有什么特点呢？首先我们看到，女性可以体验到她们整个身体的生产力，而不仅仅是她们的手或她们的头。从她们的身体中，孕育出了新的孩子，以及这些孩子的第一份食物。对我们的主题来说，要将女性生产孩子和母乳的活动理解为真正的人类活动，即有意识的社会活动，这是至关重要的。女性运用她们自己的自然，包括她们生育和产奶的能力，就像男人运用他们自己的身体自然一样，他们的手和头等部位通过工作和思考获得了制造和处理工具的技能。在这个意义上，女性生育孩子的活动必须被理解为工作。但这些活动目前仍然被解释为纯粹的生理功能，与其他哺乳动物的功能相当，并且不在人类有意识的影响范围之内，这是女性解放的最大障碍之一。这种认为女性身体的生产力与动物的生育能力相同的观点，目前在全世界被人口学家和人口规划者宣传和推广，必须将这种观点理解为父权制和资本主义劳动分工的结果，而不是其前提条件[1]。

在历史进程中，女性观察到了她们自己身体的变化，通过观察和实验，她们获得了大量关于身体功能、月经规律、怀孕和分娩的经验知识。这种对自己身体自然的利用，与获得有关外部自然界的生育性力量，有关植物、动物、地球、水和空气的知识密切相关。

因此，她们不是像牛一样繁殖孩子，而是运用自己的生育和生产能力。她们分析和反思自己和前人的经验，并把它们传给自己的女儿。这意味着她们不是身体生育力量的无助受害者，而是学会了影响生育，包括想要生育的孩子数量。

今天，我们拥有足够的证据可以得出结论，前父权制社会中的女性比现代女性更懂得如何调节她们的孩子数量和生育频率，因为后者在父权制的资本主义文明进程中已经失去了这种知识（Elias，1978）。

在采集者和狩猎者以及其他原始群体中，存在着各种限制生育和孩子数量的方法，而且部分方法至今仍然存在。杀婴很可能

---

[1] 将今天人口研究中使用的术语与早期的术语进行比较会很有启发性。

直到 20 世纪 30 年代，新生命的产生仍然被概念化为"生育"（procreation），也就是说，它仍然具有积极的、创造性的内涵。但是今天，生育性生产被概念化为被动的、生物的、行为的和机械的术语，比如说"生育力"（fertility）、"生物繁殖"（biological reproduction）、"生成行为"（generative behaviour）。这种将人类生育性生产定义为被动的生育力的做法，对于那些想要控制人类自主性的这一最后领域的人来说，是一种必要的意识形态把戏。

是最早的方法（Fisher，1978：202），除此之外，许多社会中的女性将各种植物和草药当作避孕药或是用它们来诱发流产。尤特印第安人（Ute Indians）使用石榴籽，巴西波洛洛族（Bororo）妇女使用一种能使她们暂时不育的植物。传教士曾劝说妇女们不要再使用这种植物了（Fisher，1979：204）。伊丽莎白·费舍尔告诉我们，澳大利亚原住民、大洋洲的某些部落甚至是古埃及的妇女使用的方法都是现代避孕药具的前身。埃及妇女使用阴道海绵，蘸上蜂蜜，以减少精子的流动性。还有人使用含有杀精成分的金合欢树枝（Fisher，1979：205）。

在当代采集者和狩猎者中广泛使用的另一种节育方法，是长时间的母乳喂养。罗伯特·梅（Robert M. May）的研究报告证明，"在几乎所有的原始采集者和狩猎者社会中，生育率都低于现代文明社会。通过长时间的哺乳，减少排卵，延长生育间隔"。他还观察到，这些女性进入青春期的时间比文明社会中的女性晚得多。今天在许多部落中可以观察到更为均衡的人口增长（只要他们没有融入文明社会），他把这种现象归结为"文化习俗无意识地促进了生育率降低"（May，1978：491）。有些人认为，这种社会的低人口增长是因为残酷的生产斗争，尽管他正确地批评了这种观点，但他仍然不认为这种情况是女性有意识地运用其生殖能力的结果[1]。最近的女权主义研究显示，在猎杀女巫之前，欧洲女性对

---

[1] 这并不奇怪，因为梅也与大多数人口研究者和计划生育提倡者一样，在相同的意义上使用"生育力"这一概念，也就是把生育看作无意识的、生理行为的结果。

自己身体和避孕药具的了解比我们今天要好得多（Ehrenreich and English，1973，1979）。

妇女生产新生命，生产女性和男性，并与这种新生命生存资料的生产密不可分。生下孩子并为其哺乳的母亲必然为自己和孩子提供食物。因此，无论是作为采集者，只是收集在自然界发现的东西，如植物、小动物、鱼等等，还是作为农业经营者，她们对身体自然的利用，生产孩子和酝酿乳汁的事实，都使她们成为日常食物的第一提供者。第一种按性别划分的劳动，即女性的采集活动和男子的零星狩猎活动，很可能是源于女性必须负责生产日常生活必需品这一事实。收集植物、根茎、水果、蘑菇、坚果、小动物等，从一开始就是女性的集体活动。

据推测，提供日常食物的需求以及对植物和植物生命的长期经验，最终催生了谷物和块茎的常规种植。根据戈登·柴尔德（Gordon Childe）的说法，这一发明发生在新石器时代，特别是在欧亚大陆，那里最早种植野生谷物。他和许多学者将这一发明归功于女性，她们同样发明了这种新的生产方式所需的第一批工具，如当时已经用于挖掘野生根茎和块茎的掘土棒和锄头（Childe，1976；Reed，1975；Bornemann，1975；Thomson，1965；Chattopadhyaya，1973；Ehrenfels，1941；Briffault，1952）。

定期种植食用植物（主要是块茎和谷物），标志着一个新的阶段和女性劳动生产率的巨大提高，根据大多数作者的说法，这使得历史上第一次有可能形成生产剩余。因此，柴尔德称这种转变为新石器时代的革命，他将其归结为谷物的定期种植。然而，根据最近在伊朗和土耳其的考古发现，伊丽莎白·费舍尔认为，人们在采集阶段已经能够收集过剩的野生谷物和坚果。收集剩余物的技术前提是发明容器、装叶子和植物纤维的篮子以及罐子。似乎有理由相信，储存技术先于新的农业技术，而且对生产剩余物同样必要。

因此，这两种生产方式的区别不在于是否存在剩余，而在于女性发展了与自然间的第一种真正的生产关系。采集者仍然生活在一个简单的占有社会中，而随着植物栽培的发明，我们可以第一次谈论一个"生产社会"（Sohn-Rethel，1970）。女性不仅收集和消费自然界中生长的东西，她们还使东西生长。

女性与自然的客体关系是一种生产关系，而且从一开始就是社会生产。男人可能只为自己采集和狩猎，与此相反，女性至少必须与她们的小孩子分享产品。这意味着她们与自然（她们自己的身体自然以及外部自然）的特定客体关系——既任其生长（let grow）、也促其生长（make grow），使她们成为第一种社会关系的发明者，也就是发明了母亲和孩子之间的关系。

许多作者得出的结论是，母子团体是第一个社会单位。他们不仅是消费单位，也是生产单位。母亲和孩子们是采集者，他们也在早期的耒耕种植业中一起干活。这些作者认为，成年男子只是暂时性和边缘性地融入或社会化到这些早期的母性或母系单位当中（Briffault，1952；Reed，1975；Thomson，1965）。

马丁（M. Kay Martin）和沃希斯（Barbara Voorhies）认为，这些母性单位与人类进化的素食阶段相吻合，"除了他们出生的单位之外，成年男性不会对这些母子单位保持永久的依恋"（1975：174）。这就意味着，必须将男性与这些单位的永久结合看作社会历史的结果。在这些最初的社会单位中发展起来的生产力不仅是技术性质的，而首先是人类合作的能力，而且反映的是"未雨绸缪"的能力，预测未来，相互学习，将这种知识从一代传给下一代，并从过去的经验中学习，换句话说，这些构成历史。

为了总结女性在历史上发展起来的与自然的客体关系，我们可以做如下说明：

1. 她们与自然的互动，与自己的以及与外部自然的互动，是一个互惠的过程。她们把自己的身体看作生产性和创造性的，就像她们把外部自然看作生产性和创造性的一样。

2. 虽然她们占有自然，但这种占有并不构成一种支配关系或财产关系。她们不是自己身体或地球的主人，她们与自己的身体和地球开展合作，以便"任其生长也促其生长"。

3. 作为新生命的生产者，她们成为第一批生计生产者和第一批生产性经济的发明者。这从一开始就意味着社会生产和社会关系的创造，也就是社会和历史的创造。

男性与自然的客体关系

男性与自然的客体关系和女性与自然的客体关系一样，既有生理维度，也有历史维度。只要男性和女性活着，这种生理维度的关系就一直存在。它意味着，男性通过一个与女性有本质区别的身体来利用自然。

他们不能像女性那样体验到自己的身体是有生产力的。如果没有外部手段和工具的调节，男性身体的生产力就无法显示出来，而女性的生产力则可以。男性对生产新生命的贡献，尽管在任何时候都是必要的，但只有在男性通过工具对外部自然界采取行动，并对这一过程进行反思的漫长历史过程之后，这种贡献才能变得可见。男性对自己身体自然的认识以及他们用来反思自己的意象，受到与外部自然互动的不同历史形式的影响，也受到在这个过程中所使用工具的影响。因此，男性作为人类的自我概念，也就是作为生产力的自我概念，与技术的发明和控制密切相关。没有工具，男人就不是人。

在历史的进程中，男性对自身与外部自然间客体关系的思考，反映在他们用来描述自己身体器官的符号中。有趣的是，作为男性生产力的象征，第一个获得突出地位的男性器官是阴茎，而不是手，尽管手是制造工具的主要器官。这一定是发生在犁取代早期女性耕作者的掘土棒或锄头的阶段。在一些印度语言中，犁和阴茎之间有一个类比。在孟加拉的俚语中，阴茎被称为"工具"（yantra）。当然，这种象征意义不仅表达了与外部自然的工具性关系，而且也表达了与女性的关系。阴茎是工具，是犁，是男人对女人工作的"东西"。在北印度语言中，"工作"和"性交"是同一个词，即"kam"。这种象征意义也意味着，女性已经成为男性的"外部自然"。她们是地球，是田地，是男性播撒种子（精液）的沟渠（sita）。

但是，这些关于阴茎和犁、种子和精液、田地和女人的类比，不仅是对男人与自然、男人与女人的工具性客体关系的语言表达，也表明这种客体关系已经具有支配性的特征。女性已经被定义为（男性）生产的物理条件的一部分。

男性与自然的客体关系使其拥有比女性更高的生产力，对于这之前所发生的历史斗争，我们知之甚少。但是，在古代印度文学中，围绕"产品"（谷物、儿童）的性质是由田地（女性）还是由种子（男性）决定的问题，进行了几个世纪的意识形态斗争。我们可以看出，女性生产力从属于男性生产力绝不是一个和平的过程，而是阶级斗争的重要组成部分，是对土地、牛和女性建立父权制财产关系的重要组成部分（Karve，1963）[1]。

研究一下男人的性器官和他们在不同历史时期为不同生产方式所发明的工具之间的类比，会很有启发。在我们现在这个时代，男性把他们的阴茎称为"螺丝刀"（他们"拧"女人）、"锤子"、"锉刀"、"枪"等等，这不是偶然的。在贸易口岸鹿特丹的港口，男性的性器官被称为"贸易"（the trade）。男性如何定义他们与自然的关系，如何定义他们与女性以及自己身体的关系，这些术语

---

[1]　关于古代印度文学中种子与田地的比喻，参见 Maria Mies，1980；Leela Dube，1978。

告诉我们很多内容。这表明在男性心中，他们的工作工具、劳动过程与他们对自己身体的认知之间，存在着密切联系。

然而，在男性认识到他们自己的身体比女性的更有生产力，能够建立起对女性和外部自然的支配关系之前，他们首先必须发展一种至少看起来独立于和优于女性生产力的生产力。正如我们所看到的，男性生产力的出现与工具的发明密切相关。然而，男性只有在发达的女性生产力的基础上才能发展出一种（表面上）独立于女性的生产力。

作为男性生产力前提条件的女性生产力

如果我们牢记，"生产力"意味着人类在历史进程中生产和再生产生命的具体能力，那么我们就可以为进一步分析而提出这样的论点：女性生产力是男性生产力和所有世界历史进步发展的前提。这个陈述包含一个永恒的物质维度和历史维度。

第一个维度存在于这样一个事实中：女性在任何时候都是新女性和新男性的生产者，没有这种生产，所有其他的生产形式和模式都会失去意义。这听起来微不足道，但它提醒了我们整个人类历史的目标。上述说法的第二个含义在于，如果男人不能利用和服从女性生产力的各种历史形式，他们在历史过程中发展出的各种生产力形式就不可能出现。

在下文中，我将尝试以上述论点作为指导原则，分析在人类历史的一些主要阶段中两性之间不对等的劳动分工。它将帮助我们破除一些常见的神话，这些神话之所以出现，就是为了说明男女之间的社会不平等是自然赋予的。

男性—狩猎者神话

女性的生产力是所有其他人类生产力的先决条件，这不仅体现在她们总是新男性和新女性的生产者，而且体现在第一次社会劳动分工当中，即女性作为采集者（后来也作为耕种者）和以男性为主的狩猎者之间的分工，这种情况只有在发达的女性生产力基础上才能发生。

女性的生产力首先包括维系氏族或部落成员日常生活的能力，也就是生存保障。女性必须确保"每天的口粮"，不仅是为自己和孩子，同时也为男人，因为狩猎是一种"风险经济"，他们在狩猎中可能运气不好。

事实证明，特别是女权主义学者的批判性研究表明，人类的生存更多地归功于"女性—采集者"，而不是"男性—狩猎者"，这与或新或旧的社会达尔文主义宣扬的内容相反。即使在现存的猎人和采集者中，女性也提供了高达80%的日常食物，而男人只通过狩猎贡献一小部分（Lee and de Vore，1976，引自 Fisher，1979：48）。通过对默多克民族志地图（Murdock's Ethnographic Atlas）中的猎人和采集者样本进行二次分析，马丁和沃希斯证明，这些社会58%的生计是通过采集提供的，25%是通过狩猎提供的，其余是通过狩猎和采集共同完成的（1975：181）。澳大利亚提维族（Tiwi）妇女既是猎人又是采集者，她们50%的食物来自采集，30%来自狩猎，20%来自捕鱼。研究澳大利亚提维族妇女的简·古德尔（Jane Goodale）说，丛林狩猎和采集是最重要的生产性活动：

> ……女性不仅可以而且确实为其营地的成员提供日常供应中的大部分食物……男人的狩猎需要相当的技巧和力量，但他们贡献给家庭的鸟类、蝙蝠、鱼、鳄鱼、儒艮和海龟是奢侈品而不是主食（Goodale，1971：169）。

从这些例子可以看出，在现有的猎人和采集者中，狩猎决不是像人们通常认为的那样具有经济重要性，女性是日常主食的主要提供者。事实上，如果打算开展狩猎活动，那么所有猎取大型猎物的猎人都依赖女性提供的食物，而这些食物并不能靠狩猎获取。这就是古老的易洛魁族妇女在战争和狩猎探险的决策中拥有发言权的原因。如果她们拒绝给男人提供冒险所需的食物供应，男人就必须待在家里（Leacock，1978；Brown，1970）。

伊丽莎白·费舍尔给我们提供了更多有关现存的觅食民族的例子，其中女性都是日常食物的主要提供者，特别是在温带和南部地区。她也认为，对我们的早期祖先来说，采集果蔬食物比狩猎更重要。她提到了对粪化石（排泄物化石）的研究，该研究揭示了二十万年前生活在法国南部海岸的群体主要靠贝、蚌和谷物生存，而非肉类。来自墨西哥的一万两千年前的粪化石表明，小米是该地区的主食（Fisher，1979：57-58）。

从这些例子以及常识中可以明显看出，如果狩猎者的生产力是早期社会日常生存的基础，那么人类就可能灭绝了，但关于狩猎者是第一批工具的发明者、食物的提供者、人类社会的创造者和妇女儿童的保护者的观念，不仅在通俗文学和电影中，而且在严肃的社会科学家中，甚至在马克思主义学者中都长期存在[1]。

"男性—狩猎者"假说特别受人类学家和行为学家的欢迎，最近又受到社会生物学家的欢迎，他们遵循南非人类学家雷蒙德·达特（Raymond Dart）提出的进化论思想，认为第一批人类用被杀同类的骨头制作了第一件工具（Fisher，49-50）。根据这一假设，康拉德·洛伦茨（Konrad Lorenz，1963）、罗伯特·阿德里（Robert Ardrey，1966，1976）、莱昂内尔·泰格（Lionel Tiger）和罗宾·福克斯（Robin Fox）认为，狩猎是人类发展的动力，现有的男女统治关系源于石器时代猎人的"生物基本结构"（Tiger and Fox，1971）。根据这些作者的观点，（男性）猎人不仅是第一批工具（当然是武器）的发明者，也是直立步态的发明者，因为他们作为猎人需要腾出双手来投石。根据他们的说法，他是"养家糊口的人"，是弱小和依赖性强的女性的保护者，是社会工程师，是

[1] 相关例子参见 Kathleen Gough, 'The Origin of the Family', in Rayna Reiter (ed.), *Toward an Anthropology of Women*, New York, 1975。

规范和等级制度的发明者，这些规范和等级制度的目的只有一个，就是在男性为控制女性的性而进行的斗争中，防止其他男性出现有计划的生理攻击。在观察到的一些灵长类动物的行为和人类男性的行为之间，他们画了一道连接线，并认为雄性灵长类动物努力达到雄性等级制的顶端，以便能够控制雌性，满足自身性需求。

人类作为灵长类动物为达到雄性等级的顶端所做的努力，表面上只是与猿类略有不同，但实际上有根本的不同，其目的是获得对自己群体中女性成员的控制，以便交换另一群体中的女性。因此，他是为了自己能够获得性满足和政治优势（Tiger and Fox，1971）。

作为灵长类动物的人类猎手，他们的"文化"成就似乎就是从强奸女性阶段上升（或"进化"）到了交换女性阶段。男人和女人之间的剥削性支配关系已经根植于狩猎行为的"生物基本结构"当中：男人是肉食提供者，而女人对肉食有一种渴望。因此，猎人们能够把女性作为性对象和工蜂，永久性地加以支配，使之客体化。根据这些作者的说法，使猎人们对女性具有这种巨大优势的是"结合原则"（bonding principle），这是从群体狩猎中演变出来的原则。泰格在他的《群体中的男人》（1969）一书中已经提出这种观点，认为"男性结合"（male bonding）原则是男性至上的根本原因，当时美国正处于另一场男性—狩猎者的冒险中，也就是越南战争。尽管他知道，正如伊夫琳·里德（Evelyn Reed）所指出的，肉食在狒狒的饮食中只占很小的比例，但他声称狩猎和肉食构成了人类出现以前灵长类进化的决定性因素，男性结合模式反映了并产生于男性作为狩猎者的历史。

因此，在狩猎的情况下，是狩猎群体（纯男性的团体）确保了整个生产性社群的生存。男性结合对狩猎的重要性，与男女结合对生产的重要性，两者基本一致，而且这是按性别进行劳动分工的基础（Tiger, 1969: 122, 126）。

作为人类进化的范式，"男性—狩猎者"模式一直是众多有关人类事务科学著作的基础，被现代媒体广泛传播。它影响了数以百万计的人的思维，并且一直到现在也仍然被不断地用来解释社会不平等的现象。女权主义学者根据他们自己和其他人的研究，对这种模式的有效性提出了挑战。他们揭开了这个模式的面纱，包括其男性结合原则的基本前提，肉食作为食物的重要性等，这一模式是现代资本主义和帝国主义社会关系对史前历史和早期历史的性别主义投射。这种投射有助于使男女、阶级和民族之间现有的剥削和统治关系合法化，使之成为普遍的、永恒的和"自然的"。伊夫琳·里德正确地谴责了这一模式背后隐藏的法西斯主义倾向，特别是在泰格的作品和他对战争的赞美中，这一倾向表现得更为明显（Reed，1978）。

尽管我们能够对"男性—狩猎者"的假说进行去神秘化，表明如果不是因为女性的日常生计性质的生产，伟大的猎人甚至无法生存，但我们仍然面临着这样一个问题：既然女性作为采集者和早期耕种者具有优越的经济生产力，那为什么她们无法阻止两性之间等级和剥削关系的建立？

如果以这种方式提出这个问题，表明我们认为政治权力自动产生于经济权力。前面的讨论表明，这样的假设是不能成立的，因为男性的优越性并不是来自他们卓越的经济贡献。

在下文中，我将试图更仔细地考察女性和男性发明和使用的各种工具，以此来寻找上述问题的答案。

女性的工具，男性的工具

"男性—狩猎者"模式实际上是"男性—工具制造者"模式的最新版本。从这个模式来看，工具首先是武器，是杀戮的手段。

人类最早的工具，如石斧、刮刀和木片，都具有矛盾的性质。可以用它们来研磨、砸碎和粉碎谷物以及其他植物性食物，用来挖掘树根，也可以用来杀死小动物，我们可以假设男人和女人用这些工具就是出于这两种目的。然而，特制武器、投石、弓箭的发明显示，杀戮动物已成为社会中一部分人，主要是男人的重要专长。坚持狩猎者假设的人认为，第一批工具是男性发明的。他们忽略了女性有关生计性生产的发明。如前所述，最早的发明很可能是用树叶、树皮和纤维制成的篮子等容器，以及后来的罐子。掘土棒和锄头是采集和早期农业的主要工具。女性肯定继续使用这些技术，而一些男子则开发了专门的狩猎工具。

这里重要的是要注意到，女性的技术仍然是真正意义上的生产性技术：她们产生了新的东西。而狩猎技术则不是生产性的，也就是说，狩猎设备与石斧不同，不能用于任何其他生产活动。弓箭和长矛基本上是破坏的手段。它们的意义在于，不仅可以用来杀死动物，还可以用来杀死人类。正是这一特点，使狩猎工具在男性生产力的进一步发展以及不平等的、剥削性社会关系中起到决定性作用，而不是说猎人作为肉食提供者能够提高社群的营养标准。

因此，我们的结论是，狩猎的意义并不在于它本身的经济生产力，这是许多理论家的误解，狩猎的意义在于它与自然的特殊客体关系。男性狩猎者与自然的客体关系，与作为采集者或耕种者的女性与自然的客体关系，两者存在明显的不同。男性狩猎者与自然的客体关系具有如下特点：

1. 猎人的主要工具不是生产生命的工具，而是毁灭生命的工具。他们的工具基本上不是生产的手段，而是毁灭的手段，这些工具也可以作为胁迫手段来对付人类同胞。

2. 这使猎人对动物和人类等生物拥有一种权力，而这种权力并不是来自他们自己的生产劳动。他们不仅可以占有果实和植物

（像采集者那样）以及动物，还可以凭借武器占有其他（女性）生产者。

3. 因此，以武器为中介的客体关系基本上是一种掠夺性或剥削性的关系：猎人占有生命，但他们不能生产生命。这是一种对立的、非互惠的关系。所有后来的生产和占有之间的剥削关系，归根结底都是由作为强制手段的武器来维持的。

4. 以武器为中介建立起来的与自然的客体关系构成了一种支配关系，而不是合作关系。这种支配关系已成为人类建立的所有生产关系中的一个组成部分。事实上，它已经成为男性生产力的主要模式。如果没有对自然界的支配和控制，男性就不能把自己想象成生产者。

5. "对自然物质的占有"现在变成了单方面的占有过程，这个过程建立在财产关系的意义上，不是人性化的意义，而是对自然的剥削意义。

6. 通过武器，猎人不仅可以猎杀动物，而且还可以突袭其他生计性生产者的社群，绑架他们手无寸铁的幼儿和女性工作者，然后占有他们。可以认为，最早的私有财产不是牛或其他食物，而是被绑架的女奴（Meillassoux，1975；Bornemann，1975）。

在这一点上，有必要指出，并不是狩猎技术本身构成人与自然、人与人、男人与女人之间的剥削性支配关系。最近对现存狩猎社会的研究表明，狩猎者与所狩猎的动物之间没有攻击性关系。例如，俾格米人（Pygmies）似乎是极其和平的民族，他们既不知道战争，也不知道争吵，更不知道巫术（Turnbull，1961）。他们的狩猎探险并不具有侵略性，而是伴随着对必死动物的怜悯之情（Fisher，1979：53）。

这说明了，专门狩猎技术的出现只意味着建立剥削和支配关系的可能性。看来，只要猎人仍然局限于他们有限的狩猎—采集环境，他们就无法实现其掠夺性生产方式的剥削潜力。他们的经济贡献是不够的，他们的生存仍然依赖于妇女的生计性生产。

牧民

虽然男女之间可能存在着不平等，但猎人并不能建立一个成熟的统治体系。只有当驯化了牛和女性的游牧民族入侵农业社群时，猎人们的"生产力"才得以充分释放。这意味着，这种掠夺性生产方式的"生产力"之所以能够充分实现，是以其他真正生产性方式（例如农业）的存在为前提的。

伊丽莎白·费舍尔认为，只有在男人发现了自己的生产能力之后，才能建立起男女之间的支配关系。她认为，这一发现与动物的驯化（特别是繁殖）成为一种新的生产方式相伴而行。牧民们发现，一头公牛可以使许多母牛受孕，这可能催生了阉割和淘汰羸弱动物的行为。然后，在牧民认为最合适的时期，主要的公牛被用来和母牛配种。雌性动物成了性胁迫的客体。这意味着野生动物的自由性行为受到了以繁殖为基础的强制经济的约束，目的就是壮大牛群。可以说，建立"后宫"、绑架和强奸女性、建立父系血统和继承权是这种新的生产方式的一部分。女性也受制于同样的经济逻辑，成为可移动财产的一部分，她们成为动产。

然而，这种新的生产模式是由两件事促成的：男性对武器的垄断，以及对动物生殖行为的长期观察。随着人们开始操纵动物的生殖行为，他们更了解自己的生殖功能。这导致了他们与自然关系的改变，也导致了劳动性别分工的改变。对牧民来说，女性不再作为食物的生产者或采集者发挥重要作用，这与猎人们的情况不同。她们需要成为孩子（特别是儿子）的养育者。她们的生产力现在被降低到由男人占有和控制的"生育力"上面（参见Fisher, 1979: 248ff）。

猎人和采集者的经济主要体现为一种占有性，与之相比，牧民的经济是一种"生产性经济"（Sohn-Rethel）。但很明显，这种生产方式的前提是存在操纵动物和人的强制手段，以及扩展领土的强制手段。

农夫

因此，游牧民族是所有统治关系——特别是男性对女性的统治关系的始作俑者，这种说法很可能是正确的。但有足够的数据表明，男女之间的剥削关系也存在于农耕者中，不像埃丝特·博塞鲁普（Esther Boserup）所认为的那样，这种剥削关系在犁的引入之后才出现（1970），事实上这种剥削关系在非洲的耜粗耕作者中也同样存在，即使在今天，这里的耕作也主要由女性完成。梅亚苏（Claude Meillassoux）指出，在这种他称为"家庭经济"（économies domestiques）的社会中，老年男性有能力建立起对年轻男性和女性的支配关系，因为他们可以让更多的妻子只为他们工作（1974）。婚姻制度是他们积累妇女和财富的机制，而这两者实际上是密切相关的。梅亚苏追随列维-斯特劳斯的观点，认为交换女性这一不平等制度的存在是理所当然的，并只是顺便提到了这一制度可能的根源，即由于女性持续的生计生产，男子可以不时地去打猎。在这些家庭经济中，狩猎对男人来说是一种体育和政治活动，而不是一种经济活动。在这种远征中，男人们还绑架了其他村庄或部落落单的采集中的女性和年轻男子。

在最近由梅亚苏主编的关于非洲遭受殖民之前奴隶制的研究中，人们发现了大量的例子，表明这些猎人是通过绑架来狩猎的。有许多例子表明，这些猎人不仅绑架和占有他们在丛林中遇到的人，而且他们还定期组织突击队（razzias）到其他村庄绑架女性。被绑架的女性并没有成为社群成员，而是通常被部落首领私自占有，他要么把她们当作奴隶为他工作，要么把她们当作新娘卖给其他村庄。因此，这些被绑架的女性成为积累私有财产的直接来源。

因此，奴隶制显然不是从贸易中出现的，而是从男性对武器的垄断中产生的。在买卖奴隶之前，必须捕获他们，主人必须用武力占有他们。这种获取劳动力的掠夺性做法，无论是为了在"私人"土地上工作还是出售，都被认为是这些战士型猎手最"富有成效"的活动，必须记住，他们不再是猎人和采集者，而是生活在一个基于女性生产性农业工作的经济体系中的人；他们是女性农民的"丈夫"。上沃尔特萨摩*的一位老人将他们的生产力描述为弓和箭的生产力，通过它可以获得所有其他产品，包括小米、豆子等，以及女性：

> 我们的祖先生来就有锄头、斧头、弓和箭。没有弓，你无法在丛林中工作。有了弓，你可以获得蜂蜜、花生、豆子，然后是女人，再之后是孩子，最后你可以买到家畜、山羊、绵羊、驴子、马。这些都是古代的财富。你在丛林中需要带着弓箭工作，因为总有人能出其不意地杀死你。

据这位老人说，有五六个人组成的"突击队"在丛林中游荡，试图偷袭和绑架落单的妇女和男子。被绑架的人会被卖掉（Heritier in Meillassoux，1975：491）。

这段话清楚地表明，萨摩人认识到自己拥有武器时的生产力，他们在丛林中偷袭落单的采集者，以便将其出售。这样做的原因是，在丛林中偷袭捕获的东西是财产（私有财产）。这些私有财产

---

* 非洲国家布基纳法索原名上沃尔特（Upper Volta），曾为法国殖民地，1984年改为现名。萨摩（Samo）为其主要民族之一。——此类注释为译注，下同。

被世袭酋长（以前是祈雨者家族）所占有，然后他们将这些俘虏卖给其他家族，或者作为妻子的彩礼（在这种情况下，抵偿作为货币的玛瑙贝壳），或者作为农业工作中的奴隶，或者赚取赎金后将他们送回自己的村庄。因此，这些袭击是一种手段，使一些男人比其他男人积累更多的财富。

女性奴隶更受欢迎，价格也更高，因为她们的生产力体现在两个方面：她们是农业工作者，她们可以生产更多的奴隶。萨摩人通常在这些村庄间的袭击中杀死男人，因为他们没有经济价值。但妇女和儿童则被俘，成为奴隶并被出售。

研究塞古*战争和奴隶制的让·巴赞（Jean Bazin）称，战士抓捕奴隶是该部落男子"最具生产力"的活动。

制造奴隶确实是一种生产活动……在整个掠夺活动中，这是唯一有效的生产活动，因为对货物的掠夺只是转手和换地方而已。这种生产的主导时刻是对个人行使暴力，切断她/他与当地的联系，切断她/他的社会网络——年龄、性别、亲属、联盟、血统、受保护者、村庄等（Bazin in Meillassoux, 1975: 142）。

根据对图阿雷格人**的研究，皮埃尔·邦特（Pierre Bonte）得

---

* 塞古（Segu）位于马里中南部的尼日尔河沿岸。
** 图阿雷格人（Tuareg）为撒哈拉沙漠中的游牧民族，主要分布在阿尔及利亚等北非国家。

出的结论是，奴隶制是"家庭经济"扩展到更多样化经济的前提条件，因为它对劳动力有很大的需求。他认为奴隶制是"不平等交换的结果和手段"（Bonte in Meillassoux, 1975: 54）。

非洲遭受殖民前的例子清楚地表明，只有存在一些其他的（主要是女性的）生产经济时，基于武器垄断的男性掠夺性生产方式才能成为"生产性"的，因为其他的经济可以供掠夺了。可以将男性的掠夺性生产方式描述为非生产性生产。它们还显示了掠夺、抢夺和抢劫与贸易之间的密切联系。用金钱（玛瑙贝壳）进行交易和交换的东西并不是超过社群需求的剩余生产，但通过武器手段偷窃和占有的东西实际上被定义为"剩余"。

归根结底，我们可以把男女之间不对等的劳动分工归结为这种掠夺性的模式。这种掠夺性的生产方式，或者说占有方式，是建立在男性对强制手段（即武器）的垄断上的，也是建立在直接的暴力上的，通过这种方式，男性创造了并维持着两性之间永久的剥削和统治关系。

这种剩余概念超越了之前提出的剩余概念。前人认为，剩余的存在构成了剥削性社会关系和阶级关系发展的重要物质史前提。他们把这种剩余的出现归因于更多"生产性"生产资料的发展。在那些能够生产出超过自身生存所需的产品的社会中，一些群体可以占有这种剩余，从而建立起以财产关系为基础的长期阶级关系。这个概念没有回答的是，这种对剩余的占有是如何发生的，以及通过何种方式发生的。我们有足够的来自民族学的经验性证据，它们表明剩余本身（per se）的存在并不会导致一个群体或阶级的单方面占有（参考散财宴或献祭）。显然，什么是"必需"和什么是"剩余"的定义不是一个纯粹的经济问题，而是一个政治和（或）文化问题。

同样，根据这一分析，"剥削"不仅是对一个社群必要需求之外所产生的剩余的单方面占有，而且是对其他社群的必要需求的抢劫和掠夺。因此，这种剥削的概念总是意味着一种最终需要通过胁迫或暴力建立和维持的关系。

由此可见，在单方面占有"剩余"（如我所定义的）的基础上建立阶级，与建立父权制对女性的控制，两者内在地交织在一起，而女性在这两个方面都是主要的"生活生产者"。

这种非生产性的、掠夺性的占有模式，成为人类历史上所有剥削关系的典范。它的主要机制是，将自主的人类生产者转化为他人的生产条件，或将他们定义为他人的"自然资源"。必须强调这种父权制范式的历史特殊性，这很重要。父权制不是在全球范围内普遍发展的，而是由独特的父权制社会发展起来的。其中包括犹太人、雅利安人（印度人和欧洲人）、阿拉伯人、中国人，以及他们各自的伟大宗教。所有这些文明的崛起和普及，尤其是犹太—欧洲文明，都是建立在征服和战争的基础上。不是非洲人入侵了欧洲，而是具备掠夺性的欧洲人入侵了非洲。这也就意味着，在我们对父权制的分析中，可能必须放弃从原始共产主义，越过野蛮、封建主义、资本主义到社会主义和共产主义的一个单线性、普遍的历史进程概念。

封建主义和资本主义下的"男性—狩猎者"模式

只有在封建主义和资本主义制度下，基于父权制劳动分工的掠夺性模式才能实现全部潜力。

当具备更多"非暴力"特性的新生产方式取代旧的生产方式时，父权制对生产者、产品和生产资料的掠夺性模式并没有完全被废除。相反，它被转化并辩证地保留了下来，也就是说它在新的劳动控制形式下重新出现。

同样，到目前为止，父权制劳动性别分工的新形式并没有取代旧形式，而只是根据新的生产方式的要求对其进行了改造。文明史上后来出现的任何一种生产方式，都没有消除非生产者对生产者、生产资料和产品的掠夺性和暴力性获取。后来的生产关系具有同样的基本结构，即不对等关系和剥削关系。只是支配和占有的形式发生了变化。因此，不再依靠暴力袭击或奴隶制来获取本社群之外的女性，使其成为工人和生产者，而是演变出联姻式婚姻制度，确保大人物（BIG MEN）不仅可以获得自己社群或阶级以外的女性，也可以获得小人物（Small Men）的女性。在一个不对称或不平等的婚姻市场上，女性成为一种商品，因为控制更多的女性意味着积累更多财富（Meillassoux，1975）。于是，大人物（国家）成为社会再生产和生产的管理者。在所有的父权制文明中，男人和女人之间的关系都保持着强制性和占有性的特点。按性别进行的不对等分工，一旦通过暴力手段建立起来，就会以父权制家庭和国家这样的机制，以及强大的意识形态系统加以维持，其中最重要的就是父权制宗教、法律和医学，这些制度和设施将女性定义为自然的一部分，必须由男人控制和支配。

在欧洲封建主义时期，掠夺性的获取方式得到了复兴。封建主义作为一种基于土地所有权的特殊生产方式，是在广泛借助暴力和战争的情况下建立起来的。事实上，如果没有农民社会中阶级分化的内生过程，封建主义可能根本就不会发展，至少不会发展成作为封建主义"典型"的欧洲版本。武装过的封建阶级获取新土地的掠夺性形式与对掠夺和抢劫的大规模使用，构成了这种生产方式兴起和维持的必要内容和前提条件（Elias，1978；Wallerstein，1974）。

后来，不仅新的土地以这种方式获得，而且作为生产资料或条件的农民也被占有，并在特定的生产关系中与封建主联系在一起，这使得他们被捆绑在土地上，成为土地的一部分。因此，不仅是女性农民，男性农民本身也被"定义为自然"，这意味着，对于封建领主而言，他们的地位类似于妇女：他们的身体不再属于自己，而是属于领主，就像土地一样。这种关系完全保留在描述农奴的德语词汇中，他是 Leibeigener，也就是说，身体（Leib）是别人财产（Eigentum）的人。尽管从直接暴力获取土地和在土地上工作的农民，转变为结构性暴力下的"和平"关系，或者说转变为领主和农奴之间的统治关系，但封建领主从未放弃他们的武器或军事力量来扩大和保卫他们的土地和财富，不仅是为了对付外部敌人，也是为了对付内部的叛乱。这意味着，即使存在能有效控制劳动的"和平"机制，实际上在封建主义下，这些生产关系也是通过统治阶级享有的对强制手段的垄断而建立和维持的。"男性—狩猎者/战士"的社会范式仍然是这种生产方式的基础和最后手段。

资本主义的情况也是如此。当资本积累而非生计性生产成为生产活动的主要动力时，雇佣劳动往往成为劳动控制的主要形式。然而，这些基于经济胁迫机制（结构性暴力）的表面上"和平"的生产关系，只能建立在掠夺性占有模式巨大扩张的基础上。在所谓"原始积累"时期，对金银和其他产品（主要在西属美洲地区），以及生产者（首先是拉丁美洲的印第安人，其次是非洲奴隶）的直接暴力掠夺，被证明是最有"生产力"的活动。

因此，资本主义并没有消除以前对人类生产能力的"野蛮"控制形式，相反，它将这种控制形式加以强化并使之普遍化："为了生产交换价值而进行的大规模奴役和强迫劳动，是一种突出的资本主义形态，适用于资本主义世界经济的早期前工业阶段。"（Wallerstein，1974：88）

这种制度也是基于对有效武器的垄断，以及存在足够多的"人牛"（human cattle）繁殖地，供以猎杀、占有和征服。这涉及对崛起的欧洲资产阶级与自然和女性之间关系的重新定义。在基于土地所有权的前资本主义生产关系下，女性和农民被定义为"土地"或土地的一部分，正如自然被等同于地球母亲和地球上的植物，而在早期资本主义下，奴隶被定义为"牛"，女性则是牛的"饲养者"。我们已经看到，牧民也把女性主要定义为繁殖者，并不是劳动力的繁殖者，而主要是男性继承人的繁殖者。但是，早期牧民式家长与早期资本主义式家长的根本区别在于，后者根本不关心劳动力的生产和这种劳动力的"繁殖者"。首先，资本家不是生产者而是占有者，他遵循掠夺性获取的范式，这是资本主义生产力发展的前提条件。牧民和封建领主中的统治阶级仍然意识到他们自己对自然的依赖，包括对女性的依赖（因此，他们试图通过魔法和宗教对其施加影响），而资产阶级从一开始就把自己视为自然的主人和领主（参见 Merchant，1983）。此时才出现了一个自然的概念，它概括了男性—狩猎者与自然界间的统治关系。随后在对世界的划分中，某些部分被定义为"自然"，即野蛮的、不受控制的，因此可以对其进行剥削和文明化努力，而其他部分则是"人类"，即已经被控制和驯化。早期的资本家只对奴隶的肌肉力量、他们的工作能量感兴趣。大自然对他们来说是一个原料库，而非洲女性显然是取之不尽的人类能量储备。

如果不使用大规模的暴力，不把全球广大地区及其居民"界定为可剥削的自然"，就不可能从基于主仆模式的生产关系转变为资本和雇佣劳动之间的合同性生产关系。它使资本家能够"起飞"，从对殖民地的掠夺和对奴隶的剥削中形成利润，以让步的形式供给欧洲工人（见第三章）。

事实上，我们可以说，欧洲核心国家的工人被"人道化"或"文明化"的程度，与外围地区的东欧和殖民地的工人（包括男性和女性）被"自然化"的程度，两者是一样的。

"安抚"欧洲工人，以工资的形式建立新的劳工控制手段，将直接暴力转化为结构性暴力，或将经济外的胁迫转化为经济胁迫，这不仅需要特殊的经济让步，还需要政治让步。

这些政治让步不是像大多数人认为的那样，男性工人参与到民主进程当中，上升到"公民"的地位，而是让男性分享统治阶级的社会范式，也就是"猎人/战士"模式。只不过他的"殖民地"或"自然"不是非洲或亚洲，而是他自己阶级内的女性。在这部分"自然"中，边界由婚姻和家庭法界定，他垄断了强制手段和直接暴力，而在国家层面上，统治阶级将这些手段赋予了他们的代表，也就是国王和后来的民选代表。

然而，"自然化"的过程并不仅仅影响到整个殖民地和工人阶级女性，资产阶级女性也被定义为自然，仅仅是资产阶级继承人的繁殖者和养育者。但是，与被视为"野蛮"自然中的一部分的非洲女性相比，资产阶级女性被视为"驯化"的自然。她们的性能力、生殖能力以及所有的生产自主权都被她们阶级的男人压制和控制，她们的生活依赖于男人。资产阶级女性逐步家庭化，她们转变为家庭主妇，依赖丈夫的收入，这些成为资本主义下劳动性别分工的模式。为了获得对所有女性的生殖能力的控制，这也是必要的。因此，男人的无产阶级化过程伴随着女性的家庭主妇化过程（见第四章）。

在这个过程中，劳动能力再生产的范围（即住所和家庭）被"界定为自然的一部分"。只不过这个自然是私人的、被驯化的自然，而工厂则成为公共的、社会的（"人类"）生产场所。

正如殖民地的"自然化"过程是建立在大规模使用直接暴力和胁迫的基础上，欧洲（以及后来的北美）女性的驯化过程也不是一个和平的、田园牧歌般的事件。女性并没有自愿地将她们生产力、性和生育能力的控制权交给她们的丈夫和大人物（教会、国家）。是在性自主权和生产自主权经受了几个世纪的残酷攻击之后，欧洲女性才成为我们今天大体上的样子，成为依附他人、驯服的家庭主妇。与在非洲对黑奴的劫掠相对应的，是欧洲的猎巫行动。这两者似乎是通过资本主义视角下男性—狩猎者所面临的相同困境而联系在一起的：无论他如何试图将女性降为单纯的生产条件，降为可以被占有和剥削的自然，他都无法在没有女性的情况下生产出活生生的人类劳动能力。武器为他提供了一种纯男性生产方式的可能性，即奴隶制或战争，梅亚苏认为，这是男性在亲属关系体系中再生产的等同物（Meillassoux，1978：7），是某个社会的男性为独立于女性再生产所做的努力。但这种男性的生产方式有其自然的局限性，特别是当"人牛"的狩猎场被耗尽时。因此，有必要将欧洲女性的生育和生产力量置于父权制的控制之下。在14世纪和18世纪之间，男性行会和崛起的城市资产阶级设法将女性手工业者挤出生产领域（Rowbotham，1974；O'Faolain and Martines，1973）。此外，数以百万计的女性——大多数是贫苦农民或城市贫民出身，几个世纪以来被迫害、被折磨，最后被当作女巫烧死，因为她们试图对自己的身体，特别是生殖能力保留某种自主权。教会和国家对女巫的攻击不仅是为了使女性的性处于从属地位——尽管这在其中起到了重要作用，更为重要的是针对她们作为堕胎者和助产士的工作。近年来出现的女权主义文献充分说明了这一策略（Rowbotham，1974；Becker-Bovenschen-Brackert，1977；Dross，1978；Honegger，1978；Ehrenreich and English，1973，1979）。不仅女工匠被赶下工作岗位，财产被城市当局、国家和教会没收，而且女性对生产新生命的控制也必须被粉碎，不能让她们决定生孩子还是堕胎。这场针对女性的战争在整个欧洲至少肆虐了三个世纪（Becker-Bovenschen-Brackert，1977）。

猎杀女巫不仅具有控制女性性行为和生殖行为的直接惩戒效果，而且还具有确立男性生产力高于女性生产力的效果。这两个过程是密切相关的。鼓吹猎杀女巫行动的人，无休止地谴责女性的天性是有罪的（"罪"与"天性"同义），在性方面无法控制自己，贪得无厌，随时准备勾引正直的男人。值得注意的是，这个时候女性还没有像后来19世纪或20世纪的情况那样，在性方面被视为被动的甚至被看作无性的存在。相反，她们的性活动被看作对有德男人的威胁，这些男人想保证他的后代、他的财产继承人的纯洁度。因此，保证女儿和妻子的贞洁是男人的义务。因为她是"自然"，是"罪恶"，必须永远处于监护人的保护之下，她成了一名永久性的未成年人。

只有男人才有能力成为真正意义上的成年人和公民。为了控制自己女人的性，男人们采用殴打和其他暴力手段（Bauer，1917）。但所有对女性罪恶天性的直接和意识形态方面的攻击，都是为了剥夺女性对其他经济生产功能的自主权，在经济、政治和文化领域建立男性霸权。

性自主权与经济自主权密切相关。男性医生的职业化是对女性生产活动的冲击，这一案例是最好的证明，他们把女性治疗师和助产士当作女巫，驱逐她们、谴责她们。在对女性的奴役中，新的资产阶级崛起（见第三章；亦可参见 Rowbotham，1974；Ehrenreich and English，1979）。

在这个"文明进程"的最后，我们有足够守规矩的女性作为家庭主妇为男人工作，或作为雇佣劳动者为资本家工作，或同时做这两种工作。女性已经学会了把几个世纪以来对她们使用的实际暴力转向自己，并把它内化；她们把它定义为自愿，定义为"爱"，并对她们的自我压抑进行必要的意识形态神秘化（Bock/Duden，1977）。维持这种自我压抑所需的制度和意识形态道具，是由教会和国家通过家庭提供的。女性被劳动过程的组织方式（家庭与工作场所的划分）、法律以及她们对所谓"养家糊口"的男人的经济依赖性限制在这个制度中。

然而，如果认为随着资本主义的全面发展，其血腥开端的野蛮特征就会消失，充分发展的资本主义生产关系意味着"男性—狩猎者／战士"社会范式的终结，经济以外的强制将转变为经济强制，那将是一种幻想[1]。

相反，我们可以看到，国家和国际层面不对等的剥削性分工是相互联系的，为了维持这种分工，成熟的资本主义需要不断扩张的国家镇压机器，需要集中令人恐惧的破坏和强制手段。没有一个资本主义国家取消了警察或军队，它们仍然是最"有生产力"的部门，就像在猎人、战士和游牧猎手中一样，通过对合法暴力的垄断，这些国家能够在管辖范围内有效地遏制工人的任何叛乱，迫使自给自足的生产者和整个周边地区为相互联系的全球性积累过程而生产。虽然世界范围内为了利益对人类劳动的剥削主要采取了所谓不平等交换的"理性"形式，但归根结底，在任何地方，这种不平等关系都是通过直接胁迫的手段、通过武器来维持的。

总而言之，我们可以说，各种不对称的、等级化的劳动分工体系从历史中产生，一直发展到现在，当前整个世界都已经被结构化到了资本积累支配下不平等的劳动分工体系中。同样，这种劳动分工体系都是以掠夺性的"猎人／战士"社会模式为基础的，

---

[1] 在目前的历史时刻，我们不能再认同罗莎·卢森堡等人的观点了。他们认为只要生产力没有达到最高发展水平，只要人类没有实现对自然的完全控制和统治，就有必要将战争和暴力作为解决利益冲突的方法（参见 Rosa Luxemburg, 1925: pp. 155-156）。我们的问题是，这种"生产力发展"的定义本身就意味着对自然和人类的暴力和战争。

他自己不生产，却能通过武器占有和征服其他生产者，获取他们的生产力和产品。

这种对自然所形成的采掘性的、非互惠性的、剥削性的客体关系，首先是在男女之间以及人和自然之间建立起来的。这种关系仍然是所有其他父权制生产模式的范例，包括将其发展到最复杂和最普遍形式的资本主义。这种模式的特点是，控制生产过程和产品的人本身不是生产者，而是占有者。他们所谓的生产力是以其他生产者的存在和服从为前提的，归根结底是女性生产者的存在和服从。正如沃勒斯坦所说："……粗略地说，那些培育人力的人支撑着那些种植食物的人，种植食物的人支撑着生产其他原材料的人，而那些生产其他原材料的人又支撑着那些参与工业生产的人。"（Wallerstein，1974：86）沃勒斯坦忘了提到的是，所有这些人都支撑着非生产者，他们最终通过武器控制了整个过程，因为这种模式的核心是非生产者占有和消费（或投资）他人生产的东西。男性—狩猎者基本上就是寄生虫，而非生产者。

第三章

殖民化与家庭主妇化

"进步与倒退"的辩证关系

在上述分析的基础上，能够提出一个暂定的论点，它将指导我进一步开展讨论。

劳动分工的历史发展，特别是劳动性别分工的历史发展，并不是一个建立在不断发展的生产力（主要是技术）和专业化上的和平演化过程，而是一个暴力的过程，首先是某些类别的男性，后来是某些民族，能够主要凭借武器和战争，在他们和女性以及其他民族和阶级之间建立剥削关系。

在这种本质上是父权制的掠夺性生产方式中，战争和征服成为最"有生产力"的生产方式。物质财富的快速积累不是基于一个人在自己社群所从事的常规生计劳动，而是基于掠夺和抢劫，在基于征服和战争而形成的社会中，这种快速积累促进了技术的快速发展。然而，这种技术发展的主要目的并不是满足整个社群的生存需要，而是为了进一步的战争、征服和积累。武器和运输技术的发展是所有父权制社会技术革新的动力，尤其是在现代资本主义欧洲社会，自 15 世纪以来，它征服了整个世界并使之臣服。如果没有战争和征服技术的片面发展，在这个典型的父权制文明中出现"进步"概念在历史上是不可想象的。与现代战争和征服技术（航海、指南针、火药等）的"奇迹"相比，所有的生存技术（保存和生产食物的技术、衣服和住所等）都由此显得"落后"了。

从一开始，掠夺性的父权制分工就建立在人类的结构性分离和从属关系上：男人与服从于他们的女人分开，"自己人"与"外国人"或"异教徒"分开。在古老的父权制中，这种分离不可能是彻底的，但在现代的"西方"父权制中，这种分离已经扩展到人与自然的分离层面。在古老的父权制国家（中国、印度、阿拉伯），男人无法想象自己完全独立于地球母亲。即使是被征服者和受奴役者、奴隶、贱民等，他们也仍然明显存在着，并不被认为完全外在于"地球"（Oikos）或"经济"（被视为一个活的有机体的等级结构化社会宇宙，参见 Merchant, 1983）。而对于女性，尽管她们被剥削、被迫服从，但作为所有父权制社会中儿子的母亲，她们是至关重要的。因此，埃伦赖希（B. Ehrenreich）和英格利希（D. English）称这些前现代的父权制是女性中心的，我认为这是正确的。没有人类母亲和地球母亲，就没有父权制的存在（Ehrenreich and English, 1979: 7-8）。基于大规模的征服和殖民掠夺，资本主义作为一个世界体系崛起，再加上世界市场的出现（Wallerstein, 1974），使新的父权制家长能够将想要剥削的人外在化或域外化。殖民地不再被视为经济或社会的一部分，它们处于

"文明社会"之外。欧洲征服者和入侵者"渗透"这些"处女地"，同样地，这些土地及其居民也被"自然化"，被宣布为未开化的、野蛮的自然，等待男性文明者的开发和驯服。

同样，人类与外部自然或地球之间的关系也被彻底改变。正如卡罗琳·麦钱特（Carolyn Merchant）令人信服地表明的，现代科学技术的兴起是基于对地球母亲的暴力攻击和"强奸"，迄今为止，地球一直被视为一个活的有机体。现代科学之父弗朗西斯·培根就是这类人之一，他主张像教会和国家利用酷刑和宗教裁判所来获取女巫的秘密那样，用同样的暴力手段来夺取大自然母亲的秘密。采矿、在地球母亲的子宫中挖洞这类禁忌被强行打破，因为新的家长们想要获得隐藏在"地球子宫"中的贵重金属和其他"原材料"。现代科学是一种机械和物理的世界观，它的兴起建立在杀死作为一个活的有机体的自然界，并将其转变为一个巨大的自然资源库或物质库的基础上，人类可以在他的新机器中对这些资源和物质进行分解和合成，通过它，人类可以使自己独立于自然母亲。

只有此时，父权制和自然之间以及男女之间的二元论，或者说是两极分化，才能发挥充分的、永久的破坏性潜力。从此往后，科学和技术成为主要的"生产力"，通过它，男性可以从自然界以及女性那里"解放"自己。

卡罗琳·麦钱特表明，自然作为一种活的有机体遭到破坏——伴随着现代科学和技术的崛起以及男性科学家作为新的大祭司的崛起——与在欧洲肆虐了大约四个世纪的猎巫运动期间对女性的暴力攻击有着密切的相似性。

麦钱特没有把她的分析延伸到"新人类"与殖民地的关系上。然而，对这种关系的理解是绝对必要的，如果我们不把那些被现代资本主义家长"定义为自然"的对象（包括地球母亲、女性和殖民地）包括进来，那么我们就无法理解现代的发展，无法理解我们目前的问题。

现代欧洲的父权家长首先征服了美洲，后来又征服了亚洲和非洲，从玻利维亚、墨西哥和秘鲁的矿场开采金银，从其他土地上攫取其他"原材料"和奢侈品，从而使自己独立于欧洲母亲。一方面，他们通过消灭女巫以及抹除她们的避孕和节育知识，将自己从对作为劳动力生产者的欧洲女性的依赖中"解放"出来。另一方面，他们使成年的非洲男女成为奴隶，为他们在美洲和加勒比地区的种植园提供必要的劳动力。

因此，欧洲大人物的进步是建立在他们女性的服从和受剥削上，建立在对大自然的剥削和杀戮上，建立在对其他民族及其土地的剥削和征服上。因此，这种"进步"的规律总是矛盾的，而不是逐步发展的：一些人的进步意味着另一方的倒退；一些人的"进化"意味着另一些人的"堕落"；一些人的"人化"意味着另一些人的"非人化"；一些人生产力的发展意味着另一些人的不发展和倒退；一些人的崛起意味着其他人的失败；一些人的富裕意味着另一些人的贫穷。如前所述，不可能有单线进步的原因是，掠夺性的父权制生产方式构成了一种非互惠的、剥削性的关系。在这种关系中，不可能有所有人的普遍进步，不可能有"涓滴效应"，不可能有所有人的发展。

恩格斯曾把这种进步与倒退之间的对立关系，归因于私有财产的出现和一个阶级对另一个阶级的剥削。因此，他在 1884 年写道：

> 由于一个阶级对另一个阶级的剥削是文明的基础，它的整个发展是在不断的矛盾中进行的。生产的每一次进步，同时也是被剥削阶级，也就是绝大多数人的状况的倒退。对一个阶级来说是好事，对另一个阶级来说必然是坏事；一个阶级每一次新的解放，总是意味着对另一个阶级新的压迫（Engels，1976: 333）。

恩格斯谈到了剥削阶级和被剥削阶级之间的关系，他没有将男女之间的关系、殖民者与其殖民地的关系或文明人整体与自然的关系包括进去。但这些关系实际上构成了文明社会的隐秘基础。他希望通过把对统治阶级有利的东西扩展到所有阶级来改变这种必然的两极化关系："对统治阶级有利的东西应该是对统治阶级所处的整个社会有利的。"（Engels，1976: 333）。

但在一个矛盾的剥削关系中，剥削者的特权永远不可能成为所有人的特权。如果宗主国的财富是建立在对殖民地的剥削上，那么殖民地就不可能获取财富，除非他们也有殖民地。如果男性的解放

是建立在女性的从属地位上，那么女性就不可能实现与男性一致的
"平等权利"，因为这种平等权利必然包括剥削他人的权利[1]。

　　因此，女权主义的解放战略不能不以彻底废除所有这些倒退
的关系为目标。这意味着它必须结束男人对女人、人类对自然、
殖民者对殖民地、一个阶级对另一个阶级的所有剥削，这是它的
目标。只要对其中任一对象的剥削仍然是一部分人进步（发展、
进化、前行、教化等）的前提条件，女权主义者就不能谈论解放
或"社会主义"。

女性、自然和殖民地的从属地位：资本主义父权制或文明社会的地下部分

　　在下文中，我将试图追溯上文简要描述的矛盾过程，在过去
的四五个世纪中，女性、自然和殖民地被外部化，被划到文明社
会之外，被推倒，从而变得不可见，就像冰山不可见的水下部分，
却构成了整个冰山的基础。

　　在方法上，我将尽可能地拆解剥削关系的两极化划分，通常
这些关系都被作为独立的实体来分析。我们过往对学术工作或研
究的理解，与殖民者和科学家的逻辑完全相同：把构成一个整体

---

[1]　殖民地关系也是如此，如果殖民地想效仿宗主国的发展模式，它们只有
通过剥削其他一些殖民地才能获得成功。这确实导致许多前殖民地国家建立了
内部殖民地。

的部分切割开来，分离出这些部分，在实验室条件下对它们进行分析，并在一个新的、人造的、人工的模型中再次合成它们。

我将不遵循这种逻辑，而是尝试追踪"地下联系"，它将大自然被剥削、被置于人类统治之下的过程与欧洲女性被奴役的过程联系起来，并分析这两个过程与征服和殖民其他土地和人民的过程有什么联系。因此，必须将欧洲科学技术在历史上的兴起及其对自然的操控与对欧洲女巫的迫害联系起来，并且将对女巫的迫害和现代科学的兴起，都与奴隶贸易和对殖民地自给经济的破坏联系起来。

尽管这或许是可取的，但这不可能是这整个时期的全部历史。我将主要强调一些重要的联系，这些联系对于资本主义父权制生产关系的构建至关重要。其中之一是欧洲对女巫的迫害与新兴资产阶级和现代科学的崛起，以及自然界的从属地位之间的联系。一些研究者已经处理过这个问题（Merchant，1983；Heinsohn，Knieper，Steiger，1979；Ehrenreich，English，1979；Becker et al.，1977）。下面的分析是基于他们的成果。

这些过程与殖民地人民（特别是殖民地女性）被征服和受剥削之间的历史联系还没有得到充分的研究。因此，我将更广泛地论述这一历史。

对女巫的迫害和现代社会的崛起：中世纪末期的女性生产记录

在占领欧洲的日耳曼部落中，父家长（pater familias）对家里的一切和所有人都有权力。这种权力被称为"监护"（munt，古高地德语，mundium＝manus＝hand），意味着他可以将妻子、孩子、奴隶等进行买卖。男人对女人的权力是通过婚姻确立的。这种关系是对事物的产权关系，它建立在占有（绑架妇女）或购买（交易妇女）的基础上。根据日耳曼法律，婚姻是两个家庭之间的销售合同。女性只是这一交易中的对象。丈夫通过获得"监护"，获得了对妻子的所有权，仿佛她是他的财产。女性终生遵从她们男人（丈夫、父亲、儿子）的"监护"。这种权力的起源是将女性排除在武器使用之外。13 世纪以来，随着城市的兴起和城市资产阶级的出现，"整体性家庭"开始瓦解，也就是早期日耳曼式的大家庭和亲属关系。古老的父家长权（potestas patriae），即父亲对儿子和女儿的权力，在他们离开家的时候就结束了。妻子被置于丈夫的"监护"之下。然而，如果未婚女性有自己的财产，她们有时在法律面前会被视为成年（mündig, major）。1291 年在科隆，人们用"自行其是者"（selbstmündig）称呼从事某种工艺的未婚女性（Becker et al., 1977: 41）。通行于城市中的法律以及一些针对农村的法律，使从事手工业的女性能够从对父亲或丈夫的依赖和他们的"监护"中解放出来。

有必要从城市女性独立进行手工业和商业活动的需要中，分析这种性别束缚自由化的原因。这可以归结到以下几点：

1. 随着贸易和商业的扩展，对制成品（特别是衣服和其他消费品）的需求增加。这些商品几乎都是在从事手工业的男性和女性的家庭中生产的。随着贵族手中货币供应的增长，他们对奢侈品的消费也在增长。昂贵的天鹅绒和丝绸衣服、蕾丝衣领、腰带等成为时尚。在这些工艺中，女性占主导地位。

　　在德意志，已婚妇女未经丈夫同意不得进行商业或任何财产交易，丈夫仍然是她们的监护人和主人。然而，女工匠或女商人可以在没有监护人的情况下作为证人或原告出庭。在一些城市，女商人或市场中的女性拥有与男子平等的权利。慕尼黑规定，"站在市场上买卖的妇女拥有她丈夫有的所有权利"。但她不能出售丈夫的财产。

　　中世纪女手工业者和市场中女性的独立性不是无限的；这是对她们的一种让步，因为崛起的资产阶级需要她们。但在家庭中，丈夫依然维持主人的角色。

　　2. 女性在商业和手工业中之所以具有这种相对自由，第二个原因是在中世纪末出现了男性短缺。根据 13 世纪的人口普查，法兰克福的性别比是 1 100 名女性对 1 000 名男性；纽伦堡（15 世纪）的性别比是 1 000 名男性对 1 207 名女性。由于十字军东征和封建国家之间的不断战争，男性的数量减少。此外，男性死亡率似乎比女性死亡率高，"因为男人在各种狂欢中不加节制"（Bücher，引自 Becker et al.，1977：63）。

　　在德意志南部的农民中，只有长子才能结婚，否则土地会被分割得太小而无法生存。雇佣工在成为雇主之前不得结婚。封建领主的农奴未经其领主同意不得结婚。当城市开放时，许多农奴（包括男人和女人）都跑到了城市；"城市的空气使人自由"成为口号。农村的穷人不得不把女儿送走，让她们成为女仆自己谋生，因为他们无法把女儿供养至嫁人。

这一切都导致一个结果，就是必须从事经济活动的无伴侣、单身或丧偶女性数量增加。在 12 世纪和 13 世纪，城市并不排斥女性从事她们想从事的任何手工业或商业，这是必要的，因为没有她们的贡献，贸易和商业就不可能扩大。但对经济独立的女性的态度始终是矛盾的。起初，手工业行会完全是男人的协会。后来，他们似乎不得不接纳一些女工。在德意志，这种情况出现在 14 世纪之后。主要是女织工、女纺工和从事纺织业其他部门的女性被允许加入行会。自 12 世纪以来，纺织业一直掌握在男子手中，但女性从事一些辅助性工作，后来还出现了女性织工师傅，从事纺纱、织布、丝织、织金等，这些工作全部由女性完成。在科隆，甚至从 14 世纪起就有了女性行会。

除了手工业外，女性主要从事水果、鸡肉、鸡蛋、鲱鱼、鲜花、奶酪、牛奶、盐、油、羽毛、果酱等商品的小额贸易。女性作为小商小贩非常成功，对男性商人构成了一定的挑战。但她们并不从事对外贸易，尽管她们为从事对外贸易的商人提供了资金。

科隆的丝织女工经常嫁给富有的商人，这些商人将她们妻子的珍贵产品卖到遥远的佛兰德斯、英国、北海和波罗的海市场，以及莱比锡和法兰克福的大集市上（Becker et al.,

1977：66-67）。

只有一位来自但泽的女商人凯瑟琳·伊森曼格德（Katherine Ysenmengerde）留下了痕迹，她本人在15世纪曾到过英国（Becker et al.，1977：66-67）。

然而，在15世纪和16世纪，旧的欧洲秩序崩溃了，"出现了基于资本主义生产方式的欧洲世界经济"（Wallerstein，1974：67）。这一时期的特点是崛起的资产阶级向"新世界"的大规模扩张和渗透，以及贫困化、战争、流行病和旧的核心国家内部的动荡不安。

根据沃勒斯坦的说法，到16世纪末，这个世界经济的范围涵盖西北欧、基督教地中海地区、中欧、波罗的海地区、美洲的某些地区、新西班牙*、安的列斯群岛、秘鲁、智利和巴西。当时不包括印度、远东、奥斯曼帝国、俄国和中国。

1535年至1540年间，西班牙实现了对西半球半数以上人口的控制。1670年至1680年间，欧洲控制的面积从约300万平方千米上升到约700万平方千米（Wallerstein，1974：68）。这种扩张使私人资本的大规模积累成为可能，"这些资本为农业合理化生产提供资金"（Wallerstein，1974：69）。"16世纪欧洲世界经济最明显的特征之一就是通货膨胀，即所谓的价格革命。"（Wallerstein，1974：

---

* 指西班牙在海外的殖民地，主要包括墨西哥和加勒比地区岛屿。

69）这种通货膨胀以这样或那样的方式被归因于西属美洲贵金属的涌入。其影响主要体现在更低价的粮食供应上。"在那些工业扩张的国家，有必要将更大比例的土地用于满足马匹的需求。"于是不得不在波罗的海以更高的价格购买谷物。同时，由于制度的僵化，英国和法国的工资仍然停滞不前，甚至出现了实际工资的下降。这意味着大众更加贫困。

根据沃勒斯坦的说法，16 世纪的欧洲有几个核心地区，如北欧的荷兰以及英国、法国，那里贸易繁荣，土地主要用于畜牧业而不是种植谷物。农村的雇佣劳动成为主要的劳动形式。谷物从东欧和波罗的海这些边缘地区进口，那里的"二次农奴制"或"封建主义"成为主要的劳动控制形式。在北欧和中欧，这个过程导致了农民的严重贫困化。16 世纪似乎出现了人口增长，对城镇的压力越来越大。沃勒斯坦认为这种人口压力是向外移民的原因。"在西欧，出现了向城镇移民的现象，以及越来越多的'地方性'流浪现象。"（Wallerstein，1974：117）有些外流人口来自农村，是因为英国自耕农遭到驱逐和受圈地制影响，"还有一些外流缘于'封臣团体的衰落和膨胀军队的解散。这些军队曾蜂拥而至，为君主服务，对抗他们的封臣'"（Marx，引自 Wallerstein，1974：117）。

在被招募为新兴工业的劳工之前，这些流浪者过着勉强糊口的生活。他们是聚集在各种先知和异端教派周围的贫困群众。当时的大多数激进主义和乌托邦思想都与这些贫困群众有关。在这些流浪者中，有许多贫穷的女性。她们以跳舞、诈骗、卖唱和卖淫为生。她们蜂拥而至，参加每年的集市和教会会议等等。1394年的法兰克福会议，有800名女性前来参加；康斯坦茨会议和巴塞尔会议，也有1 500名女性前来参加（Becker et al., 1977: 76）。这些女性也跟随军队，她们不仅为士兵们提供性服务，而且还挖战壕、护理病人和伤员，还出售商品。

　　这些女性在一开始并没有受到轻视，她们构成了中世纪社会的一部分。大城市将她们安置在特殊的"妇女之家"。教会试图控制越来越多的卖淫活动，但贫穷迫使太多贫困女性进入"妇女之家"。在许多城市，这些妓女有自己的协会。在教会游行和公共节日中，她们有自己的旗帜和位置，甚至还有抹大拉的玛丽亚作为守护神。这表明直到14世纪，卖淫并不被认为是一件坏事。但在14世纪末，《梅拉诺规约》(the Statues of Meran) 规定，妓女应远离"女性平民和其他尊贵的女人"所在的公共宴会和舞会。她们的鞋子上应该有一条黄丝带，这样大家就能把她们和"体面的女人"区分开来（Becker et al., 1977: 79）。

　　从12世纪到17世纪，肆虐欧洲的猎巫行动是控制和奴役女性（包括农民和工匠）的机制之一，这些女性在经济和性方面独立，对新兴的资产阶级秩序构成了威胁。

　　最近一些关于女巫和她们遭受迫害的女权主义文献已经表明，女性没有被动地放弃她们的经济和性独立，而是以多种形式抵制教会、国家和资本的冲击。各种异端教派是抵抗的形式之一，或是女性在这些教派中发挥着突出的作用，或是教派在其意识形态中宣传女性的自由和平等，谴责性压迫、财产权和一夫一妻制。"自由精神兄弟会"（Brethren of the Free Spirit）是一个存在了几百年的教派，它建立了社群生活，废除了婚姻，并拒绝教会的权威。许多女性（其中一些是杰出的学者）属于这个教派。其中一些人被当作异端烧死了（Cohn，1970）。

猎杀女巫的整个怒火似乎不只是腐朽的旧秩序与新的资本主义力量对抗的结果，甚至也不只是永恒的男性虐待倾向的表现，而是新的男性主导阶级对女性叛乱的反应。这种叛乱是"自由"的贫困女性——被剥夺了生存手段和技能的女性——对征用者进行的反击。有人认为，女巫是一个有组织的教派，她们定期在"女巫安息日"聚会，所有穷人都聚集在一起，实践没有主人和农奴的新自由社会。当一个女人否认自己是女巫、否认与所指控的罪名有关时，她受尽折磨，最后被烧死在火刑柱上。审判女巫遵循的是审慎的法律程序。在新教国家，人们发现有专门的世俗女巫委员会和女巫专员。牧师们与法庭保持着密切的联系，并影响着法官。

一位名叫贝内迪克特·卡尔普佐夫（Benedikt Carpzov）的检察官最初是萨克森的律师，后来是莱比锡的教授。他签署了两万份针对女巫的死刑判决书，是新教教会的孝子贤孙（Dross，1978：204）。

如果有人告发一个女人是女巫，就会有一个委员会前往该地收集证据。一切都是证据：好天气或坏天气，她是否努力工作或是否懒惰，疾病或治疗能力。在酷刑下，如果女巫说出另一个人的名字，这个人也会被立即逮捕。

酷刑——对女性身体的奴役和破坏

这是 1672 年贝茨勒斯多夫对凯瑟琳·利普斯的酷刑记录：

> 之后，又一次给她读判决书，并告诫她要说出真相。但她继续否认。然后她心甘情愿地脱下衣服。刽子手捆住她的双手，把她吊起来，又把她放下来。她哭着说："疼，疼！"她再次被拉起来。她又一次尖叫："疼死了！天主保佑我。"她的脚趾被绑住……她的腿被塞进西班牙靴子*，先是左腿，然后是右腿被拧住……她哭着说："主耶稣，帮帮我……"她说，即使杀了她，她也什么都不知道。他们把她拉到高处。她变得安静了，然后说她不是女巫。他们又把她腿上的螺丝拧紧。她再次尖叫、哀嚎……接着变得沉默不语。她继续说她什么都不知道……她哭喊着，祈求她母亲从坟墓里出来帮帮她……

> 然后他们把她带到房间外面，剃了她的头，以寻找标记。官员回来说他们已经找到了标记。他用针刺了一下，她没有感觉，而且没有血流出来。他们再次把她的手和脚绑起来，

---

* 一种桶状刑具，夹住犯人的腿和脚，使犯人因难以忍受的疼痛而招供。

把她拉起来，她又一次尖叫起来，喊着她什么都不知道。他们将要把她放在地板上、杀了她，诸如此般……（引自 Becker et al., 1977: 426ff）。

1631 年，弗里德里希·冯·施佩（Friedrich von Spee）无畏地写了一篇匿名文章，反对酷刑和猎杀女巫的行为。他揭露了酷刑的虐待性质，也揭露了官方、教会和世俗当局利用巫术狂乱，为所有问题和骚乱以及穷人的不安寻找替罪羊，并将人们的愤怒转移到一些贫穷女性身上：

1724 年 10 月 31 日，对来自科斯费尔德（明斯特）的恩内克·弗里斯特纳雷斯实施的酷刑。

在要求被告认罪无果后，戈格拉维斯博士宣布了酷刑命令……他要求她说出真相，因为无论如何，痛苦的审讯都会使她招供，并使惩罚加倍……之后，对她实施了第一级酷刑。

然后，法官开始了第二级酷刑。她被带到刑讯室，脱掉衣服，捆绑起来，接受审讯。她否认做过任何事情……由于她仍然顽固不化，他们开始了第三级酷刑，她的拇指被塞进了螺丝里面。由于她厉声尖叫，他们把一个木块塞进她的嘴里，继续拧她的拇指。这样持续了 50 分钟，螺丝被交替着松开和拧紧。但她辩称自己是无辜的。她也没有哭泣，只是喊道："我没有罪。耶稣来帮帮我。"然后又喊，"主啊，把我带走吧，杀了我吧。"然后他们就开始了第四级酷刑，也就是西班牙靴子……由于她没有哭泣，戈格拉维斯博士担心被告是否因巫术而对疼痛不敏感。因此，他再次要求刽子手给她脱衣服，看看她的身体是否有什么可疑之处。刽子手报告说他已经仔细检查了一切，但没有发现任何东西。他再次命令刽子手给她穿上西班牙靴子。然而，被告继续声称她是无辜的，并尖叫："上帝啊，我没做过，我没做过，主啊，你杀了我吧。我没罪，我没罪！……"

这个命令持续了30分钟，没有结果。

然后戈格拉维斯博士下令执行第五级酷刑。

被告被吊起来，用两根棍子打，打了30下。她非常疲惫，说她会认罪，但对于具体的指控，她继续否认。刽子手不得不把她拉起来，直到她的手臂从关节处扭断。这种折磨持续了6分钟。然后又继续打她，她的拇指再次被塞进螺丝里面，腿被塞进西班牙靴子里面。但被告继续否认她与魔鬼有任何关系。

戈格拉维斯博士认为对酷刑的应用是正确的、符合规则的，刽子手说被告无法再承受折磨后，戈格拉维斯博士命令把被告放下来，解开束缚。他命令刽子手将她的四肢放在正确的位置，并照料她（引自 Becker et al., 1977: 433-435, 译自 M. M.）。

焚烧女巫、资本的原始积累和现代科学的崛起

把助产士当作女巫来迫害和焚烧，与现代社会的出现有直接关系：背后是医学的专业化，医学作为"自然科学"的兴起，以及科学和现代经济的崛起。猎巫人的刑讯室是研究人的体质、骨骼和抵抗力的实验室，而且主要针对的是女性身体。可以说，现代医学和男性在这一重要领域的霸权，其基础是数以百万计的被压碎、致残、撕裂、毁容和最终被烧毁的女性身体[1]。

在组织针对女性的屠杀和恐怖行为方面，教会和国家之间有一种精心策划的分工。教会代表识别女巫，提供神学解释并领导审讯，而国家的"世俗武装"则被用来实施酷刑，最后在火堆上烧死女巫。

对女巫的迫害是现代社会崛起的表现，而不是像人们通常认为的那样，是非理性的"黑暗"中世纪的残余。这一点在法国新重商主义经济学说的理论家让·博丹身上表现得最为清楚。让·博丹是货币数量理论、现代主权概念和重商主义人口理论的创始人。他是现代理性主义的坚定捍卫者，同时，对于国家规定的对女巫的酷刑和屠杀，他也是最有力的支持者之一。他认

---

[1] 被杀害的巫师人数从几十万到一千万不等。值得注意的是，尽管这些处决都有层级组织的登记，但欧洲的历史学家至今还没有花心思去统计这几个世纪里在火刑柱上被烧死的女子和男子的人数。据联邦德国女权主义者估计，被烧死的巫师人数相当于在纳粹德国被杀害的犹太人，即 600 万。历史学家格哈德·朔尔曼（Gerhard Schormann）说，对女巫的杀戮是"非战争引起的、人类对其他同类最大规模的杀戮"（Der Spiegel，no. 43，1984）。

为，为了在中世纪的农业危机之后发展新的财富，现代国家必须拥有绝对的主权。此外，这个国家有责任为新经济提供足够的工人。为了做到这一点，他要求有一个强大的警察部门，首先要打击女巫和助产士，据他说，这些人要对大量的堕胎、夫妇不孕或不受孕的性交负责。他认为任何阻止受孕或孩子出生的人都是谋杀犯，应该受到国家的指控。在法国政府迫害女巫的行动中，博丹曾担任顾问，他主张用酷刑和火刑来消灭女巫。他关于巫术的小册子是当时所有反对女巫的小册子中最残酷、最悲惨的一本。就像德意志的因斯托里斯和施普伦格 * 一样，他专门挑出女性进行攻击。在对女巫的迫害中，他设定了 1:50 的男性对女性的比例（Merchant，1983：138）。这种现代理性、新兴国家的宣传和对女巫的直接暴力攻击的结合，我们也可以在新时代欧洲文明的另一位伟大人物，也就是弗朗西斯·培根的身上找到（参见 Merchant，1983：164–177）。

　　同样，女巫大屠杀与法律职业化的出现之间也有直接联系。在那之前，德意志法律遵循古老的日耳曼习俗；它是人民的法律或习惯法，而不是一门可以研究的学科。但现在罗马法被引入，大多数大学都设立了法律系，有几所大学（如法兰克福大学）实

---

* 指中世纪末期猎巫运动发起人海因里希·克雷默（Heinrich Kramer，Henricus Institoris 为其拉丁名字）和雅各布·施普伦格（Jacob Sprenger），二人合著了《女巫之锤》，加剧了对女巫的迫害。

际上只有法律系。一些同时代的人对这些大学有所抱怨：

> 这些大学一无是处，只培养寄生虫，他们只学会了如何
> 混淆视听，如何把好事变成坏事，把坏事变成好事，他们
> 从穷人那里扣留应有的东西，把不属于富人的东西给他们
> （Jansen，1903，引自 Hammes，1977：243；译自 M. M. ）。

崛起的城市阶级的儿子们纷纷涌向法律系的原因如下："在我
们的时代，法学向每个人微笑，所以每个人都想成为一名法律博
士。大多数人被吸引到这个研究领域，是出于对金钱的贪婪和野
心。"（同上）

审判女巫为一大批律师、辩护人、法官、议会等提供了就业
机会和金钱。他们通过对权威文本进行复杂而学究性的解释，能
够延长审判时间，使审判的成本上升。世俗当局、教会、小封建
国家的统治者和律师之间存在着密切的关系。后者对费用的膨胀
负有责任，他们通过从猎杀女巫的可怜受害者身上榨取钱财来充
实自己的库房。对平民的掠夺如此猖獗，甚至连特里尔选帝侯
（特里尔大主教是神圣罗马帝国的七位选帝侯之一）约翰·冯·绍
恩伯格这样的人——他自己也处决了数百名巫师——也不得不核
查博学的法学家和所有其他与女巫审判有关的人对孤儿寡母的抢
劫。一些统治者设立了会计职务，以检查各官员如何处理榨取的
金钱和索要的费用。在审判的费用中，有以下几项：

追捕女巫的士兵所喝的酒。

神父到狱中探视女巫的费用。

刽子手维护私人护卫的费用。（Hammes，1977：243—257）

根据教会法，无论女巫是否有继承人，她的财产都将被没收。被没收的大部分财产（从来没有低于 50% 的），都被政府占用了。在许多情况下，扣除审判费用后剩下的所有财产都归国库。根据查理五世在 1532 年宣布的《刑法典》（Constitutio Criminalis），这种没收行为是非法的。但这一法律徒具空文。

猎杀女巫如此有利可图，是金钱和财富的来源，这一事实使得某些地区成立了特别委员会，其任务就是将更多的人指控为女巫和巫师。当被告被认定有罪时，他们和家人必须承担所有的审判费用，首先是女巫委员会的酒水和食物费用（他们的每日津贴），最后是火刑的木柴费用。另一个资金来源是较富裕的家庭付给博学的法官和律师的款项，使其家庭成员在被指控为女巫时能免受迫害。这也是我们在被处决的人中发现更多穷人的原因。

对于猎巫运动的政治经济学，曼弗雷德·哈梅斯（Manfred Hammes）揭示了另外一个层面，也就是交战中的欧洲王公借此筹集资金以资助其战争，特别是 1618 年至 1648 年的三十年战争。从 1618 年起，查理五世颁布的禁止没收女巫和巫师财产的法律实际上被废止了，一些王公专门组织或鼓励猎杀女巫，以便能够没收其臣民的财产。

哈梅斯给我们举了科隆市的例子，以及该市城主与该教区统治者巴伐利亚选帝侯费迪南德之间的争端。科隆市是一个富饶的贸易和工业中心，在三十年战争期间长期保持中立。(在 17 世纪初，该城的贸易非常繁荣，主要是丝绸和纺织品[1]。) 尽管如此，该市还是向皇帝支付了大量的战争资金。资金主要来源于增加的税收。当外国军队掠夺和抢劫村庄时，许多农村人逃到自由和中立的城市。结果是食品供应匮乏，导致人民之间关系紧张，甚至发生公开暴乱。这时，针对凯瑟琳·赫尔诺特 (Catherine Hernot)[2] 的女巫审判也开始了，随后是激烈的猎巫行动。当宣布第一批判决后，需要支付军费的巴伐利亚选帝侯费迪南德向市政当局提交了一份法案。在这份法案中，他声称被处决的女巫的所有财产都应该被没收，归入国库。市议会试图用一切手段来阻止这项法令的实施。他们要求律师对法律进行专业研究，但选帝侯和他的律师最后宣称，该法案是一项紧急措施。由于巫术的邪恶在当时已经呈现出如此规模，遵循法律条文（即禁止没收财产的查理五世《刑法典》）从政治方面看并不明智。然而，该市的律师们依然没有服从，他们提出了一个妥协方案。他们说，参与女巫审判的人，即律师、刽子手等，可以得到一笔费用，作为"他们的辛勤工作和在审判中所花费时间的补偿"，这是公平公正的。选

---

[1] 科隆的丝织工和纺织工主要是富裕丝绸商人家的妇女，这些家庭与英国和荷兰进行商品交易。

[2] 凯瑟琳·赫尔诺特曾是科隆的女邮局局长。她的家族几代人都在做这个行当。当图尔恩 (Thurn) 和塔克西斯 (Taxis) 家族要求垄断所有邮政服务时，凯瑟琳·赫尔诺特被指控为女巫，最终被烧死在火刑柱上。

帝侯无法从城市的猎巫行动中压榨出金钱，所以没收了在教区农村地区被处决女巫的所有财产。

但是，不仅是封建阶级（特别是那些无法与城市中崛起的资产阶级或大领主竞争的小诸侯），还有城市中的有产阶级，都将没收女巫财产当作资本积累的一种手段。

因此在科隆市，在战争开始十年后的 1628 年，城市当局开始没收女巫的财产。科隆的律师们提出的合法理由之一是，女巫从魔鬼那里得到了大量的钱财，为了使当局能够铲除巫师和女巫这些邪恶类别，没收这些魔鬼的钱财是完全合乎规定的。事实上，在某些情况下，城市和王公们似乎将迫害巫师和没收财产当作一种发展援助，以促进其破败的经济。美因茨的城主们没有在法律上大做文章，只是要求官员没收女巫的所有财产。1618 年，霍赫海姆（Hochheim）的圣克莱尔修道院向他们捐赠了 2 000 盾用于"消除女巫"。

有一份法警盖斯的报告，他写信给林德海姆（Lindheim）的领主，要求领主允许他进行迫害，因为需要钱来修复一座桥和教堂。他指出，大多数人都对巫术之害的蔓延感到不安：

> 只要大人您愿意开始焚烧，我们很乐意提供木柴，并承担所有其他费用，大人您会赚得很多，也能很好地修复桥和教堂。
>
> 此外，您会收获颇丰，您可以向仆人支付更多工资，因

为我们可以没收整栋房子，尤其是比较富裕的房子（引自Hammes，1977：254；译自 M. M.）。

除了宗教当局、世俗政府、封建阶级、城市当局、法学家团体、刽子手这些大吸血者之外，还出现了一大批以焚烧女巫为生的小人物。乞讨的僧侣们四处游荡，出售圣人的画像，称如果买家吞下这些画像，就能防止受到巫术的折磨。有许多自封的女巫专员，由于当局为告发、逮捕和审讯女巫支付费用，他们就在各个地方游荡，煽动穷人把他们所有的痛苦都归咎于女巫，从而积累资金。然后，当每个人都被集体精神错乱所控制时，专员就说他要来消灭害虫。首先，专员会派他的征收员挨家挨户地收集捐款，以证明是农民自己邀请他的。然后专员会来组织两到三次火刑。如果有人不准备付钱，就会怀疑他是巫师或女巫的同情者。在某些情况下，村庄提前向专员支付一笔钱，这样他就不会去他们的村庄。这种情况发生在莱茵巴赫（Rheinbach）的艾费尔村（Eifel）。但五年后，同一个专员又来了，由于农民不准备再次屈服于这种勒索，他在已经取得的 800 个记录上又增加了更多的死刑判决。

　　可以将对经济利益的渴求看作女巫癔病蔓延的主要原因之一，这也是为什么几乎没有人会被无罪释放。猎杀女巫是一门生意。弗里德里希·冯·施佩清楚地说明了这一点，他终于有勇气在 1633 年写了一本书，反对这种肮脏的做法，他指出：

律师、审问者等人都在使用酷刑，因为他们想表明自己不是在做表面文章，而是负责任的执法者。

他们需要许多女巫，以证明他们的工作是必要的。

他们不想失去王公们为猎杀每个女巫所承诺的报酬。

总结一下，我们可以引用科尼利厄斯·卢斯（Cornelius Loos）的话，他说女巫审判"是一种新的炼金术，从人的血液中炼制黄金"（Hammes，1977：257）。我们可以补充说，是从女性的血液中炼制黄金。旧的统治阶级以及新崛起的资产阶级在猎杀女巫的过程中所积累的资本，在那个时代的经济史学家的估量和计算中不见踪迹。猎巫中沾血的钱被破产的王公贵族、律师、医生、法官和教授们用于谋取私利，也被用于资助战争、建立官僚机构、建造基础设施等公共事务，最终被用来建立新的绝对主义国家。这种沾血的钱为资本积累的原始过程提供了养料，也许其程度与对殖民地的掠夺和抢劫不一样，但肯定比今天所知的程度要大得多。

但对女巫的迫害和折磨不仅是出于经济上的考虑，审讯女巫也为从大自然中获取秘密的新科学方法的发展提供了范例。卡罗琳·麦钱特表明，现代科学之父、归纳法的创始人弗朗西斯·培根使用了同样的方法和同样的思想理念来研究自然，而迫害女巫的人也使用了这样的方法从女巫身上获取秘密，也就是酷刑、破坏和暴力。培根有意使用猎杀女巫的比喻来描述他的新科学方法：他把"自然比作女性，然后用机械发明来折磨它"（Merchant，

1983：168），就像女巫被新机器折磨一样。他说，可以在宗教裁判所调查巫术秘密的方法中找到发现自然界秘密的方法："因为你只需在自然界的游荡中跟踪和追捕她，你就能在你喜欢的时候把她引导、驱逐到同一个地方……"（引自 Merchant，1983：168）他强烈主张打破所有禁忌——在中世纪社会，禁止在地球母亲身上挖洞或侵犯她的禁忌："当调查真理是他的全部目标时，一个人不应该忌讳进入和深入这些洞和角落……"（Merchant，1983：168）他把对自然的审问比作对女巫和对法庭证人的审问。

> 我的意思是（根据民事诉讼的惯例），在这个由神恩和天意（人类据此寻求恢复其对自然的权利）授予的伟大请求或诉讼中，通过审问来审查自然本身和艺术……（Merchant，1983：169）

除非被新的机械装置强行侵犯，否则自然不会说出她的秘密。

> 就像在被洞穿之前，永远无法了解一个人的性格，普罗透斯在被捉住之前也不会改变外形，所以，处于技术考验和（机械设备）烦扰下的自然，比任由自己的自然，能更清楚地展示自己（引自 Merchant，1983：169）。

根据培根的说法，自然必须被"捆绑服务"，成为"奴隶"，被"束缚",被"解剖";就像"女性的子宫象征性地屈服于镊子一样,自然的子宫也藏有秘密,通过技术可以从她手中夺取,用于改善人类的状况"(Merchant,1983:169)。

培根的科学方法仍然是现代科学的基础,这种方法将知识与物质力量统一起来。许多技术发明实际上都与战争和征服有关,如火药、航海、磁铁。正如印刷术一样,这些"战争艺术"与知识相捆绑。因此,在新人类建立对女性和自然的统治过程中,暴力是关键词和关键方法。这些胁迫手段"并不像以前那样,只是对自然进程施加温和的指导;它们有能力征服和制服她,动摇她的根基"(Merchant,1983:172)。

因此,卡罗琳·麦钱特总结道:

> 审问女巫是审问自然的象征,审讯室是宗教裁判所的样本,借助机械装置的酷刑是征服无序状态的工具,是作为权力的科学方法的根基(Merchant,1983:172)。

从这种新的科学父权制对女性和自然的统治中受益的,是正在崛起的新教资产阶级,包括商人、采矿业者、制衣业资本家。对这个阶级来说,必须破坏女性对其性和生殖能力的旧有自主权,强迫女性繁殖更多的工人。同样,必须将自然界转化为一个巨大的物质资源库,供这个阶级剥削,将其转化为利润。

因此,教会、国家、新的资产阶级和现代科学家合作,对女性和自然进行暴力压制。这一阶级根据其利益采用恐怖方法塑造"女性自然"，19世纪柔弱的维多利亚妇女就是这个恐怖方法的产物（Ehrenreich and English，1979）。

殖民化和资本原始积累

前文提到的时期是资本的原始积累时期。在资本主义生产方式能够建立和维持自己，并完成资本扩大再生产之前——这一过程由生产剩余价值的马达所驱动，它必须积累足够的资本来启动这个过程。这些资本主要是16世纪和17世纪之间在殖民地积累的。但它们大多不是通过商人资本家的"诚实"贸易积累起来的，而主要是通过强盗行为、海盗行为、强迫劳动和奴隶劳动积累起来的。

为了打破威尼斯人对东方香料贸易的垄断，葡萄牙、西班牙、荷兰、英国的商人纷纷出动。大多数西班牙和葡萄牙的探险家都是为了寻找一条独立的通往东方的海上通道。这在欧洲导致了价格革命或通货膨胀，原因包括从银中分离铜的技术发明，以及对库斯科的掠夺和对奴隶劳动的使用。贵金属的成本下降，这使得已经精疲力竭的封建阶级和赚取工资的工匠们走向毁灭。对此，曼德尔（Ernest Mandel）的结论如下：

实际工资的下降——尤其体现在廉价土豆取代面包成为

人们的基本食物——成为 16 世纪至 18 世纪工业资本原始积累的主要来源之一（Mandel，1971：107）。

可以说，原始积累的第一个阶段，就是商人和商业资本无情地掠夺和剥削殖民地的人力和自然财富。原本在 1550 年左右，"英国出现了明显的资本短缺"，但：

> 几年内，以股份公司的形式组织的、针对西班牙舰队的海盗探险，改变了这种情况……德雷克在 1577 年至 1580 年的第一次海盗活动是以 5 000 英镑的资本启动的……它带来了大约 60 万英镑的利润，其中一半归女王所有。比尔德估计，在伊丽莎白统治时期，海盗为英国带来了大约 1 200 万英镑的收入（Mandel，1971：108）。

西班牙征服者的故事众所周知，他们使海地、古巴、尼加拉瓜等地区的人口大幅减少，并消灭了大约 1 500 万印第安人。此外，瓦斯科·达·伽马在 1502 年至 1503 年的第二次印度之行也以同样的血腥为标志：

> 这是一种十字军东征……由从事胡椒、丁香和肉桂贸易的商人进行。其中，点缀了一些可怕的暴行。在世界的另一端再次遇到穆斯林，对于葡萄牙人而言，似乎对这些穆斯林

做什么都是可以的……（引自 Hauser in Mandel, 1971: 108）

从一开始，商业扩张就以垄断为基础。荷兰人赶走了葡萄牙人和英国人。

因此不难看出，荷兰商人能获得多少利润，取决于他们征服印度尼西亚群岛后对香料的垄断程度。一旦欧洲的价格开始下降，他们就开始大规模破坏摩鹿加群岛小岛上的肉桂树。毁坏这些树木，屠杀几个世纪以来靠种植肉桂树为生的居民，这个所谓的"洪吉航行"（Hongi Voyages），在荷兰殖民历史上打下了罪恶的烙印，而这一历史也确实就是以这样的方式开始的。海军上将 J. P. 科恩在消灭班达岛的所有男性居民时，可谓"一往无前"（Mandel, 1971: 108）。

包括荷兰东印度公司、英国东印度公司和哈德逊湾公司，以及法国东印度公司在内的贸易公司，都将香料贸易与奴隶贸易联系在一起。

1636 年至 1645 年期间，荷兰西印度公司以 670 万弗罗林的价格出售了 2.3 万名黑人，即每人约 300 弗罗林，而换取每个奴隶所耗费的货物价值不超过 50 弗罗林。1728 年至 1760 年间，从勒阿弗尔出发的船只向安的列斯群岛运送了 20.3 万名奴隶，这些奴隶是在塞内加尔、黄金海岸、卢安果等地买来的。这些奴隶的销售收入为 2.03 亿里弗尔。从 1783 年到 1793 年，利物浦的奴隶主以 1 500 万的价格出售了 30 万名奴隶，这些钱被用于建立工业企业（Mandel, 1971: 110）。

对于殖民化进程如何影响葡萄牙、荷兰、英国和法国在非洲、亚洲、拉丁美洲等地新建殖民地中的女性，曼德尔和其他分析过这一时期的人没有多说什么。由于商人资本家主要依靠蛮力、赤裸裸的抢劫和掠夺，我们可以推测，女性也是这个过程的受害者。

女权主义学者最近所做的工作，为我们揭示了"文明进程"不为人知的一面。罗达·雷多克关于加勒比地区女性和奴隶制的著作清楚地表明，对被征服民族的女性以及对他们"自己"的女性，殖民者使用的是一种截然相反的价值体系。加勒比地区的女奴长期不能结婚或生孩子，因为进口奴隶比奴隶劳动力的再生产更便宜。同时，资产阶级将"自己"的女性驯化为纯粹的、一夫一妻制下的继承人养育者，将她们排除在户外工作之外、排除在财产之外。

欧洲商人资本家对非洲、亚洲和美洲人民的残暴屠杀，被辩解为基督教国家的文明使命。"文明化"进程中，欧洲贫困女性于猎巫期间遭受了迫害和"惩戒"，殖民地的"野蛮人"也经历了"文明化"，在这里我们看到了两者之间的联系。他们都被定义为不受控制的、危险的、野蛮的"自然"，必须通过武力和酷刑来征服，打破他们对抢劫、征用和剥削的抵抗。

殖民主义下的女性

正如罗达·雷多克所表明的，殖民者对加勒比地区的奴隶制和女奴的态度显然是基于资本主义的成本效益计算（1984）。在是否允许女奴"繁殖"更多奴隶的问题上尤其如此。在整个现代奴隶贸易和奴隶经济的几个世纪里（从1655年到1838年），对这个问题的回答并不是根据"在母国适用"的基督教伦理，而是考虑资本主义种植园主的资本积累。因此在第一个时期，即从1655年到18世纪初，当大多数庄园还是小庄园，只有少数奴隶时，这些种植园主仍然按照农民的繁殖模式，依靠奴隶人口的自然繁殖。第二个时期的特点是所谓的糖业革命，即在大种植园中引入大规模的糖业生产。在这一时期（从1760年左右开始，一直持续到1800年左右），女奴被劝阻生育或组建家庭，这个态度很坚决。作为优秀的资本家，种植园主认为"购买比繁殖更便宜"。所有糖业殖民地都是如此，无论它们是在天主教（法国）还是新教（英国、荷兰）的统治下。事实上，怀孕的女奴会被咒骂并受到虐待。此外，蔗糖种植园的繁重工作也不允许女奴哺育小婴儿。种植园主之所以采取这种反生育政策，其背后的原因，在霍尔（G. M. Hall）关于古巴种植园主的声明中得到了论述：

在怀孕期间和之后的几个月里，奴隶是无用的，她需要更丰富的营养，需要精挑细选地摄入。这种工作上的损失和增加的费用来自主人的口袋。主人必须为新生儿的长期护理付费。这项开支是如此之大，以至于在种植园出生的黑奴在具备工作条件时，比在公共市场上购买的同龄黑奴的价格还要高（G. M. Hall，引自 Reddock，1984：16 ）。

在法国的圣多米尼克殖民地，种植园主计算出一个女奴在 18 个月内的工作价值为 600 里弗尔。18 个月也是怀孕和哺乳所需的时间。在这段时间里，女奴只能做她平时一半的工作。因此，她的主人将损失 300 里弗尔。"一个 15 个月大的奴隶不值这个钱。"（Hall，引自 Reddock，1984：16）正如许多观察家所发现的那样，这一政策的效果是，从这一时期至 19 世纪，女奴的"生育力"极低（Reddock，1984 ）。

到了 18 世纪末，西非已经明显不再是奴隶的肥沃猎场了。此外，英国殖民者认为，将非洲本身纳入他们的帝国，作为原材料和矿物的来源，更有利可图。因此，英国资产阶级中更"进步"的部分主张废除奴隶贸易——发生于 1807 年，并鼓励"本地繁殖"。殖民政府在 18 世纪末和 19 世纪的奴隶法中前瞻性地提出了一些激励措施，鼓励种植园的女奴在当地繁殖奴隶。然而，这种突然的政策变化似乎对女奴们没有什么影响。正如罗达·雷多克指出的那样，在漫长的奴隶制岁月里，女奴们已经将反母性的态度内化为对奴隶制的一种反抗；直到大约 19 世纪中期，她们一直持续着一种生育罢工。当怀孕时，她们用苦涩的草药来堕胎，或者孩子出生以后，"许多孩子都自生自灭，因为妇女自然不喜欢在生下他们后，看到他们成为奴隶，注定要为他们主人的致富而辛苦一生"（Moreno Fraginals，1976，引自 Reddock，1984：17）。罗达·雷多克从女奴的这种反母性的态度中看到了一个例子，即"由于不同但相关的物质原因，统治阶级的意识形态可以成为被压迫者普遍接受的意识形态"（Reddock，1984：17）。

仅仅将非洲女性视为资本积累的生产条件，这让殖民统治者现在尝到了结果，确切地说是苦果。由于女奴的生育罢工，加勒比地区种植园的劳动力短缺问题变得如此严重，所以他们在古巴建立了实质上的"种马场"，奴隶繁殖成为一项常规业务（Moreno Fraginals，引自 Reddock，1984：18）。罗达·雷多克将殖民者对女奴生育能力的政策变化总结如下：

> 只要非洲仅仅是作为人类劳动力的生产者被纳入资本主义世界经济，就没有必要在当地生产劳动力。通过成本效益分析，种植园主采取了最有利可图的行动路线。当这种做法不再有利可图时，他们对女奴表现出的反抗感到惊讶，她们……清楚地认识到自己作为种植园主的财产的地位。事实是，一百多年来，加勒比地区的大多数女奴既不是妻子，也

不是母亲，通过控制自己的生殖能力，她们能够深深地影响种植园经济（Reddock，1984：18）。

这一百多年来，"加勒比地区的女奴既不是妻子也不是母亲"，这一时期，欧洲资产阶级的女性也正被驯化，在意识形态上受到摆布，认为妻子和母亲是"自然"使命（Badinter，1980）。一类女性被当作纯粹的劳动力，是能量的来源；而另一类女性则只被当作"非生产性"的养育者。

事实上，这是历史的一个讽刺，在此后的19世纪，殖民者拼命想把核心家庭和一夫一妻制的婚姻规范引入加勒比地区前奴隶人口中。但妇女和男子都认为采用这些规范对自己没有好处，并拒绝了婚姻。现在，殖民者的两面派政策开始反噬自身。为了能够自由地剥削奴隶，几个世纪以来，他们都把奴隶定义在人类和基督教之外。在这一点上，他们得到了民族学家的支持，他们说黑人与欧洲人不属于同一个"物种"（Caldecott，1970：67）。因此，奴隶不可能成为基督徒。因为根据英国教会的说法，基督徒不可能是奴隶。

1780年左右，新的《奴隶法》开始鼓励奴隶之间的婚姻，以此来促进奴隶的本地繁殖，奴隶们只是嘲笑这种"高种姓"的事情，继续他们"习惯法"下的结合。这意味着每个女人只要愿意，就可以和一个男人生活在一起；同样的情况也适用于男人。女奴们认为婚姻关系会使她们受到一个男人的控制，这个男人甚至可以打她们。男人们希望有一个以上的妻子，因此拒绝婚姻。试图引入欧洲中产阶级男女关系模式的传教士和种植园主恼羞成怒。一位叫考尔德科特的教会历史学家最终为这种抵制文明的现象找到了解释，即黑人无法"控制他们的幻想"（他们的性欲），因此对稳定的生活有所畏惧："对他们来说，男人和女人都是如此；黑人种族比欧洲种族更接近于两性平等……"（Caldecott，引自Reddock，1984：47）然而，"两性平等"被认为是原始、落后种族的标志，这种观念在19世纪的殖民者和民族学家中很普遍。

男女平等是落后的标志，英国殖民主义者的"文明使命"之一就是摧毁殖民地女性的独立性，并向殖民地男子传输性别歧视和军国主义的"美德"，这也是一位叫菲尔丁·霍尔（Fielding Hall）的先生在《学校里的人民》一书中明确阐述的观点[1]。1887年至1891年间，霍尔先生是英国在缅甸殖民地政府的政务官。他生动地描述了缅甸女性的独立性、男女平等以及缅甸人民热爱和平的天性，他把这些都归功于佛教。但是，霍尔先生没有努力维护这样一个幸福的社会，而是得出结论，必须用武力将缅甸带入

----

[1]　在霍尔先生的书中，我发现了对《军国主义与女权主义》的令人震惊的摘录，它于1915年在伦敦由乔治·艾伦与昂温出版有限公司匿名出版。作者很可能是英国女权主义者，他们写下了这篇关于军国主义和女权主义历史对立的最为出色的分析，作为对妇女运动，特别是国际妇女和平运动的贡献，该运动试图与国际选举权联盟一道，将欧洲和美国妇女团结起来反对战争。由于战争形势，作者以匿名方式发表了他们的调查。他们没有给出引用书籍的完整参考资料。因此，菲尔丁·霍尔先生的书《学校里的人民》只提到了书名和页码。《军国主义与女权主义》全文可在华盛顿特区的国会图书馆查阅。

进步的道路："但今天，法律是我们的，权力是我们的，权威是我们的。我们以我们自己的方式管理臣民。我们在这里的全部存在都是与他们的愿望相违背的。"他建议采取以下措施，使缅甸人民"文明"起来：

> 1. 必须教育男子为英国殖民者杀人、打仗。"拥有属于他们自己的军团，使之在我们的战争中脱颖而出。对缅甸人而言，我想象不出比这个更大的好处。这将开阔他们的人生眼界。"(*A People at School*, p. 264)
>
> 2. 为了男人的利益，女人必须放弃她们的自由。

这位殖民地管理者认为男女平等是落后的标志，他警告说："决不能忘记，他们的文明比我们的文明落后一千年。"为了克服这种落后，缅甸男人应该学会杀人、打仗和压迫他们的女人。用霍尔先生的话说："外科医生的刀对病体的意义，就是士兵的剑对患病国家的意义。"他再次重复道：

> 进步、知识、幸福的福音……不是通过书本和说教来传授的，而是通过长矛和剑。像佛教那样，宣扬勇敢无用；像妇女们那样，告诉他们"你们并不比我们好，也不比我们多点什么，应该有同样的生活准则"——还有什么比这更糟糕的事情吗？

他还寻求民族学家的帮助，为这种"男性—狩猎者"的意识形态辩护："在缅甸，男人和女人还没有充分的区别。这是一个年轻种族的标志，民族学专家这样告诉我们。在最早的民族中，这种差异是非常微小的。随着种族年龄的增长，差异会越来越大。"然后，霍尔先生描述了缅甸女性最终如何被"拉低"到文明的、依赖性的家庭主妇的地位。从英国进口的商品摧毁了以前由女性掌握的当地家庭工业，女性也被赶出了贸易领域："在仰光，大型英国商店正在破坏市集，而女性曾经在那里独立谋生。"

在她们失去经济独立后，霍尔先生认为最重要的事情就是改变婚姻法和继承法，以便缅甸也能成为一片由男人统治的"进步"土地。女性必须明白，她的独立阻碍了进步：

> 随着独立权的消失，她的自由意志和影响力也将消失。当她依赖丈夫时，她不能再对他发号施令。当他为她提供食物时，她不再能像他那样大声说话。她不可避免地要退出……成功的国家不是女性化的国家，而是男性化的国家。女性的影响是好的，只要它不走得太远。然而，在这里，它已经走得太远了。这对男人不利，对女人也不利。女性过于独立从来都不是一件好事，这使她们失去了许多美德。男人必须为他的妻子和家庭工作，这使他成为一个男人。如果女人能养活自己，必要时也能养活她的丈夫，这对双方都是不

利的（*A People at School*，p. 266）。

　　一些作为奴隶被带到加勒比地区的非洲女性，并不是因为她们"落后"或不如殖民者"文明"而成为奴隶的，相反，她们是被奴隶制本身和那些殖民者变成了"野蛮人"，现在对西非女性的历史研究揭示了这一点。乔治·布鲁克斯（George Brooks）在他关于"signares"（指 18 世纪塞内加尔的女商人，来自葡萄牙语的 senhoras）的著作中表明，这些女性，特别是沃洛夫*部落的女性，在殖民前的西非社会中拥有很高的地位。此外，第一批来到塞内加尔寻找商品的葡萄牙和法国商人完全依赖于这些强大女性的合作和善意，她们与这些欧洲男人建立了性和贸易联盟。她们拥有巨额财富，这些财富是她们与所在地区的下等人进行贸易而积累起来的，与此同时，她们还形成了有教养的生活方式、对美和优雅的品位，以至于第一次与她们接触的欧洲冒险家们感到目瞪口呆。布鲁克斯引用了英国船上的一位牧师约翰·林赛（John Lindsay）的话，他写道：

　　　　至于他们的妇女，特别是女士们（我必须这样称呼塞内加尔的许多人），她们的俊美程度令人惊讶，有非常精致的五官，非常好相处，在谈话和举止方面都非常有礼貌；在保持

---

*　沃洛夫（Wolof），西非民族之一。主要分布在塞内加尔和冈比亚。

整洁和干净上（在这方面，我们一般都有不同的看法，这是由奴隶们如动物般的懒惰导致的），她们在各个方面都远远超过了欧洲人。她们每天洗澡两次……在这一点上，她们对所有的白人都有一种强烈的蔑视，认为白人是令人不快的，尤其是我们的妇女。甚至他们的男人也会如此，并不高看我们这边的漂亮女人，而是较为冷漠。其中有些人是军官的夫人，她们的穿着非常华丽，即使在英国也会被认为是俊美的（Brooks，1976：24）。

欧洲男子——首先是作为商人或士兵来到西非的葡萄牙人和法国人，他们通常独自前来，没有妻子或家庭。对他们来说，与"女士们"或女商人的联合非常有吸引力，他们按照沃洛夫风格与这些女性结婚，并经常简单地采用非洲的生活方式。他们的孩子（欧非混血儿）往往在殖民社会中升至高位，女儿们通常又成为女商人。显然，对与西非女性的性关系和婚姻关系，葡萄牙和法国殖民者此时并没有强烈的种族主义偏见，他们发现这些联合不仅有利可图，而且也能从中得到人性上的满足。

然而，随着英国人在西非的出现，这种与非洲女性和平相处的天主教教徒式态度发生了变化。英国士兵、商人和行政人员不再与女商人结成婚姻关系，而是把非洲女性变成了妓女。那么，这似乎是历史上种族主义正式进入画面的时刻：非洲女性被贬低，成为英国殖民者的妓女，然后白人男性种族优势和非洲女性"兽性"的理论得到宣扬。显然，英国的殖民历史和荷兰的殖民历史一样，对这些方面都很谨慎。然而，布鲁克斯说，"女商人制度"（signareship）没有在冈比亚扎根，因为它：

> 被从英国涌入的新移民扼杀了，无论是商人、政府官员，还是军官，他们中很少有人会偏离"适当的"英国行为，公开与欧洲裔非洲人或非洲女性生活在一起，尽管他们可能在秘密地这么做。英国人对这些事情很谨慎，但可以看出，与贸易者和女商人的家庭生活形成鲜明对比的是……在西非其他地方的英国人区域发现了那种无根的单身社群。公开的、坚定的种族主义是这个社群的一个特点，另外两个特点是不计后果的赌博和酗酒（Brooks, 1976: 43）。

这些描述不仅证实了沃尔特·罗德尼（Walter Rodney）的一般论点，即"欧洲使非洲欠发达"，也证实了我们的主要论点，即随着殖民进程的推进，殖民地的女性逐渐从以前相对拥有权力和独立的高位，下降到"野兽"层次，堕落到"自然"地位。殖民地女性的这种"自然化"是与欧洲女性的"文明化"相对应的。

非洲女性成为奴隶，被带到加勒比地区，她们"回归自然"或"自然化"，这也许是欧洲殖民化过程中存在双面性、虚伪性的最明显证据：当非洲女性被当作"野蛮人"时，白人殖民者母国的女性却"上升"到"女士"的地位。这两个过程不是同时发生的，不具备简单的历史相似性，但在这个父权资本主义生产模式中，两者存在着内在的、因果层面的联系。这种对"野蛮"和"文明"女性的创造以及两者之间的分化，是世界其他受资本主义和殖民主义影响的地区的组织结构原则，过去是并且现在也是。关于殖民化进程对女性的影响，目前还没有足够的历史研究予以分析，但我们掌握的少量证据证实了这一看法。这也解释了罗达·雷多克所观察到的，跟随积累过程的波动而对涉及女性的殖民政策进行调整的做法。

因此，安妮·斯托勒（Annie Stoler）发现，在地球的另一端，在 20 世纪初的苏门答腊，荷兰人对女性采取了类似的两面派政策：

> 例如，在庄园扩张的某些时期，从爪哇招募的女性表面上是庄园的苦力，但她们被带到苏门答腊很大程度上是为未婚男工和管理层的家庭服务，包括他们的性需求。卖淫不仅被认可，而且还被鼓励……（Stoler, 1982: 90）

就像法国人或英国人在加勒比地区的情况一样，这些种植园主的动机是赚钱，正如安妮·斯托勒所说的那样，这一动机解释了荷兰对女性的殖民政策的波动性。在殖民记录中，"婚姻契约、疾病、卖淫和劳工动乱等问题的出现与利润有关；在 20 世纪头十年，人们认为已婚工人成本太高，因此庄园工人获得婚姻契约的难度很高"（Stoler，1982：97）。

显然，让妇女当妓女更便宜，但后来当北苏门答腊几乎一半的女工被性病折磨，不得不由公司出资住院时，鼓励庄园工人结婚就变得更有利可图。这是在20世纪20年代到30年代之间的事情。在第一阶段，女性移民足以胜任种植园的所有苦力工作，而现在发生了一个家庭主妇化的转变，将女性居民排除在庄园的雇佣劳动之外。安妮·斯托勒写道：

> 在种植园历史上不同的经济和政治关头，种植园主争辩说：长期女工的成本太高，因为她们要花时间生孩子、来月经；女性不应该也不能做"苦力"；女性更适合做临时工（Stoler，1982：98）。

引入"弱女子"的形象是一个明显的意识形态举措，就是为了服务经济目的，也就是降低女性的工资，创造一个临时女性劳动力，这一点从统计数据中可以看出。1903年的苦力预算报告指出，因为怀孕而浪费掉的可用工作日只有1%（Stoler，1982：98）。

罗达·雷多克在其研究的后一部分也提供了大量的证据：在大约同一时期的英国特立尼达殖民地，他们也将女性排除在雇佣劳动之外，并将她们定义为"受供养者"（Reddock，1984）。

在荷兰殖民者的案例中，盈利是总体目标，对本国"文明"女性和对苏门答腊"野蛮"女性相互矛盾的价值观和政策，是确保实现这一目标的最佳机制。他们用两套截然相反的价值观来对待两类妇女，显然，这没有让他们感到良心不安。只有当招募女性做妓女不再有利可图时，卖淫才成为一个公共问题。在这里，我们必须再次强调，荷兰家庭主妇的出现、强调家庭和家务、要求她们"回到家里"，与荷兰殖民地中庄园工人的家庭和住宅遭到破坏，两者并不仅是一个时间上的巧合，而是相互关联的。

德国殖民主义下的女性

上述英国和荷兰女性殖民政策的例子主要集中在殖民方面，而下面的例子来自玛莎·马莫扎伊（Martha Mamozai）关于德国殖民主义对女性影响的研究，涵盖了这一过程对"家乡"德国女性的影响。因此，这一叙述将有助于我们更全面地感知殖民化和家庭主妇化的双面过程。

在掠夺和瓜分世界的竞赛中，德国进入的时间较晚，德国殖民协会成立于1884年，从那时起直到第一次世界大战——这是欧洲国家间争夺帝国主义霸权的直接结果，德意志帝国政府鼓励建立德国殖民地，尤其是在非洲。

马莫扎伊的研究表明，殖民化过程影响男女的方式并不一样，它利用特殊的资本主义性别分工，将非洲劳动力置于资本和白人的指挥之下。正如通常发生在征服者、入侵者和殖民者中的那样，19世纪80年代左右以种植园主身份首次来到西非的德国人，大多是单身男子。如同葡萄牙和法国男子在西非的情况一样，他们与非洲女性建立了性和婚姻关系。许多人与这些女性组成了固定的家庭。显而易见的是，这些婚姻在持续一段时间后最终将导致新一代的欧洲和非洲"混血儿"，他们遵循德国的父权制和资产阶级家庭法，将成为具有充分经济和政治权利的德国人。德国国会就"殖民问题"或"本土问题"进行了激烈的辩论，辩论的中心一方面是"异族婚姻"和"私生子"问题——因此关注的焦点是白人特权；关注的另一方面，则是为德国的庄园和项目来生产、奴役、调教足够多的非洲劳动力。

弗里德里希·冯·林德奎斯特总督（Governor Friedrich von Lindquist）以如下方式，阐述了"西南非洲的混血问题"：

> 白人男性比白人女性人口多得多，这是一种令人遗憾的状况，对国家的生活和未来具有重大意义。这导致了相当数量的混合关系，这尤其令人遗憾，抛开种族混合的不良影响不谈，南非的少数白人群体只有保持其种族的纯洁性，才能保持其对有色人种的统治地位（引自 Mamozai，1982：125；译自 M. M.）。

因此，德国在 1905 年通过了一项法律，禁止欧洲男子与非洲女性结婚。1907 年，那些在该法律之前缔结的婚姻甚至也被宣布无效。那些生活在这种婚姻中的人，包括他们的"私生子"，在 1908 年失去了包括投票权在内的公民权。这项法律的目的显然在于保护少数白人手中的财产权。如果非裔德国人拥有德国公民的投票权等权利，那么随着时间推移，他们在选举中的人数可能会超过"纯种"白人。然而，法律禁止欧洲男子与黑人女性结婚，并不意味着帝国议会想对殖民地男子的性自由施加限制。相反，医生们甚至建议德国男人招募非洲女性作为妾或妓女。因此，德意志帝国的一位代表，马克斯·布赫尔医生（Dr Max Bucher）写道：

> 必须将和这片土地的女儿自由交往一事看作有利的，而不是有害健康的。即使在黑色的皮肤下，"稳定的女伴"也是一种极好的癖好，可以抵御情感上的匮乏，这种匮乏在非洲的孤独中很容易产生。除了这些心理上的收获外，还有个人安全方面的实际优势。有一个亲密的黑人女性朋友，意味着保护自己免受许多危险（引自 Mamozai，1982：129）。

这意味着，黑人女性以妓女和侍妾的身份为白人男子服务，这就足够了。她们不应成为合适的"妻子"，因为从长远来看，这将改变非洲的财产关系。达累斯萨拉姆和莫罗戈罗之间的铁路建设期间，在一位名叫卡尔·厄特克尔（Karl Oetker）的卫生官员的发言中，这一点变得非常清楚：

　　这应该是一件理所当然的事情，但需要再次强调的是，每个与黑人女性性交的欧洲男子都必须注意这种结合是非生育性的，以防止种族的混合，这种混合将对我们的殖民地产生最坏的影响，这一点在西印度群岛、巴西和马达加斯加已经得到充分证明。这种关系可以而且只应被视为婚姻的代替品。白人之间的婚姻享有国家的承认和保护，而这种结合则不能拥有（引自 Mamozai，1982：130）。

　　这里的双重标准非常清楚：婚姻和家庭是所谓白人"主宰者"（Dominant Men）要保护的物品；而非洲人的家庭可以被破坏，男人和女人可以被强迫加入劳动群体，女人可以成为妓女。

　　重要的是，不要只从道德的角度来看待对女性的这种虚伪政策。必须要明白的是，"体面的"资产阶级婚姻和资产阶级家庭之所以能够作为一种受保护的机制逐渐兴起并普遍化，与"土著"的宗族和家庭关系遭到破坏，两者之间存在因果关系。正如一位殖民官员所说的那样，广大的德国家庭从"无产阶级的苦难"中涅槃而出，与对殖民地的剥削和殖民地劳动力的从属地位直接相关。在那些年里许多人都认为，德国发展成为一个领先的工业国家，就依赖于对殖民地的占有。因此，后来的帝国总统保罗·冯·兴登堡写道："没有殖民地就无法安全地获取原材料，没有原材料就没有工业，没有工业就没有满意的生活和财富标准。因此，德国人，我们需要殖民地。"（引自 Mamozai，1983：27；译自 M. M.）

这种剥削逻辑的理由是，"土著""尚未"进化到白人宗主种族的水平，而殖民主义是发展这些地区沉睡生产力量的手段，能够使他们为人类的进步做出贡献。一位西南非洲的殖民官员写道：

> 土著人的权利，只有在牺牲白人发展的情况下才能实现，这种权利并不存在。认为非洲的班图人、苏丹黑人和霍屯督人有权利随心所欲地生活和死亡，这种想法是荒谬的。即使欧洲文明民族中不计其数的人因此被迫束缚在悲惨的无产阶级生活中，而不是通过充分利用我们殖民地的生产能力来提高自己的生存水平，帮助建设整个民族和人类的福利，也同样做不到（引自 Mamozai，1983：58；译自 M. M.）。

白人宗主有上帝赋予的使命，来"发展"殖民地的生产能力，将野蛮领入文明的范畴，这样一种观念也被此后的社会民主党人所有。他们相信殖民主义能够发展生产力。

西南非洲的"本土"女性拒绝为可恨的殖民主子生育小奴隶，因此被视为对这种生产力发展政策的攻击。赫雷罗人的叛乱被德国将军冯·特罗塔（von Trotha）残酷镇压后，赫雷罗女性实际上进行了一次生育罢工。就像加勒比地区的女奴一样，她们拒绝为种植园主和庄园主生产强制劳动力。在 1892 年至 1909 年期间，赫雷罗族的人口从 80 000 人减少到仅有 19 962 人。对于德国农场主来说，这是一个严重的问题。他们中的一个人写道：

> 叛乱之后，当地人（特别是赫雷罗人）经常采取不生育的立场。他认为自己是个囚犯，面对不喜欢的工作时，他就会让你注意到这一点。他不喜欢为他的压迫者制造新的劳动力，因为压迫者剥夺了他宝贵的懒惰……虽然德国农场主多年来一直在努力补救这种可悲的状况，为农场里出生的每个孩子提供津贴，例如一只母山羊，但大多是徒劳的。现在本地女性中有一部分人长期从事卖淫活动，不再适合做母亲。另一部分人不想要孩子，怀孕了也会堕胎。在这种情况下，当局应该严厉地进行干预。每个案件都应该得到彻底调查，并受到监狱的严惩，如果这还不够，还应该把罪犯锁上铁链（引自 Mamozai，1982：52；译自 M. M.）。

在一些案件中，农场主自己执法，残酷地惩罚不听话的女性。在赫雷罗妇女的立场中，我们再次看到，正如女奴的情况一样，非洲女性在这个殖民化过程中并非只是无助的受害者，而是准确地了解她们在殖民生产关系中的相对权力，并相应地使用这种权力。然而，关于上面引用的德国农场主的评论，必须注意的是，虽然赫雷罗妇女进行了生育罢工，但他只提到了赫雷罗（男人）。即使在他们的报告中，殖民者也否认了被征服女性的所有主体性和主动性。所有的"土著人"都是"野蛮人"，是野生的自然，而最野蛮的就是"土著"妇女。

非洲的白人女性

玛莎·马莫扎伊还为我们提供了关于殖民化进程"另一面"的有趣材料，即非洲人（特别是非洲女性的从属地位）对"家乡"的德国女性和那些在非洲加入殖民先驱的女性所产生的影响。

正如前面已经提到的内容，白人殖民者的问题之一是如何在殖民地将主导性的白人种族繁育下去。只有当"祖国"（fatherland）的白人女性准备到殖民地与"我们在那里的男孩"结婚，并生育白人子女时，才能实现这一目标。由于大多数种植园主都属于"冒险的单身汉"，必须做出特别努力，才能动员白人女性到殖民地去当新娘。倡导白人至上观念的德国人认为，德国女性需要承担特殊的责任，将殖民地的德国男人从"卡菲尔＊女性"的邪恶影响中解救出来，因为从长远来看，卡菲尔女性会使这些男人与欧洲文化和欧洲文明越来越疏远。

阿达·冯·利林克龙夫人（Frau Adda von Liliencron）听到了这一呼吁，她成立了"德国殖民地协会妇女联盟"。这个组织的目标是对女孩进行殖民时期的家务管理特别培训，并将她们作为新

＊ 卡菲尔（Kaffir）是对非洲人的一种污蔑性称呼。

娘送往非洲。她主要招募来自农民或工人阶级的女孩，其中许多人曾在城市里当过女仆。1898年，25名单身女性首次被送往西南非洲，作为"圣诞礼物"送给"我们在那里的男孩"。玛莎·马莫扎伊报告说，这些女性中的许多人"上升"到了白人太太的层次，资产阶级女性将传授非洲女性文明美德视为己任：清洁、守时、服从和勤奋。令人惊讶的是，这些不久前还在受压迫的女性，很快就认同了殖民社会中常见的对"肮脏和懒惰的土著人"的偏见。

但是相对于殖民地女性的从属和服从地位，作为妻子与"种族和国家的繁育者"前往殖民地的少数欧洲女性的确"上升"到了所谓"真正家庭主妇"的层次。除此之外，"家乡"的女性也是如此，首先是资产阶级的女性，后来是无产阶级的女性，逐渐被驯化、被文明化为真正的家庭主妇。在殖民主义和帝国主义扩张的同一时期，欧洲和美国的家庭主妇也在崛起。在下文中，我将讨论故事的这一面。

家庭主妇化

第一阶段 为"女士"提供的奢侈品

欧洲女性在迫害女巫期间，以及非洲、亚洲和拉丁美洲女性在殖民化过程中，均处于暴力下的从属地位，这一"故事的另一面"中，首先是欧洲资本积累阶级的女性，后来是美国的女性，成为奢侈品和财富的消费者和展示者，并在后来成为家庭主妇。

我们不要忘记，几乎所有从殖民地偷窃、掠夺或交易的物品都不是大众日常生活所需的物品，而是奢侈品。最初只有那些有钱的少数特权者才会购买这些物品，包括来自摩鹿加群岛的香料，来自印度的珍贵纺织品、丝绸、宝石和薄纱，来自加勒比的糖、可可和香料，来自西属美洲的贵金属。维尔纳·桑巴特（Werner Sombart）在他的《奢侈与资本主义》中提出了这样一个论点：大多数罕见的殖民地奢侈品的市场，是由17世纪和18世纪法国和英国这些绝对主义国家的君主和国王的情妇阶层创造的。根据桑巴特的说法，众多的女主人和情妇们在女性的服饰、化妆品、饮食习惯，特别是在绅士们的家庭装修方面创造了新的时尚。无论是贵族阶层的战争贩子还是商人阶层的男人，如果任由他们自己发展，都不会有想象力、修养以及文化来发明这些奢侈品，这些奢侈品几乎都是围绕着女性而存在的。根据桑巴特的说法，正是这个阶层的女性创造的新的奢侈品"需求"，给资本主义带来了决定性的推动力，因为她们可以获得专制主义国家积累的金钱，所以她们为早期资本主义创造了市场。

桑巴特为我们详细介绍了16世纪和17世纪意大利、法国和英国宫廷有关奢侈品消费的发展情况。他明确指出了奢侈消费的趋势，尤其是路易十四统治时期。1542年，法国国王的奢侈品支出为2 995 000里弗尔，而且这项支出稳步上升，到1680年提升为28 813 955里弗尔。桑巴特将这种对奢侈和华丽的庞大展示，归因于这些封建领主对社交名媛和情妇的喜爱。对拉瓦利埃的迷恋促使路易十四建造了凡尔赛宫。桑巴特还认为，蓬帕杜夫人作为旧制度文化的代表，花销比任何一位欧洲王后都要多。在她极盛的十九年里，她花费了 36 327 268 里弗尔。同样，1769 年至 1774 年处于盛期的杜巴利伯爵夫人也在奢侈品上花费了 12 481 803 里弗尔（Sombart，1922：98-99）。

　　桑巴特将这种首先集中在欧洲宫廷、后来被欧洲资产阶级新贵们模仿的奢侈品发展归因于高级情妇们，因为她们有巨大的虚荣心，对奢华的衣服、房子、家具、食物、化妆品有瘾，女权主义者不会同意他的观点。即使这些阶级的男人喜欢在女人身上花钱，以此来显示他们的财富，把她们变成自己积累的财富的展示品，这也意味着让女人成为某种程度上的恶棍。难道这等于说，历史上的"主体"（在马克思主义的意义上）不是掌握经济和政治权力的男人，而是女人？她们作为幕后真正的权力者，拉着弦让强大的男人根据她们设定的曲调来跳舞吗？但是除此之外，桑巴特的论点——资本主义诞生于奢侈消费，而不是为了满足大众日益增长的生存需求——对我们讨论殖民化和家庭主妇化之间的关系有很大的意义。他清楚地表明，早期商业资本主义实际上完全建立在来自殖民地的奢侈品贸易的基础上，这些奢侈品被欧洲的精英们所消费。出现在黎凡特贸易清单上的物品包括：东方药品（如芦荟、香膏、生姜、樟脑、小豆蔻、油柑子、藏红花等）；调料（胡椒、丁香、糖、肉桂、肉豆蔻）；香料（安息香、麝香、檀香、沉香、琥珀）；纺织品的染料（如靛蓝色、漆色、紫色、棕红色）；纺织品的原材料（丝线、埃及亚麻）；贵金属和珠宝及宝石等（珊瑚、珍珠、象牙、瓷器、玻璃、金和银）；纺织品（丝绸、锦缎、天鹅绒、亚麻细料、薄纱或羊毛）。

在 18 世纪和 19 世纪，这个清单上又增加了许多物品，特别是在新的殖民种植园中系统性生产的物品，如糖、咖啡、可可和茶叶。桑巴特介绍了英国茶叶消费的增长情况。1906 年，一个英国家庭的平均茶叶消费量为 6.5 磅。可以承受这一消费水平的家庭数量如下：

> 1668 年 3 个家庭
>
> 1710 年 2 000 个家庭
>
> 1730 年 12 000 个家庭
>
> 1760 年 40 000 个家庭
>
> 1780 年 140 000 个家庭
>
> （来源：Sombart, 1922: 146）

在剥削非洲、亚洲和美洲人民的基础上，欧洲富人对奢侈品产生如此巨大的用量，这对欧洲女性意味着什么呢？桑巴特指出了奢侈品生产的某些趋势，正如我们所看到的，他把这些趋势归结为某个阶级的女性的热情。这些趋势如下：

1. 家庭化的趋势。中世纪的奢侈品是公共的，而现在它变成了私人的。奢侈品的展示不是在市场上或公共节日中进行，而是在富人隐蔽的宫殿和房子里进行。

2. 物品化的趋势。中世纪的财富是以王公可以依靠的附庸或手下的数量来表示的。现在，财富表现为货品和物品，用金钱购买的商品。亚当·斯密说："人们从'非生产性'的奢侈品转向'生产性'的奢侈品，以前个人的奢侈品促使'非生产性'的手去工作，而物品化的奢侈品促使'生产性'的手去工作（即指资本主义意义上资本主义企业的雇佣工人）。"（Sombart，1922：119）桑巴特认为，有闲阶级的女性对物品化的奢侈品（更多的物品和商品）的发展有兴趣，更多的士兵和附庸对她们而言没有用处。

糖和咖啡也有类似趋势。对18世纪的欧洲人来说，糖还没有取代蜂蜜。直至19世纪，糖仍然是欧洲富人的典型奢侈品（Sombart，1922：147）。

直到19世纪，欧洲、美洲、非洲和东方之间的对外贸易主要是上述奢侈品的贸易。1776年，法国从东印度的进口额为3 624.1万法郎，项目如下：

咖啡	3 248 000 法郎
胡椒和肉桂	2 449 000 法郎
薄纱	12 000 000 法郎
印度亚麻布	10 000 000 法郎
瓷器	200 000 法郎

丝绸	1 382 000 法郎
茶叶	3 399 000 法郎
硝石	3 380 000 法郎
总计	36 241 000 法郎

（来源：Sombart, 1922：148）

桑巴特还将奴隶贸易的利润纳入奢侈品生产和消费的数字中[1]。

从17世纪到19世纪，英国批发和零售市场的发展也遵循同样的逻辑。第一批取代地方市场而出现的城市大商店是经营奢侈品的商店。

3. 时间收缩的趋势。以前，奢侈品的消费只限于某些季节，因为本土盈余的生产需要很长的时间，而现在可以在一年中的任何时候消费奢侈品，也可以在个人生活的任一时段中消费。

桑巴特再次将这种趋势归因于有闲阶级女性的个人主义和迫切渴望，她们要求立即满足自己的欲望，这被看作自己受宠的标志。至少在我看来，桑巴特的这种观点是错误的。

在上述趋势中，家庭化和私有化的趋势无疑对19世纪和20世纪资本主义中心的"好女人"新形象的构建产生了巨大影响，也就是将女性打造为母亲和家庭主妇，家庭是她的舞台，是

---

[1] 这是很合理的，因为奴隶们生产的是奢侈品，如糖、可可和咖啡。

消费和"爱"的私有化舞台,她们被排除在男人统治的生产和积累的舞台之外并受到保护。在下文中,我将追溯被驯化的私有化妇女的典范是如何得到普及的——她关注"爱"和消费,并依赖于男性这个"养家糊口者"。这一典范首先在资产阶级自身中产生,然后是所谓的小资产阶级,最后蔓延到工人阶级或无产阶级之中。

第二阶段 家庭主妇和核心家庭:白人小人物的"殖民地"

白人大人物,也就是"主宰者"(Mamozai),在非洲、亚洲和中南美洲侵占土地、自然资源和人民,以便榨取他们自己无法生产的原材料、产品和劳动力,他们也破坏了当地人创造的所有社会关系,与此同时,他们开始在自己的祖国建立父权制的核心家庭,即我们今天所知的一夫一妻制核心家庭。这种家庭由亲属关系和同居原则强行结合而成,处于国家的明确保护之下。这种家庭类型将男人定义为"户主",供养无收入的合法妻子及其子女。在18世纪和19世纪初,这种婚姻和家庭形式只有在资产阶级中的有产阶级内部才有可能形成,在农民、工匠和工人中,女性总是要分担所有的工作。但从19世纪下半叶开始,通过国家推动的一系列法律改革,这种家庭形式成为所有人的准则。德国和其他欧洲国家一样,过去对没有财产的人存在一些婚姻限制。这些限制直到19世纪下半叶才废除,当时国家进行干预,在无财产的工人阶级中推行生育支持政策(Heinsohn and Knieper,1976)。

　　最近的家庭史显示，甚至"家庭"这个概念也是在 18 世纪末的欧洲才开始流行的，特别是在法国和英国。直到 19 世纪中叶，这一概念才被工人和农民的家庭采用，与一般观点相反，"家庭"这个概念具有明显的阶级内涵。只有拥有财产的阶级才有能力拥有"家庭"。财产较少的人，如农场仆人或城市穷人，不应该有"家庭"（Flandrin，1980；Heinsohn and Knieper，1976）。我们今天所理解的"家庭"的含义，即基于父权原则的共同居住和血缘关系的组合，甚至在贵族中也不曾出现。贵族的"家庭"并不意味着所有家庭成员的共同居住。同居，特别是丈夫和妻子及其后代的同居，是资产阶级家庭的关键标准。因此，我们现在的家庭概念是一个资产阶级的概念（Flandrin，1980；Luz Tangangco，1982）。

　　正是资产阶级建立了资本主义特有的社会和性别劳动分工，这是资本主义的特点。资产阶级宣称"家庭"是一个私人领域，与经济和政治活动的"公共"领域相反。资产阶级首先将"他们的"女人从这个公共领域中撤出，将她们关在舒适的"家里"，在那里他们不能干涉男人的战争、赚钱和政治活动。即使法国大革命有成千上万的女性参加，但也是以将女性排除在政治之外而结束的。资产阶级（特别是英国清教徒资产阶级）创造了浪漫爱情的意识形态，以补偿和升华女性在这个阶级崛起之前在性和经济方面的独立地位。马尔萨斯是崛起的资产阶级的重要理论家之一，他清楚地看到资本主义需要一种不同类型的女性。穷人应该抑制他们的性"本能",否则就需要用稀缺的食物供应太多的穷人。但他们又不应该使用避孕药具——这是孔多塞在法国推荐的方法,因为那会使他们变得懒惰,马尔萨斯看到了节欲和工作意愿间的密切联系。然后,马尔萨斯描绘了一幅体面的资产阶级家庭的美好图景,在这个家庭里,"爱"并不表现在性生活中,而表现在被驯化的妻子将性"本能"升华,为辛勤工作的养家糊口者创造一个舒适的家,他必须在一个竞争和敌对的"外部"世界中为钱而奋斗(Malthus,引自 Heinsohn, Knieper and Steiger, 1979)。正如海因松(Gunnar Heinsohn)、克尼佩尔(Rolf Knieper)和施泰格尔(Otto Steiger)所指出的,资本主义并没有像恩格斯和马克思认为的那样摧毁家庭;相反,在国家及其管制部门的帮助下,它首先在有产阶级中创造了家庭,后来又在工人阶级中创造了家庭,家庭主妇也随之成为一种社会类别。另外,从对早期工业无产阶级的组成和状况的描述来看,我们今天所理解的家庭似乎远不及通常认为的那样,是一种规范。

我们都知道,女性和儿童构成了早期工业无产阶级的主体。他们是最廉价和最容易操纵的劳动力,没有其他工人可以像他们一样被剥削。资本家们很清楚,有孩子的妇女如果想生存,就必须接受任何工资。另一方面,对资本家来说,女性的问题比男人少。她们的劳动力也很便宜,因为她们不再是有组织的,不像有技术的男人那样有工匠协会和源自行会的组织传统。女性很久以前就被赶出了这些组织,她们没有新的组织,没有讨价还价的能力。因此对资本家来说，雇用女性更有利可图，风险更小。随着工业资本主义的兴起和商业资本主义的衰落（1830 年左右），对女性和童工的极端剥削成为一个问题。那些因过度劳累和恶劣的工作条件而健康受损的女性，不可能生出健康的孩子，继而养育出强壮的工人和士兵，这一点在 20 世纪晚些时候的几场战争中得到了体现。

这些女性中有许多没有生活在真正的"家庭"中，而是要么未婚，要么被遗弃，与儿童和年轻人一起生活、工作（参见 Marx, *Capital*, vol. I）。这些女性在为工厂培养可悲的下一代工人方面得不到特别的物质利益。但是，她们对资产阶级道德及其驯化女性的理想构成了威胁。因此，也有必要对无产阶级女性进行驯化。必须用她们来繁殖更多的工人。

与马克思的想法相反，生育孩子不能留给无产阶级的"本能"，正如海因松和克尼佩尔指出的那样，没有财产的无产阶级在生育孩子方面得不到物质利益，因为不像资产阶级的孩子那样，他们的孩子在老年时提供不了保障。因此，国家必须干预人的生产，通过立法、管制措施和教会的意识形态宣传，将无产阶级的性能量引导到资产阶级家庭的紧身衣里。无产阶级女性也必须成为家庭主妇，尽管她负担不起坐在家里等着丈夫养活她和她的孩子。海因松和克尼佩尔分析了 19 世纪德国的这一过程（1976）。他们的主要论点是，必须通过管制措施将"家庭"强加给无产阶级，否则没有财产的无产阶级就不会为下一代工人生育足够的孩子。因此，在杀婴（当时已经出现过）有罪化之后，最重要的措施之一是通过了废除无财产者婚姻禁令的法律。这项法律是由北德意志邦联在 1868 年通过的。现在，允许无产者像资产阶级一样结婚并拥有一个"家庭"。但这还不够，性行为必须受到限制，使其在这个家庭的范围内进行。因此，婚前和婚外性行为被定为犯罪。生产资料的所有者被赋予必要的监管权力，以监督工人的道德水平。1870 年至 1871 年普法战争后通过了一项法律，规定堕胎为犯罪行为，新的妇女运动对这项法律进行了斗争，但只取得了微小的成功。教会与国家合作，对人们的灵魂施加影响。世俗国家称之为犯罪的东西，教会称之为罪恶。教会比国家有更广泛的影响，因为他们能接触到更多的人，特别是在农村（Heinsohn and Knieper, 1976）。

通过这种方式，工人阶级的女性也被迫出现家庭主妇化。根据海因松和克尼佩尔及其他人的说法，在没有财产的农场仆人或无产者中，家庭从未存在过；必须通过强制手段来创造（1976）。这一策略之所以奏效，是因为当时女性已经失去了大部分的避孕知识，而且国家和教会已经大大限制了女性对其身体的自主权。

女性的家庭主妇化以确保资本和国家有足够的工人和士兵为目标。在 19 世纪末和 20 世纪初，创造家务劳动以及将家庭主妇作为消费的动因，成为一项非常重要的战略。那时，不仅家庭是一系列新设备和物品的重要市场，而且科学的家庭管理也成为进一步驯化女性的新意识形态。家庭主妇不仅被要求降低劳动成本，还被动员起来利用她的精力创造新的需求。为了给化学工业生产的新产品创造市场，一场关于清洁和卫生的战争，也就是一场反对污垢、病菌、细菌等问题的实质性战争开始了。科学的家务劳动也得到提倡，作为降低男性工资的手段，因为如果家庭主妇能够经济地使用它，工资就能支撑更长时间（Ehrenreich and English，1975）。

　　然而，女性的家庭主妇化过程并不仅仅是由资产阶级和国家推动的。19世纪和20世纪的工人阶级运动也对这一进程做出了贡献。有组织的工人阶级乐于看到废除强制独身和对财产不多的工人的婚姻限制。参加1864年国际工人协会大会的德意志代表团，所提出的要求之一就是"工人有组建家庭的自由"。海因松和克尼佩尔指出，当时以拉萨尔（Ferdinand Lassalle）为首的德意志工人阶级组织，与其说是为反对强制无财产者独身而斗争，不如说是为拥有家庭的权利而斗争（1976）。因此，只有将整个无产阶级归入资产阶级婚姻和家庭法之下，才能历史性地从强制独身中解放出来。资产阶级的婚姻和家庭被认为是"进步的"，因此工人阶级的大多数领导都认为，工人阶级加入这些标准是一种进步的举动。工人运动为争取更高工资而进行的斗争，特别是由构成工人阶级"最先进部分"的技术工人进行的斗争，所提出的理由往往是男人的工资应该足以维持一个家庭，以便他的妻子可以留在家里照顾孩子和家庭。

　　从1830年至1840年开始，实际上一直到19世纪末，德国男性工人和社会民主党组织的态度，正是以特内森（Werner Thönnessen）所说的"无产阶级式的反女权主义"（1969：14）为特征的。他们的"无产阶级式的反女权主义"主要关注的是，女性进入工业生产会对男人的工资和工作构成威胁。在各种工人协会的代表大会和党的代表大会上，人们一再提出禁止女性在工厂工作的要求。1866年在日内瓦召开的第一国际大会也讨论了女性在工厂工作的问题。马克思为日内瓦大会中央委员会代表团起草了指示，他说，现代工业吸引女性和儿童参与生产的趋势必须被视为一种进步的趋势。然而，法国支部和一些德意志人则强烈反对女性外出工作。事实上，德意志支部提交了以下备忘录：

> 创造条件，使每个成年男子都能娶到妻子，建立家庭，并以工作为保障，使那些在孤立和绝望中成为牺牲品、对自己和自然犯下罪行，并通过卖淫和皮肉交易损害文明的可悲生物不复存在……家庭和家务的工作属于妻子和母亲。男人是严肃的公共责任和家庭责任的代表，而妻子和母亲应该代表家庭生活的舒适和诗意，她应该给社会礼仪带来优雅和美丽，并将人类的享受提高到更高的层次（Thönnessen，1969：19；译自 M. M.）。

在这段话中，我们发现了马克思和恩格斯抨击的所有虚伪和资产阶级的感情用事，然而这一次是由男性无产者提出的，他们想把女性放在"适当"的位置上。但在女性工作问题上，卡尔·马克思也没有采取明确的、毫不含糊的立场。虽然他在给第一国际的指示中坚持认为女性和儿童在工厂工作是一种进步的趋势，但他同时宣称，应该减少夜间工作，或者会伤害女性"脆弱体质"的工作。当然，他也认为夜间工作对男性不利，但应给予女性特别保护。"无产阶级式的反女权主义"的倾向在拉萨尔领导的德国社会民主党派别中表现得最为突出。在1866年全德工人联合会（ADAV）的一次党代会上，有人陈述：

> 在工场和现代工业中雇用女性，是我们这个时代最令人愤慨的虐待行为之一。之所以愤慨，是因为工人阶级的物质条件并没有得到改善，而是因此恶化了。特别是由于家庭遭到破坏，劳动人民最终处于悲惨境地，甚至失去了他们迄今为止拥有的最后一丝文化和理想价值。因此，进一步扩大女性劳动力市场的倾向必须受到谴责。只有废除资本统治才能纠正这种情况，届时将通过积极的和有机的制度废除雇佣关系，每个工人都将得到他的全部劳动成果（*Social Democrat*，第139期，1867年11月29日，第3卷，附录1；引自Niggemann，1981：40；译自M. M.）。

社会民主党内的"改革派"认为无产者需要一个合适的家庭，不仅如此，那些追随马克思革命战略的人对女性和家庭也没有其他概念。属于这一派的奥古斯特·倍倍尔和克拉拉·蔡特金，在这之前与恩格斯一起，都被认为是社会主义女性解放理论最重要的贡献者，他们主张在工人阶级中维持一个有真正家庭主妇和母亲的真正家庭。同时倍倍尔希望减少女性就业，使母亲有更多的时间来教育子女。他对无产阶级家庭的破坏感到遗憾。

> 工人的妻子晚上回到家，疲惫不堪，手中又满是工作。她不得不赶去处理最必要的任务。男人去了酒馆，在那里找到了他在家里找不到的安慰，他喝酒……也许他染上了赌博的恶习，因此而失去的东西甚至比喝酒失去的更多。与此同时，妻子坐在家里，抱怨着，她不得不像一只畜生一样工作……这就是不和谐的开始。但如果女人的责任心不强，她也会在疲惫不堪地回家后再出去消遣，这样一来，家庭就会陷入困境，痛苦就会加倍（Bebel，1964：157–158；译自 M. M.）。

倍倍尔没有设想过劳动性别分工的变化，也没有设想过男人分担家务。他认为女性主要是一个母亲，并没有设想到她的角色在未来会发生变化。

这也是克拉拉·蔡特金的主要观点。尽管她与"无产阶级式的反女权主义"进行了斗争，但认为无产阶级女性是妻子和母亲，而不是工人。1896 年，她在哥达（Gotha）的党代会上发表了演讲，提出了以下有关她自身理论的要点：

1. 争取女性解放的斗争与无产阶级反对资本主义的斗争是一致的。

2. 尽管如此，劳动妇女在其工作场所需要特别的保护。

3. 改善劳动妇女的条件将使她们能够更积极地参与整个阶级的革命斗争。

她与马克思和恩格斯一起，认为资本主义造成了剥削，在这一点上男女都一样。因此，无产阶级的女性不能像资产阶级女权主义者可能做的那样与男人作斗争，而必须与男人一起对抗资产阶级：

> 因此，无产阶级女性的解放斗争不能是像资产阶级女性那样的与本阶级男人的斗争；相反，它是与本阶级的男人一起反对资本家阶级的斗争。她不需要为了打破限制自由竞争的障碍而与本阶级的男性斗争。资本对剥削的需要和现代生产方式的发展已经为她做到了这一点。相反，现在需要的是建立新的障碍，以防止对无产阶级女性的剥削。需要的是把成为妻子、母亲的权利还给她，并保障这些权利。她斗争的最终目标不是与男人自由竞争，而是建立无产阶级的政治统治（引自 Evans, 1978: 114；译自 M. M.）。

这段话中引人注目的是强调女性作为母亲和妻子的权利。她随后在同一讲话中更明确地指出了这一点：

　　远离女性作为母亲和妻子的职责，绝不应该是社会主义
妇女宣传的任务。相反，为了无产阶级的利益，我们必须确
保她能比以往更好地完成这些任务。家中的状况越好，她在
家里的效率越高，她越能更好地斗争……这么多的母亲、这
么多的妻子用阶级意识激励着她们的丈夫和孩子，她们所
做的和我们在会议上看到的妇女同志一样多（引自 Evans，
1979：114-115；译自 M. M.）。

这些想法在党内得到了非常积极的回应，无论如何，正如我
们所看到的，党内对女性作为母亲和妻子的角色有一个相当资产
阶级式的概念。在工人阶级中建立资产阶级核心家庭和无产阶级
女性家庭主妇化的过程并不限于德国，在所有工业化和"文明"
国家中都可以找到痕迹。它不仅是由资产阶级和国家推动的，也
是由工人阶级的"最先进部分"，即欧洲国家的男性技术工人"贵
族"推动的。特别是对社会主义者来说，这个过程指向了一个基
本矛盾，这个矛盾仍然没有得到解决，甚至在一些社会主义国家
也是如此。

　　如果像所有正统的社会主义者认为的那样，进入社会生产被
视为女性解放的先决条件，但同时又维持男人养家糊口者和一家
之主的地位，认为女人是依赖性的家庭主妇和母亲，认为核心家
庭是"进步的"，那这里面就存在矛盾了。

然而，这种矛盾是工人阶级男女之间事实上出现了阶级分化的结果。我不同意海因松和克尼佩尔的观点，他们说工人阶级作为一个整体，没有从核心家庭的建立和女性的家庭主妇化中获得物质利益（1976）。也许工人阶级的女性没有得到什么好处，但工人阶级的男性有。

无产阶级中的男人确实从女性阶级同伴的家庭化中获得了物质利益。这种物质利益一方面包括男人要求垄断现有的雇佣工作，另一方面包括要求控制家庭中的所有金钱收入。由于金钱已经成为资本主义下权力的主要来源和体现，无产阶级男子不仅与资本家争夺金钱，而且还与他们的妻子争夺。他们对家庭工资的要求就是这种斗争的表现。在这里，问题的关键不在于家庭工资是否适当（参见 Land，1980；Barrett and McIntosh，1980），问题的关键是，这一概念的意识形态后果和理论后果导致无产阶级在事实上接受了资产阶级的家庭和女性概念。在这之后，所有的女性工作都被贬低了，无论是雇佣劳动还是家务劳动。

近年来，女权主义者已经广泛讨论了家务劳动对资本积累过程的作用。我将在此略去这方面的内容。但我想指出的是，家庭主妇化意味着成本的外部化，或者说域外化，否则这些成本就必须由资本家来承担。这意味着女性的劳动被视为一种自然资源，像空气和水一样可以自由使用。

家庭主妇化同时意味着这些隐性工人的完全原子化和无组织化。这不仅是女性政治权力被削弱的原因，也是她们缺乏谈判能力的原因。由于家庭主妇与挣钱养家的人、与作为非自由工人的"自由"无产者相联系，无产者出售其劳动力的"自由"是基于家庭主妇的非自由。男性的无产阶级化是以女性的家庭主妇化为基础的。

因此，白人小人物也得到了他的"殖民地"，即家庭和被驯服的家庭主妇。这是一个迹象，表明无产者终于上升到公民的"文明"地位，他已经成为"文明国家"的正式成员。然而，这种上升是以其阶级中女性的从属地位和家庭主妇化为代价的。资产阶级法则在工人阶级中的延伸意味着，没有财产的人在家庭中也是领主和主人。

我的观点是，殖民化和家庭主妇化这两个过程是紧密相连的，而且是有因果关系的。如果没有对外部殖民地的持续剥削——以前是直接的殖民地，今天是新的国际劳动分工——就不可能建立"内部殖民地"，也就是一个核心家庭和一个由男性"养家糊口者"扶养的女人。

第四章

家庭主妇化的国际扩散：

女性和新的国际劳动分工

国际资本重新发现第三世界的女性

上一章表明，资本主义世界的经济发展建立在特定的国际劳动分工之上，通过这种分工，殖民地被征服、被剥削。与此同时，它还建立在对劳动性别分工的特定操纵之上。这两种劳动分工的逻辑都是一方进步和另一方倒退之间的矛盾关系。从 16 世纪开始，世界被划分为不同的区域和地区，在这些区域和地区中，不同类型的生产下有类型不同但又内在联系的劳动或生产关系。最初，资本积累发生在欧洲的核心国家，之后又发生在美国。国际劳动分工的概念被用来描述结构性分工，即殖民国家和亚非拉附属殖民地之间存在的垂直关系。旧的国际劳动分工开始于殖民时期，差不多一直持续到 20 世纪 70 年代。

旧的国际劳动分工意味着殖民地或前殖民地生产原材料，然后将原材料运到欧洲、美国以及后来的日本等工业化国家。这些原材料再转化为工业产品，在工业国销售或出口。在旧的国际劳动分工的早期阶段，这些机器制造的产品——首先是机器制造的纺织品，也被强行销往殖民地市场。机器制造的商品更便宜，对大多数殖民地来说，这意味着他们自己的纺织业土崩瓦解。英国工厂生产的布匹对印度纺织业的冲击就是其中最著名的例子（Dutt，1970）。

旧的国际劳动分工还意味着，劳动力在殖民地和宗主国的价值是不一样的。殖民地之所以能够保持相对廉价的劳动力成本，部分是通过武力（如种植园中）、奴隶制以及其他形式的劳动力控制（如契约制）来实现的，这阻碍了自由雇佣劳动者的出现，而自由雇佣劳动者正是西方产业工人的原型。因此，旧的国际劳动分工意味着从殖民地和前殖民地进口由廉价劳动力生产的廉价原材料，然后在宗主国由昂贵的劳动力生产工业产品，当然，这些昂贵劳动力也有购买力来购买这些商品。由于工资低，殖民地工人的购买力也很低。正如我们所了解到的，这种关系导致工业化国家的财富不断增加，工人的工资要求也越来越高。换言之，在剥削殖民地及其工人的财富积累中，工业化国家的工人也占有一席之地。但是在殖民地工人方面，旧的国际劳动分工带来的是不断恶化的贫困与落后状况。

然而在20世纪70年代，欧洲、美国和日本各自内部公司和跨国公司的管理者们都已经意识到，第二次世界大战结束后的繁荣期已经结束，持续的经济增长也已经结束，尽管这种增长曾经被作为理所当然的信条向工业国的人民广泛宣扬。现在他们担心，如果经济衰退不仅是一次暂时性危机，而是意味着整个资本主义世界经济时代的结束，那么这就可能诱发社会动荡。因此改变世界经济体系或国际分工，以使资本主义国家恢复持续性的经济增长，就变成了至关重要的事情。经济合作与发展组织（OECD）这个由西方工业国家组成的国际组织，制定了一个劳动密集型发展的新模式：生产过程转移到殖民地，也就是现在所说的发展中国家、第三世界国家等，整个工业工厂也转移到这些国家，第三世界的工人工资水平低，现在应该为西方国家的大众生产工业化的消费品。同时，发展中国家的农业也应该通过新的技术投入实现现代化，这样它也可以生产一些能够出口到富裕国家的产品（Fröbel et al., 1980）。

第三世界国家采取这种部分工业化的方式，并不意味着这些国家就能充分控制在自由贸易区、自由生产区或世界市场工厂中所建立的产业。重新安置在菲律宾、马来西亚、韩国、新加坡、墨西哥、斯里兰卡和泰国的工厂，大部分还是属于美国、德国和日本的跨国公司。尤其是这些生产过程仍然是劳动密集型的，尚未通过合理化的方式实现换挡升级。转移的行业主要是纺织和服装业、电子业和玩具业。工业从发达国家转移到欠发达国家，并不意味着后者的真正工业化。它只不过意味着关闭位于联邦德国、荷兰或美国的某个工厂，然后在东南亚、非洲或拉丁美洲重新开张。因此：

联邦德国市场上的裤子不再在门兴格拉德巴赫（Mönchen-gladbach）生产，而是由相应公司设在突尼斯的子公司生产……以前由位于斯图加特的一家联邦德国公司为联邦德国市场生产的喷油泵，现在部分由同一家公司在印度的一个生产点生产，两种方式殊途同归。电视机由中国台湾的另一家公司在同样的基础上生产；马来西亚的汽车无线电设备也是这样……中国香港的手表、新加坡和马来西亚的电子元器件，都是如此（Fröbel et al., 1980: 9–10）。

所谓的第三次技术革命，即以半导体和微处理器的发展为基础的计算机"革命"，主要是通过美国和日本的公司迁往东南亚，以及对亚洲女性的过度剥削而实现的，这些女性在这些电子工业中充当了80%的劳动力（Grossman, 1979；Fröbel et al., 1980）。

这个新的国际劳动分工产生了如下后果：

1. 工业化国家的工人失业率上升。由于许多搬迁的工厂，如纺织业和电子业的工厂主要雇用女性，这种失业对女性的影响比对男性的影响更大。

2. 发展中国家日益成为富国的消费品生产地，而富国则日益成为单纯的消费地。现在，生产和消费被世界市场分割到了一个前所未有的程度。

3. 发展中国家的出口导向型生产使其大部分劳动时间、原材料、技能和技术发展面向富国市场的需求，而不是面向欠发达国家人民的需求。

4. 工业化国家在生活必需品方面的市场需求日益饱和，因此，第三世界的工人越来越多地被迫为富国生产奢侈品（例如鲜花、手工艺品、高档食品和水果、娱乐设备等），或者为军事装备和其他诸如微处理器的高科技产品生产零部件。

5. 这些商品是在工资水平极低的国家生产的，因此它们可以在富国以相当低廉的价格出售，这样它们就可以成为大众消费品。以前是少数精英的绝对奢侈品的物品（例如兰花），现在普通工人也可以全年以低价购买。这意味着，尽管失业率上升、实际工资下降，但是新的国际劳动分工保证了富国的大众消费水平，这有助于防止爆发社会动荡。然而，也只有当这些国家能够保持一定水平的大众购买力时，这才有可能实现。到目前为止，西方资本主义国家已经具备了保持这一水平的能力。

只有在满足两个条件的情况下，新的国际劳动分工策略才能发挥作用：

1. 被迁移的工业、农业企业和其他出口型企业，必须能够在欠发达国家找到最便宜、最温顺、最容易操纵的工人，以便尽可能地降低生产成本。

2. 这些公司必须动员富裕国家的消费者，购买第三世界国家生产的所有物品。在这两项战略中，对女性的动员都发挥了重要作用。

女性作为家庭主妇被纳入资本主义积累过程，除了这种常见于分析的融入方式之外，第三世界女性的工作也融入了全球市场经济，这主要发生在四个行业：

1. 大规模制造业。这个部门大多由自由生产区或世界市场工厂内的全球跨国企业拥有。这些行业主要包括电子、纺织品、服装以及玩具等。除了这些核心单元，通常还有许多小规模的辅助单元，要么是小作坊，要么是承包某些生产过程的家庭工厂（参见日本模式）。

2. 各种消费品的小规模制造业。从手工艺品制作、食品加工、服装制造到艺术品生产，这些部门通常被称为"非正规部门"，既存在于城市贫民窟，也存在于农村地区。这个部门的工作通常采取包工制；有时女性也会组成合作企业，以此避免产品销售环节的中间人剥削。这个部门的特点是，女性生产的产品在以往主要用于本社群消费，也就是说它们本来没有交换价值，只有使用价值；但随着这些产品进入外部市场体系，即使女性保持相同的生产形式（例如家庭生产），这些物品还是变成了商品，生产者也就变成了商品生产者。近年来人们特意做出了努力，将女性的这一工作领域与世界市场联系起来，这被看作第三世界贫困女性创收活动（income-generating activities）的重要战略。

3. 女性工作被纳入世界市场的第三个领域是农业。它包括：

a. 大规模的出口经济作物生产（例如草莓、花卉、蔬菜）。

b. 女性在种植园（茶叶、咖啡）的工作。

c. 女性在一些独立或依合同生产的农民小型组织中，从事无偿的"家庭劳动"工作。

d. 女性在出口导向的合作企业中，从事无偿的"家庭劳动"工作。

e. 女性在商业性的农业生产（大米、糖）中做临时工。

所有第三世界的国家和地区都被纳入全球市场体系，在这种新战略的影响下，劳动的性别分工发生了变化，男人可以获得金钱、新技能、技术、雇佣劳动和生产性财产。尽管在许多情况下（例如在非洲），女性仍然在生计生产中发挥最为关键的作用，但是她们越来越多地被定义为"受扶养人"，也就是家庭主妇。

4. 近年来，女性在第四个领域的工作变得越来越重要：在旅游业和性产业中，女性（尤其是亚洲和非洲女性）为欧洲、美国和日本的男子服务。

新的国际劳动分工与上述地区以及世界范围内劳动性别分工的运作之间，具有怎样的相互关系？尽管对这个问题进行系统研究很有意义，但我认为，就这项研究的目的而言，分析几个典型的案例就足够了。"发展"对第三世界的女性有哪些影响？得益于近年来所做的工作，我们现在拥有足够的经验证据，能够确定有关这一问题的主要趋势[1]。但是，在我讨论这些更具体的例子之前，我们不妨问问自己，为什么在突然间，女性，而且是第三世界的贫困女性，被国际资本重新发现了？（正如我们所看到的那样，她们在殖民主义的早期阶段就已经被发现过了。）如果人们相信在20

---

[1] 国际劳工组织的全球就业项目资助了一系列关于第三世界女性及其工作的论文和出版物，其中包含了大量欠发达国家贫困女性状况的实际信息。

世纪 70 年代，特别是在 1975 年墨西哥国际妇女大会之后发表的许多关于需要"将妇女纳入发展"的官方声明，人们可能就会认为，资本主义父权制的内核确实发生了变化。但是，如果我们还记得从 16 世纪开始一直延续至今的对女性的冷嘲热讽，那么对于今天殖民地女性所获得的关注，我们就必须追究几个更深层次的原因。

为什么是女性？

我提出以下几个论点，指导我们寻找上述问题的答案。

1. 与人们普遍认为的情况相反，是女性而不是男性，成为世界范围内资本主义（和社会主义）积累过程中的最佳劳动力。虽然情况一直如此，但在世界经济发展的这个阶段，这一事实被公开地纳入国家和国际规划者的经济战略当中了。

2. 女性是最佳劳动力，因为她们现在被普遍定义为"家庭主妇"，而不是工人。这意味着，无论是在使用价值方面还是在商品生产方面，她们的工作都被掩盖了。这些工作不属于"自由雇佣劳动"，而是被定义为"创收活动"，因此女性劳动力的价格要远低于男性劳动力。

3. 此外，通过将女性普遍定义为家庭主妇，不仅有可能使她们的劳动变得廉价，而且有可能控制她们的政治和意识形态。家庭主妇是原子化和孤立的，她们的工作组织形态使她们很难意识到共同利益和整个生产过程。她们的视野仍然受到家庭的限制。对于这些家庭主妇化的女性，工会也不怎么关注。

4. 由于对女性的兴趣，特别是对作为最佳劳动力的殖民地女性的兴趣，我们并没有去观察"自由"无产者作为典型劳动者的一般趋势，而是去观察被边缘化、家庭主妇化、不自由的劳动者，其中大部分是女性。

5. 这种趋势的基础是劳动性别分工和国际劳动分工的日益趋同；男性被定义为"自由"的雇佣劳动者，女性被定义为非自由的家庭主妇，进而形成了男女之间的分工。与此同时，在生产者（主要在殖民地和乡村）和消费者（主要在富裕国家或城市）之间，也形成了劳动分工。在这种劳动分工当中，同样存在女性之间的划分——殖民地女性主要承担生产者的角色，西方国家的女性主要承担消费者的角色。

6. 西方超市中的商品过剩并不像大多数人认为的那样，是工业化国家的工作与工人提高"生产力"的结果。事实上，这种"生产力"本身就是对殖民地，特别是对那里的女性，进行剥削和过度剥削的产物。

如果我们问，是谁构成了今天第三世界国家的劳动力，那么后面这点就尤其正确。对于女性工作的广泛领域（例如"非正规部门"），虽然我们没有涵盖全部的统计数据，但仍然有足够的证据可以表明，当今世界上三分之二的劳动是由女性完成的（联合国妇女大会，哥本哈根，1980）。在东南亚、非洲和拉丁美洲的自由生产区，超过 70% 的劳动力是女性。正如弗勒贝尔和他的同事们所发现的那样，大多数是 14 岁至 24 岁的年轻女性。她们在装配线上从事实际的生产过程，而这些行业中为数不多的男性大多是监督员（Pröbel et al., 1977: 529-530）。

如果把在自由生产区工作的年轻女性人数，加上那些在以出口为导向的农业企业、非正规部门、家庭工业中工作的女性人数，那么我们就会注意到，第三世界国家的女性劳动力中，有很大一部分是在为富国的市场生产商品。我们还需要将非洲和亚洲的数亿女性包括在内，她们从事大部分的农业艰苦工作，其中既包括维持生计的工作，也包括经济作物的生产，当然还包括种植园中的活计。

但是对国际资本而言，是什么让第三世界的女性在工人身份方面比男性更有吸引力呢？雷切尔·格罗斯曼（Rachael Grossman）和其他人的研究发现，南亚和东南亚的女性被认为是最温顺的、最易操纵的劳动力，而且她们还显示出非常高的劳动生产率（1979）。大多数想要吸引外国投资者的政府都会为这些低薪女性的"心灵手巧"打广告，这很有吸引力。下面是马来西亚政府的一个广告：

> 东方女性的手工灵活性举世闻名。她们的手小巧玲珑，工作时小心翼翼。因此，在天性和遗传特征上，若论为台式装配生产线的效率做贡献，有谁能比东方女孩更有资格呢？

（Grossman，1979：8）

　　美国半导体公司英特尔在马来西亚的人事官员说："我们雇用女孩，因为她们没那么有活力，更有纪律性，更好控制。"（Grossman，1979：2）海地第三世界投资局为了吸引德国投资者，发布了一则广告，展示了一位美丽的海地女性，广告上写道："现在你的马克可以得到更多的劳动力。只需 1 美元，她就能为你愉快地工作 8 小时，她那成百上千的朋友也是如此。"（Pröbel et al.，1977：528；译自 M. M.）

　　这类广告中的性别歧视相当明显。给人们的印象是这些政府像皮条客一样，把本国的年轻女性提供给外国资本。事实上，卖淫不仅是旅游业的一部分，也是第三世界国家商业企业规划的一部分。

　　我们不可能注意不到，新的国际劳动分工所处的"情色环境"，但如果我们想了解对第三世界国家女性的新兴趣是否建立在系统战略的基础上，那么更仔细地研究国际组织推动的各种项目和方案将大有裨益，这些项目和方案一般都被置于"将妇女纳入发展"的标题之下。

　　几乎就在将这种新的国际劳动分工制定出来并付诸实施的同时，全世界也都意识到了"将妇女纳入发展"的必要性。早在1970 年，埃丝特·博瑟鲁普（Esther Boserup）就已经发现，无论第三世界的国家如何发展，女性都并没有从中受益。1975 年在墨西哥举行联合国妇女大会，各国政府为会议准备的关于女性地位的报告证实了她的发现。人们意识到，大多数第三世界国家甚至第一世界的国家中，在政治、就业、教育、健康、法律等各个领域，女性的地位都有所下降。因此，这次会议提出的《世界行动计划》要求各国政府做出重大努力，纠正这个下降的趋势，将妇女纳入发展。此后，联合国组织、世界银行、非政府组织都开始谈论妇女问题，并在工作方案中加入了关于妇女和发展的章节。我们可以认为这是男性发展规划者的真正改变吗？在过去这么多年里，他们一直在遗忘女性，现在他们真的对女性解放感兴趣了吗？他们当时和目前所说的"将妇女纳入发展"又是什么意思呢？

首先我们不能忘记，女性也曾被纳入旧的发展战略。她们作为农场工人、工厂工人、家庭主妇的无偿或低薪劳动，也是发展中国家所谓现代化的基础。但这种劳动是无形的，它提供了大量的生存基础，在此基础上才能出现男性的雇佣劳动。它补贴了男性工资（Deere，1976）。但现在的所指已有所转移。在大多数情况下，"将妇女纳入发展"意味着让女性从事一些所谓的创收活动，也就是进入市场导向的生产环节。这并不意味着女性应该扩大生计生产，或是应该为了自己努力获得更多的土地控制权，生产更多供应给自己的消费品、更多的食物和衣服等等。这一战略中的收入是指货币收入。只有当女性生产的东西可以在市场上出售时，才能产生货币收入。由于第三世界贫困女性的购买力很低，她们必须为有购买力的人生产东西，而这些人生活在所在国家的城市里，或者生活在西方国家。这意味着，"将妇女的工作纳入发展"的战略相当于出口导向或市场导向的生产方式。第三世界的贫穷女性所生产的并不是她们自己需要的东西，而是别人可以购买的东西。

这一战略的另一个特点是，它并没有把第三世界的女性定义为工人，而是定义为家庭主妇。她们所做的事情不被定义为工作，而是一种"活动"。将家庭主妇这一意识形态加以普遍化，将核心家庭模式塑造为进步的标志，通过这种方式，就可以将女性所做的所有工作定义为补充性工作——无论这些工作是正式的还是非正式的，也就可以将她的收入定义为丈夫（所谓的主要"养家糊口者"）的补充性收入。这种家庭主妇化的经济逻辑极大地降低了劳动成本。这就是当前国际资本及其代言人对女性如此感兴趣的原因之一。

正如我们所看到的，这一战略在 19 世纪和 20 世纪的欧洲和美国率先实施。家庭主妇化是建立"自由"无产者的必要补充。但是在欧洲和美国，由于对殖民地的剥削，许多工人可以养得起一个"不工作"的家庭主妇，而第三世界的广大男性永远不可能在家里供养一个"不工作"的家庭主妇。因此，女性的创收战略是建立在女性的特定形象*之上的，而这种特定的形象在第三世界

---

* 即不工作的家庭主妇。

的大多数女性当中并没有经验基础。在加勒比地区，超过三分之一家庭的顶梁柱并不是男性（参见 Reddock，1984）。新近研究表明，由女性担任户主、撑天架梁的家庭数量正在增加，特别是在亚非拉地区的农村（Youssef/Hetler，1984）。这一现象的原因包括：为出口而生产经济作物的趋势，农业机械化，穷人的土地越来越少以及土地所有权制度的变化。男人们要么迁移到城市中寻找雇佣性工作，要么进入经济作物生产等报酬更高的领域，他们的妻子和家庭就被留在身后。众所周知，那些移居到城市或其他国家的男子离家时间有时会长达二十年（Obbo，1980），他们往往部分或完全抛下了作为家庭顶梁柱的责任，特别是在非洲，被外迁的男性"落下的"农村女性已成为：

> 农村家庭的主要（如果不是唯一的话）支持者（马里、加纳、巴西、多哥、利比里亚、尼日利亚、斯威士兰和乌干达部分地区）。由于无法依靠丈夫的收入，这些女性不得不从事经济作物种植或贸易，以支付土地税和农业劳动成本（Handwerker，1974；Carr，1980；Obbo，1980；Ahmad and Loutfi，1981）。
>
> 约鲁巴族的女性抱怨说，她们收到的汇款不足。在莱索托，所有女户主中只有 50% 可以获得汇款（Youssef/Hetler，1984：44-45）。

这些发现表明第三世界国家的女性，特别是受现代化进程影响的农村地区的女性，正日益成为事实上的"养家糊口者"和一家之主。但在法律上和普遍意识形态中，她们依然被定义为受扶养的家庭主妇，而她们的丈夫则是户主、顶梁柱，这一现实并没有改变。恰好相反，"自由"的雇佣劳动者或"自由"的生产资料所有者和他的依赖性家庭主妇，催生这一对资本主义经典伴侣的物质基础在第三世界国家被破坏得越多，这一事实反而在宣传和推广中变得越来越模糊。事实上，它是结构和意识形态的核心，发展方案和发展计划都是围绕这一点展开。资本主义的劳动性别分工凝结为这种著名的伴侣关系，这种劳动性别分工使女性在各种创收活动中不能被定义为雇佣劳动者以获得报酬，尽管她们为市场生产了商品。另一方面，在土地改革中，她们也没有获得独立和合法的土地所有权，无法获得其他生产性财产；在合作社中，她们往往只是男性成员的附属品，自己不能成为合作社的独立成员（v. Werlhof，1983）。这种将女性认定为家庭主妇的把戏，并不是新型国际劳动分工的偶然副产品，而是其顺利运作的必要前提。它使世界市场上很大一部分被剥削和过度剥削的劳动变得不可见；它为低工资辩护；阻止女性组织起来；使她们保持原子化；把她们的注意力集中在性别化和父权制下的女性形象上，即由男人支持的"真正的"家庭主妇——对大多数女性来说，这不仅不现实，对女性解放也有破坏性。

第三世界的大多数女性成为"真正的"家庭主妇的机会越小，

当前所有媒体宣传和传播的意识形态攻势——使"现代的、进步的"和"好的"女性形象普遍化——就越大。

作为"养育者"和消费者的女性

"坏"女人

动员贫穷、廉价、温顺、灵巧、服从的第三世界女性从事出口型生产，这种策略只是全球劳动分工的一个侧面。正如我们之前所说的，只是以最低成本生产这些商品是不够的，这些商品还必须能卖出去。西方和日本公司的市场策略在第三世界国家以出口为导向的生产中蓬勃发展，西方女性也在这些策略中发挥了关键作用，但这次不是作为生产者，而是作为消费者，作为家庭主妇、母亲和性客体。

作为生产者，欧洲和美国的女性是最早失业的人，这是新的国际劳动分工的结果。她们失去了在纺织业和电器业的工作。当荷兰艾恩德霍芬（Eindhoven）的飞利浦公司为了在第三世界国家重开工厂而关闭本国工厂时，成千上万的女性失去了工作。她们被送回自家厨房，理由是她们应该声援需要工作的第三世界女性。而在荷兰，丈夫的收入很高，女性可以待在家里，利用时间更好地照顾孩子。同时，同样的跨国公司不断动员女性购买他们生产的商品。电视的大量普及和有线电视的引入，主要目的就是扩大广告范围。大多数广告假定的消费者就是女性，或者广告本身就暗示性别象征是女性最重要的要素。在这种情况下，我们看到，新的国际劳动分工将世界划分为生产者和消费者，同时也从国际和阶级上将女性划分为生产者和消费者。这种关系的结构如下所述：第三世界的女性在客观上（而不是在主观上）与第一世界的女性相联系，联系的渠道就在于前者生产商品，后者购买商品。这是一种矛盾关系，而且地球上的这两个行为体对彼此都一无所知。南亚和东南亚的女性几乎不知道她们在生产什么，也不知道她们在为谁生产。另一方面，西方的家庭主妇也完全不知道她们所购买的东西是在何种女性劳动、工作条件和工资待遇的情况下生产的。如何以最低价格买到这些东西，她们只对这件事情感兴趣。她们和西方国家的大多数人一样，把超市里的产品过剩归功于西方工人的"生产力"。我们必须讨论这样一个问题：这种将全世界的女性分为工人和家庭主妇的矛盾策略是否有助于女性解放？有人认为，这种策略给第三世界女性提供了工作机会，给西方女性/家庭主妇提供了廉价商品。因此，两者应该都是幸福的。但是，如果我们更仔细地观察这一策略的后果，可能就会得出不一样的结论，即对一组女性的奴役和剥削是对另一组女性进行不同类型奴役的基础。一个是另一个的条件，也是另一个的结果。

作为生产者的女性与作为母亲和消费者的女性，两者之间的划分还有另一个层面，这一层面在新的国际劳动分工战略中起着重要的作用（如果不是最重要的话）。富裕工业国家的女性越来越多地被排挤出"正规部门"，越来越频繁地被提醒，操持家庭、为丈夫和孩子做"再生产工作"以及消费工作是她们的"天然"命运，而作为消费者和生育者的第三世界女性是非常不受欢迎的，甚至被认为是可以牺牲的。事实上，如果看看西方政府，特别是美国、联合国组织以及自20世纪60年代末以来出现的非政府组织的声明，我们就会看到，第三世界女性作为潜在的"养育者"和消费者，被看作整个世界最严重的威胁之一。

邦妮·马斯（Bonnie Mass）指出，《联合国人口宣言》一直都被断章取义，用来传达"人口过剩是当今世界最大问题"这一观念（1976）。在1969年，美国国务院的一位发言人引用联合国的说法时就写道：

> 这是联合国和当今世界面临的最大挑战。一个快速增长的饥饿世界将人们引入绝望和暴力，一个可能的美好世界是每个人都能在充足的条件下有尊严、有发展地活着。这个时代，解决两者之间的矛盾需要付出极大的努力和奉献（引自Mass, 1976: 7）。

正如邦妮·马斯所表明的，将殖民地国家的贫困和饥饿归咎于穷人本身的新马尔萨斯战略，是由法人资本主义和帝国主义的支柱系统地制定的。首先是洛克菲勒基金会、美国国务院和美国国际开发署，然后是世界银行，它们将这一战略兜售给大量第三世界国家的政府，实际上也同时兜售给了所有西方国家政府。

在 1968 年，世界银行就指出：

> 人口快速增长已成为许多成员国社会和经济发展所面临
> 的主要障碍，所有这些活动（如计划生育）都是出于世界银
> 行对这个问题的关注而产生的。计划生育项目比传统的发展
> 项目成本更低，所涉及的支出模式通常也迥然有别。同时，
> 我们意识到这样一个事实，如果这类计划能够成功，那么将
> 产生非常高的经济回报（E. K. Hawkins, 1968）。

最后，联合国各组织都被成功说服，认为"人口爆炸"是落
后国家的头号问题，计划生育方案必须嵌入到其他各项行动当
中，甚至国际劳工组织也开始将计划生育引入针对欠发达国家的
发展政策当中。从 1970 年到 1979 年，国际劳工组织用于人口活
动的年度支出（由联合国人口活动基金会资助）从 60 217 美元上
升到了 4 500 000 美元（国际劳工组织理事会声明，GB 211/OP/31
1979）。非常明显的是，国际劳工组织过去的关注焦点是生产领域
中的劳动力，只有当人口控制成为一个优先任务时，这个组织才
开始对"家庭"和作为"劳动力生产者"的女性感兴趣，他们对
"作为人"的女性并不关心。尽管整个政策被委婉地包装成"计划
生育"甚至"家庭福利"，但从一开始，这个政策就把女性作为研
究和政策措施的主要目标群体。

1974 年布加勒斯特联合国人口会议之后，特别是在 1975 年墨西哥联合国世界妇女大会之后，这种对女性及其"地位"的关注在一些政策声明中就变得相当明确了。1975 年，世界银行提出：

> 承认和支持女性在发展中发挥作用，这很有必要。对世界银行自身及其成员国政府而言，这是非常重要的问题。世界银行希望越来越多地参与各国政府的行动，将发展的利益扩大到所有人口，无论男女，以此确保世界上如此大比例的人力资源能被充分利用（世界银行，1975）。

世界银行对申请贷款的政府施加压力，要求它们采取具体的社会和经济行动来降低生育率，并在社会、经济和政治上提高女性地位（McNamara，1977）。然而，在具体的政策措施中，"提高女性地位"主要是指教育女性，以提高她们的生产力，提升她们对避孕药具的了解和接受节育措施的意愿。

尽管看起来有点矛盾，但这两个目标并不冲突，它们是同一战略的一部分，即"将贫困女性未充分利用的生产力纳入全球资本积累过程"。这一战略只对第三世界贫困女性的"生产者"身份感兴趣，对她们的"消费者"和"养育者"身份并不在意。

通过信贷，第三世界贫困女性的工作得以和世界市场的需求相联系，这并不是为了满足她们自己的需要。为了偿还从各种发展计划中获得的信贷，她们不得不出售自己生产的本可供自己消费的物品（Bennholdt-Thomsen，1980：36），或者不得不生产对自己没有使用价值的东西，而这些东西往往是国际市场的奢侈品。

所有旨在将女性纳入发展的计划，对增加穷人的消费资金都不怎么感兴趣，它们只关心市场产出的增加，因此减少贫穷的消费者成为这一战略必要的"侧面"。

在资本积累下，当贫困女性的生产性工作处于从属地位，被定义为创收活动，也就是作为"家庭主妇"的补充工作而遭到掩盖时，她们的"创造行为"却被推到了整个世界的聚光灯下。将第三世界女性纳入发展的言论恰恰意味着：将女性定义为家庭主妇而不是工人（Mies，1982），强调她们的行为"养育"了非必要的消费者，以此来模糊她们作为资本生产者的工作。

将亚非拉地区用于人口研究和人口控制的费用与用于促进第三世界女性创收活动的费用进行比较，可能就会发现，前者远远超过后者。实际上，正如印度人口学家阿肖克·米特拉（Ashok Mitra）的观点，在新国际劳动分工的现代化战略中，第三世界的女性已经成为：

> 作为消费者和生育者的一种可消耗商品。在独立后的三十年里，印度女性越来越成为一种可消耗的商品，在人口学和经济学意义上都是如此。从人口学角度看，女性越来越多地滑向再生产功能。当这些功能实现后，她就成了消耗品。在经济上，她被无情地挤出了生产领域，沦为不受欢迎的消

费单位（Mitra，1977）。

然而，米特拉没有看到的是，"被挤出生产领域"并不意味着现在女性的工作对资本积累就没有意义。恰好相反，把女性从"工人队伍"中排挤出去，把她们变成所谓的"小创业者"、所谓非正规部门的"家庭主妇"，这才使得无限制的剥削和过度剥削成为可能。如果在这个过度剥削的过程中，她们自己和她们的孩子被摧毁，也没什么大不了的，因为在很多人看来，这些女性的养育者和消费者身份是对全球体系的威胁。即使是考虑到"有效利用她们的能力"这一战略（世界银行，1975），对女性的需求也不见得有多旺盛，更何况现在的高科技使得越来越多的人类劳动力成了多余之物。

这个结论是否太过刺耳？

如果我们看看印度、孟加拉国、新加坡等国家在"计划生育"的名义下使用的策略、方法和技术，就会不由自主地认识到破坏性的倾向，这是客观存在的。第三世界的女性（尤其是印度和孟加拉国的女性）成了跨国制药企业的小白鼠，被毫不顾忌地用来测试一些危险的避孕药具和避孕方法，例如羊膜穿刺术（amniocentesis）[1]，以及像醋酸甲羟孕酮（Depoprovera）这样的避

---

[1]　几年前，在一些印度女性身上进行了羊膜穿刺试验。在印度，羊膜穿刺术主要是作为一种确定胎儿性别的测试。现在，一些私人诊所提供这项服务，主要目的就是在测试后堕掉女性胎儿（参见 Balasubrahmanyan，1982；Patel，1984）。

孕药，这款药因其致癌性在美国被禁用，却被大量倾销到一些第三世界国家[1]。孟加拉国政府不仅允许在其领土上进行各种科学实验，而且还从西方制药企业购买大量的避孕药具（Minkin，1979）。在这一切现象中，在冲抵人口增长的国际战争中，一些科学武官不仅主张采取强制措施，而且还公开使用这些强制措施。他们强化父权或性别歧视的态度昭然若揭。早在 1968 年，在与主张强制措施的金尔西·戴维斯（Kinglsey Davis）的争论中，威廉·麦克尔罗伊（William McElroy）就说道："在大多数社会中，男婴比女婴更受欢迎，如果第一胎是男婴，那么生育更多后代的动机就会减少。"（引自 Mass，1975：22）1973 年，生物学家波斯特盖特（John Postgate）更进一步，主张将人为性别选择作为人口控制的一种方法。维马尔·巴拉苏布拉曼扬（Vimal Balasubrahmanyan）

---

[1]　为了反对在欠发达国家倾销醋酸甲羟孕酮这款避孕药，女权主义者提出了抗议，尽管抗议未能奏效，但普强（Upjohn）这家美国公司却因此背上了恶名。同时，德国先灵公司（Schering）在西柏林开发了一种新的可注射的激素类避孕药 NET-EN（庚酸炔诺酮），这款药在印度正被广泛宣传。德国联邦卫生局限制使用注射式避孕药，但先灵公司在印度的子公司德国药品（German Remedies）正在向印度药物管制委员会申请许可证，以便在印度大规模生产 NET-EN（参见 Mona Daswani，1985）。

此外，正如莫娜·达斯瓦尼所观察到的，印度医学研究理事会的研究人员在印度女性身上测试 NET-EN 和其他危险的避孕药。在许多情况下，这些女性甚至不知道她们正被用作研究的小白鼠。世界卫生组织好像是研究激素类避孕药的主要力量。印度医学研究理事会的研究资金主要来自世界卫生组织。印度女权主义团体已经开始了一场运动，呼吁禁止注射式避孕药，尤其是反对 NET-EN 这款药。这款药有未知的副作用，而且它将进一步弱化女性对自己身体的控制（Daswani，1985）。

还专门提到了像波斯特盖特这样的人所宣传的男性乌托邦：

> 波斯特盖特认为，在"需求最迫切的国家"，生育控制的
> 作用寥寥，"战争、疾病、合法杀婴和安乐死等控制人口的替
> 代方法也不适用，因为它们不可选择、不能被接受、不能迅
> 速生效，也不够持久"。他建议，"生育男性是唯一符合上述
> 所有标准的解决方案"。无数人都会抓住机会生育男性（特别
> 是在第三世界），这不需要强迫甚至不需要宣传鼓励，只需要
> 用成功的实例证明即可（Balasubrahmanyan，1982：1725）。

同时，随着性别选择技术、羊膜穿刺术和超声波扫描仪的发
展，"生育男性"的前景已经成为现实，印度如此，在中国的影响
甚至更为深远。在印度，阿姆利则（Amritsar）的一些聪明医生利
用印度父母对男性后代的偏好，做着一桩"好买卖"，通过羊膜穿
刺术确定性别后，他们帮着打掉女胎。直到类似的事情被公之于
众，这种做法才成为一个公共话题。在广告中这些医生们说，他
们既做性别预选，也做堕女胎。正如巴拉苏布拉曼扬所担心的那
样，在印度的许多女性团体提出抗议后，这种做法并未消亡，特
别是当超声扫描技术被普遍使用时，这种做法将会以更加隐蔽的
方式继续存在下去。

1984 年夏天我在印度访问，其间我了解到，在马哈拉施特
拉邦的农村，许多低种姓人群和穷人也已经开始性别选择并堕

女胎了。

"生育男性"可能并不是政府刻意追求的，但正如伊丽莎白·克罗尔（Elisabeth Croll）和其他人士所表明的，这是促进小农的私人土地所有权、延续父系地方婚姻和家庭模式，以及国家的独生子女政策之间矛盾关系的必然结果。那些仍然需要"养儿防老"的农民希望有儿子，因为儿子们能够继承家族土地并留在村里。女儿则需要嫁到其他家庭和村庄。因此，女儿是不受欢迎的。政府对独生子女家庭的奖励政策使这种情况更加严重：如果农民生的是儿子，他们就会得到更多的私人土地；如果城市居民生的是儿子，就会享受到更多的住房，更多的教育和医疗设施，更多的现代化设备。

那些得到最多土地的人，在土地上工作的家庭劳动力最少。这种矛盾与政府的强制措施相结合，与政党完全控制下的激励和抑制制度相互作用，再加上日益强化的新父权主义的主观态度和人际关系，使女性面临来自各方面的压力，以至于堕女胎上升到惊人的程度（Croll, 1983：100）。

当西方媒体首次报道这些进展时，许多地方都能听到愤慨的呼声。但是，现在对上述政策提出谴责的人，往往也是多年来赞同"人口增长是第三世界国家贫困原因"这一论点的人，他们主张采取更严格的措施来降低出生率。

"好"女人

掩盖和突显之间的辩证法还有另外一个层面，但是到目前为止，这被完全排除在关于女性和发展的讨论之外。这个层面就是家庭主妇在发达国家和阶级中所扮演的角色。

在这里，女性的母亲身份和消费者身份被再次突显，而生产者身份被掩盖。在第三世界国家，这是非常不可取的，但资本积累国家和资本积累阶级的所有政策都认为，对"他们的"女性来说，这是非常可取的。第一世界的女性必须用一切手段繁殖比现在更多的（白人）孩子，必须用一切手段为她们的家人、孩子、家务和作为性客体的自己购买更多的货物和商品。

对"他们的"女性和"我们的"女性所采取的矛盾评估，背后的逻辑与我们在殖民主义早期阶段所观察到的一样。资本需要殖民地女性充当最廉价的生产者，因此她们不能被视为"自由工人"。但是为了销售这些商品，又需要宗主国女性充当专门的消费者，因为没有人消费或购买商品，就没有资本的实现！动员女性履行消费者职责，已经成为工业化国家中资本的主要战略之一。因此，"消费工作"（Bridges and Weinbaum，1978）在富裕国家正在大量增加，并且越来越多地占用了有偿工作女性和无偿工作女性的"自由"时间。由于超发达国家的大多数人都被捆绑在市场上以满足基本需求，如果他们想生存，就不得不做这种消费工作。随着计算机和机器人大规模地替代人类劳动，这种消费工作将进一步增加。几年前，家庭主妇必须跑遍超市，选择商品，比较价格，在现金柜台付账，把商品搬回家，打开所有的包装，储存所有的东西，丢掉包装等等。而现在，她必须自己把商品装进袋子里称重，把价格输入电脑，在商品上贴上价格标签，然后才能在柜台付款。在这样的超市里，几乎没有服务人员。除了柜台收银员向顾客收钱之外，所有必要的工作都由消费者自己完成。当每个人都必须用信用卡或通过家用电脑网络购物时，即使是像收银员这样的角色也可能被取消。

　　正如我们前面指出的，国际资本为了降低生产成本，在欠发达国家重新发现了女性。与此同时，为了扩大商品需求，国际资本又在资本主义中心重新发现了女性。过去在许多国家，越来越多的社会化服务（健康、教育、信息、交通等方面）由国家福利支付，但是现在又重新私有化了。这种私有化意味着以后女性作为家庭主妇的工作将大大增加。正如雅克·阿塔利（Jaques Attali）所说，创造足够多的消费者越来越成为消费者自己的工作。新的商品需要一种特殊类型的消费者，而新的技术（特别是微电子技术）在事实上操纵、创造这种新的消费者（Attali，1979）。这种技术越是进入私人家庭，资本对个人消费者，特别是对女性的控制就越严格。在未来，那些工厂和办公室里"被挤出生产领域"的女性，会发现自己将在家庭电脑前，按照传统的包工制度，继续为那些把她们挤出去的公司或他人从事电子家庭劳动。因此，越来越多的"自由雇佣劳动"被转化为非自由的家庭劳动，而"自由"的消费者越来越多地被迫进入一个强制性结构之中，她/他不仅要购买商品，为了生存，她/他还要做比以前更多的消费工作。

　　到这个时候，家庭主妇，而非欠发达国家和超发达国家的

"自由无产者"，将是资本的最佳劳动力（v. Werlhof，1983）。西方的消费型家庭主妇必须做越来越多的无偿工作，以降低资本的实现成本，而殖民地的生产型家庭主妇同样也必须做越来越多的无偿工作，以降低生产成本。这两类女性受到操纵性意识形态的影响越来越大，她们以此获知"现代"女人，也就是"好"女人应该是什么样的。与此同时，她们还会更多地受到直接胁迫措施的影响，就生育控制而言，这在第三世界已经很明显了。

在"劳动力灵活化"的宣传口号下，女性为资本所做的生产性工作被掩盖，这种新策略得到了支持。正如前段时间发生在印度女性身上的那样，她们被挤出了正式部门。此外，在一系列非正式的、无组织的、不受保护的生产关系中，她们被重新整合到资本主义发展当中，从事一些兼职工作、合同工作、家庭工作，以及无偿的社区工作。分割了第三世界劳工的双重模式再次被逐渐引入工业化国家。因此我们可以说，当前第三世界女性融入资本主义发展的方式，同样是资本主义中心地带劳动力重组的模式。

但是在意识形态层面，越来越公开的种族主义论点掩盖了两类女性之间事实上的结构相似性。西方的消费型家庭主妇被鼓励消费更多的产品、养育更多的白人，殖民地的生产型家庭主妇则被鼓励生产更多、更便宜的产品，并停止养育更多的黑人。当前，我们在西方遇到的新一轮种族主义，最深层次的根源就在于这种矛盾，富国越来越多的边缘人担心他们会像第三世界国家的女性一样，成为牺牲品。

联系：一些例证

劳动性别分工与新的国际劳动分工之间，存在一种相互作用的普遍模式，这一点很清晰。但不太清晰的是，在消费型家庭主妇和生产型家庭主妇之间存在怎样的事实联系。这种不清晰主要是源于商品生产以及商品消费与生产间的分化所造成的神秘化。一旦商品到达消费者手中，后者就无法知晓商品中包含了哪些生产关系。因此，下文将通过几个例证来说明第一世界和第三世界的女性之间存在怎样的事实联系。尽管我们不应忘记，在第三世界和第一世界国家内部不同阶级的女性之间也存在着类似的联系，但目前我的关注点只限于前一种。在可能的范围内，我重点选择了那些联系程度比其他情况更为清晰的例证，包括：

a. 从事农业和乳业的女性。

b. 参与手工业生产的女性。

c. 电子行业中的女性。

d. 色情行业 / 旅游业中的女性。

人们可以增加一些例子，如哥伦比亚生产花卉的女性，南亚（印度、斯里兰卡）从事服装业的女性，或从事食品和鱼类生产的女性，但其中的关系和结构或多或少有相似性。我的讨论基于近年来进行的几项经验性研究的成果（Mies，1982，1984；Risseuw，1981；Grossman，1979；Phongpaichit，1982；v. Werlhof，1983；Mitra，1984）。

a. 农业中的女性

当女权主义者开始发现并分析家务劳动对资本积累的作用时，我们当中的一些人早在 1978 年就指出，西方家庭主妇的生产关系与亚非拉地区贫困农业生产者的生产关系在结构上具有相似性（参见 v. Werlhof，1978；Bennholdt-Thomsen，1981；Mies，1980）。

一般认为，两者的生产关系是"外在"于资本主义的。有时，一些正统的马克思主义学者将它们定性为"前资本主义的""半封建的""小资产阶级的"等等。但是仔细分析就会发现，正如我们所说，这些自给自足的生产者仍然构成资本扩大再生产的基础，具有隐蔽性、非雇佣性特征（参见 Bennholdt-Thomsen，1981）。

最初，我们沿着卡门·黛安娜·迪尔（Carmen Diana Deere）的分析，认为自给自足的农业生产者只是在补充那些迁移到城市或西方工业中心的人的工资（1978）。但是，随着世界银行实施"小农战略"（Small Peasants Strategy），人们清楚地看到，降低"真正的"无产者的工资成本，这一点只是各种生产关系环节之一，贫困的农民（特别是女农民）通过它被整合到资本积累过程中。在下文中我将描述两个例子，说明在农业生产中对女性的这种整合是如何发生的。一个典型的例子是印度女性农业劳动者和边缘农民（Mies，1984；Mitra，1984），另一个是委内瑞拉一个为农业企业生产甘蔗的示范合作社中的女性（v. Werlhof，1983）。

关于女性农业劳动者和边缘农民的研究是在印度南部安得拉邦的纳尔贡达区（Nalgonda District）进行的。目的是要了解以市场为导向的生产，在多大程度上影响了女性农业劳动者的工作和生活条件，她们在南印度的水稻生产区从事大部分工作。拉利塔、克里希纳·库马里（Krishna Kumari）和我本人在三个村庄进行了涵盖女性全部工作的田野调查。她们在住处和住处附近从事的工作包括打扫卫生，食品准备和加工，汲水和拾柴，照看水牛等；也包括她们在田里的工作，如种植水稻，除草和收割，加工烟草、辣椒、油籽等经济作物。

这项工作的形式以及明面上的生产关系并没有发生剧烈变化。自古以来，拥有土地的富农、中农都会雇佣这些女性做临时工或"苦力"，中农和富农就在这些苦力的帮助下耕种土地，而苦力一般来自"不可接触"的群体。但是这些生产关系的实质已经出现了显著差异。

地主和苦力之间不再是传统关系，以往苦力有权从事某些工作（例如清除死苗、给田地浇水、做鞋、女性在田地里做的所有移植和除草工作等等），他们有权获得一般为实物的固定报酬。但是现在，地主们不再觉得对这些人负有责任。由于穷人不断负债，地主们能够让这些群体的许多男子成为债役工。然而，女性在农业季节仍被雇为临时工。但她们既没有被当作传统的苦力，有权从事某些工作；也没有被当作"自由"的雇佣劳动者，像真正的无产者那样，拥有自由出售劳动力的契约式权利。事实上，她们被视为依赖他人的"家庭主妇"，她们的工作被认为是对家里"养家糊口者"工作的补充。但实际上，这些女性不仅做了所有的家务活，还做了大部分的农活：大约 80% 的农活是由她们完成的，她们构成了农村劳动力的主体。此外在许多情况下，她们是家庭真正的经济支柱，男人要么没有工作，要么已经迁到城市，没有寄钱回来。印度女性被挤出"生产性工作"或有偿就业的领域，近年来有很多文章关注到了这一趋势。这些研究大多是基于人口普查数据和其他统计资料，这些资料都将家务劳动定义为非工作[1]。由于所有女性都做家务，除了她们可能做的其他工作外，她们的很多工作都从统计数据中消失了，也就从公众的认知中消失了。然而我们的研究结果表明，印度农村女性的工作并不比以前更少，而是更多。事实上，男性似乎做的工作更少了，但他们做的是报酬更多、更有声望的现代工作（例如操作新机器）。现代化和资本主义发展剥夺了女工的传统权利，但没有赋予她们"无产者"的新权利。迫于自己和孩子的生存，她们大多不得不接受低于最低工资标准的薪酬，为了谋生而做各种活计。因此，女性不仅在绝对收入上越来越穷，而且在与男人相比的相对收入上也越来越穷。

即使是在贫困的地区，一部分农业生产过程也是面向经济作

---

[1]　1971 年印度人口普查对"工作"的定义如下：工作意味着"通过体力或脑力劳动参与任何经济生产活动"。对"非工作"的定义如下："主要从事家务劳动的男人或女人，如为自己的家庭做饭或承担自己的家务劳动。在一些机构上学的男孩或女孩，即使这些人在家庭经济活动中帮忙，如果不是全职工人，也不应看作工人。"（Census of India, 1971, pp. 240–242. Source: Ashok Mitra, Lalit Pathak, Shekhar Mukherji: *The Status of Women, Shifts in Occupational Participation 1961–1971*, New Delhi, 1980）

物、围绕市场展开的，而且这个过程还经历了一定程度的现代化。在此情况下，传统苦力阶层的女性被边缘化，变得贫困化。由于引进了电泵和其他机械，贫困地区的男人失去了工作。许多人离开了村庄，其他人则无所事事，女性往往不得不操持家庭生计。此外由于工厂产品的引入，村里的传统工匠群体基本上失业了，他们的女人也加入了农业劳动者的行列，与传统的女苦力竞争稀缺的工作机会，这进一步降低了她们的报酬。

在日益贫困的情况下，当地引入了一个小农发展计划，并在志愿组织的帮助下，将其扩展到贫困女性。除其他目标外[1]，这些方案还包括创收活动，以银行小额贷款为基础，购买水牛、山羊，开办小商店等。"水牛计划"是这套方案中最重要的项目。它不仅涉及最大的贷款金额，而且更直接地融入了资本主义的市场机制，因此这个项目也受到全面控制和监督。这些村庄的"水牛计划"是被称为"灌溉行动"（Operation Flood）的乳制品发展计划的一部分，通过该计划，印度的牛奶产量稳步提升[2]。这一计划也扩展到小农甚至是边缘农民。"受益人"获得了银行贷款，用

---

[1] 在蓬吉尔地区，志愿组织（CROSS）将贫困农民和无地劳工组织起来，在进行研究的过程中，该组织认为这个发展计划的主要目标之一是提高人们的自觉性。在这方面，他们利用夜校，并将保罗·弗莱雷（Paulo Freire）的方法本土化，以适应印度的环境。该组织还采取了开创性的措施，将农村贫困女性组织到一个名为"Sanghams"的独立妇女协会当中。

[2] 对"灌溉行动"的讨论和批判，参见 *Operation Flood: Development or Dependence?* Research Team, Centre of Education and Documentation, 4 Battery Street, Bombay 400 039, India, 1982。

来购买一头优质品种水牛。同时，他们也成为乳品合作协会的成员。他们把所有的牛奶送到牛奶中心，再由牛奶中心运到城里的乳品厂。偿还贷款的方式是银行直接从牛奶中心的牛奶款中扣除50%。因此，在还清贷款之前，实际生产者并不能直接控制牛奶款。

照料水牛的大部分工作是女性完成的。她们必须为水牛收集草料并运回家；她们必须喂养、清洗和挤奶。但牛奶的钱却是由男人收取的。对于边缘农民和无地劳动者来说，喂养水牛意味着女性必须步行数公里，到田地的边边角角或未开垦的土地上寻找草料等饲料。以前这些都是大家的共同财产，以往地主也允许他们的苦力在自己的田地上收集饲料。然而，在推行乳制品计划后，地主将所有生长在自家田里或周围的草都看作私有财产，想把这些草供给自己的牛群，或是想将这些草当成商品出售。如果贫困女性继续以传统方式割草，那么可能就会被指责为偷草，并经常遭到地主的殴打和骚扰。

下面是一位女性的叙述，可以说明贫困女性融入这种商品生产意味着什么。阿巴玛在两年前养了一头水牛。有两个月时间水牛产了五升牛奶，有两个月产了四升，还有两个月只产了两升。之后，因为怀了牛犊，水牛停止产奶了。结果小牛犊却夭折了。几乎有一年时间，水牛就不产奶了。阿巴玛的丈夫把牛奶带到牛奶中心收取牛奶钱。根据脂肪含量，平均每升牛奶得到1.5卢比。他们总共得到了990卢比的牛奶钱。其中，50%被扣除用于偿还贷款。因此，他们得到了 445 卢比 *。阿巴玛花了 76 卢比购买了混合饲料，用于在哺乳期喂养水牛。生小牛后，阿巴玛不再给水牛喂混合饲料，因为她支付不起这个费用了。由于自己的土地寥寥无几，他们不得不贷款买草。她又偿还了 150 卢比的贷款。丈夫在附近的集镇上做搬运工，而她不得不去做苦力，所以他们必须要雇人放牧。主要问题是在夏季，也就是 3 月至 6 月期间的水牛照料问题，因为那时是旱季，很干。在这几个月里，水牛不产奶，但必须给它们喂食。然而像阿巴玛这样的穷人，没有牛奶就没有钱买饲料。那么在这几个月里，他们要么忽视牲畜，要么不得不借更多的钱让牲畜活下去，直到雨季开始。在这几个月里，当地品种的水牛习惯于靠很少的饲料存活，还能不生病，但贫穷的农民不得不购买昂贵的杂交水牛，这些水牛在这几个月里往往活不下去。阿巴玛无法再贷款，也就难以在夏季继续喂养水牛了。

这个项目本来是为了补充她微薄的工资劳动收入，但是阿巴玛在水牛身上的额外工作换来了什么呢？在两年时间内，这头水牛提供了 6 个月的牛奶。在扣除 50% 的还款后，阿巴玛还剩下 445 卢比。在这笔钱中，她必须支付 76 卢比的混合饲料费和 150 卢比的草料贷款。带着水牛去放牧的男孩也得支付报酬，但她没有说支付了多少，估计这个放牛的男孩能得到 40 卢比。那么在这个乳制品计划中，阿巴玛获得的净收入为 445 卢比减去 266 卢比

---

* 原文数额如此。

后的 179 卢比。在两年的时间里，阿巴玛赚了 179 卢比。然而，她在这两年里生产的牛奶，在城里以每升 2.5 卢比的价格出售，990 升牛奶能卖 2 475 卢比。

如果将这一收入与花在饲养水牛和生产牛奶上的劳动时间相比较，那么我们就可以看到，这个被认为是帮助穷人的计划，与剥削女性农业劳动者相比并没有什么区别。在城市里销售牛奶所获得的利润并没有分配给实际的生产者，而是主要由国有的安得拉邦乳品公司和在城市里销售奶制品的各种私营公司占有了。作为一名农业劳动者，阿巴玛每天能得到 2.5 卢比。她每天工作 8 小时，这相当于每小时获得了 0.31 卢比。因此，作为商品生产者，阿巴玛受到的剥削是她作为雇佣劳动者的两倍以上（Mies，1984：176–177）。

最近有一项广泛研究，讨论"灌溉行动"对安得拉邦贫困和边缘女农民的影响，作者马诺希·米特拉（Manoshi Mitra）证实了这些观点。她发现，在无地和贫困农民中引入乳品业增加了女性的工作量，却没有让她们充分享受到劳动成果，也没有让她们获得加入和管理乳品业合作社的新途径。男性不仅占据了合作社中的所有有偿工作，而且他们还控制了乳业的收入。此外，生产牛奶的无地和贫困农民家庭的女性基本上不消费任何牛奶。这些女性为家庭保留的少量牛奶都被男人或男孩子喝掉了，女孩也几乎没有得到任何牛奶。她还发现，由于有了新的牛奶现金收入，通常掌控这一收入的男人不再去干农活了，他们以照看牲畜为借口到处闲逛（Mitra，1984）。

这些发现证实了维罗妮卡·本霍尔特-汤姆森关于"对穷人的投资"（Bennholdt-Thomsen，1980）的论点，通过发放信贷，资本对家庭主妇生产者实施控制。表面上旨在帮助贫困女性的发展计划，以及由此产生的"涓滴效应"，也进入了资本控制范围。他们还清楚地表明，这些计划加剧了男女之间的不平等，女性做了更多的工作，但只得到更少的收益。也就是说，这些计划还加剧了男女之间的两极分化。

另一面

印度贫困和无地女农民的工作和牛奶被"榨干"了，当然，按照奥威尔式的"新语"来说，这也算是一次"灌溉行动"，只不过灌溉的是城市，榨干的是农村和女性。在资本主义牛奶生产中，对印度贫困女性的过度剥削与欧洲共同市场的牛奶过剩是一体两面的关系。如果看不到这一点，那么对这个过程的分析会失于简单、残缺不全。英国、荷兰、德国或法国的家庭主妇可以选择数百种奶酪、酸奶和奶油等奶制品，她们与阿巴玛这样的女性有什么关系呢？普通的西方家庭主妇几乎不知道，在所谓的"灌溉行动"之前，印度乡村生产的牛奶也是在乡村消费的。现在，牛奶都出口到了城市。她们也不会知道对阿巴玛的剥削与欧洲共同市场内泛滥如海的牛奶、堆积成山的黄油之间有什么关系。然而这就是"灌溉行动"开始的原因。

1968 年，当欧洲经济委员会四处寻找倾销其剩余牛奶和黄油的地方时，他们发现了印度。起初，他们把剩余的牛奶和黄油作为礼物送给印度的乳品组织。这些组织将脱脂奶粉再造为牛奶和牛奶制品，出售给城市市场，从而赚取必要的资本用于印度乳品业的现代化发展。印度政府随后与世界粮农组织联系，从欧共体获得黄油和奶粉的捐赠。

"灌溉行动"最初的投资为 9.54 亿卢比（调整后的估计为 11.64 亿卢比），这是有史以来世界上最大的一个乳品发展计划。它承诺，通过复制古吉拉特邦阿南德的盖拉地区（Kaira District）牛奶生产者合作联盟有限公司的模式，创造一场"白色革命"，以农村生产的牛奶"灌溉"城市。扩建奶站、建立农村牛奶收集和冷藏中心、发展改良奶畜，以及组织牛奶生产者参加合作社，通过这些方式，人们希望能够实现"灌溉行动"的目标。城市将获得更多的牛奶，牛奶生产者将获得更多的收入。人们还希望通过这种方式，穷人最终也能得到更多的牛奶。但是现在很多人都承认，这种期望落空了。孟买、德里、马德拉斯*和加尔各答等四个大城市确实得到了更多的牛奶。但是大多数城市穷人买不起 2 卢比的牛奶，于是乳品厂将牛奶转化为其他食品，如雪糕、糖果或婴儿食品。因此，主要是中产阶级家庭主妇从"灌溉行动"中受益，她们可以获得昂贵的牛奶产品，农村或城市穷人与之无缘。

---

* 金奈（Chennai）的旧称。

印度的"灌溉行动"作为剩余牛奶的接收者发挥了重要作用，它维系了牛奶的持续过量生产，而这建立在以政府补贴价格从第三世界和美国进口饲料的基础上。欧洲奶农、欧洲跨国食品公司和欧洲政府在保持"灌溉行动"的发展和壮大方面都有着重要的利益，因为这有助于他们解决牛奶生产过剩的问题，否则就可能导致政治动荡。同时，牛奶过剩导致工业化生产的牛奶产品蜂拥上市，它们都在争夺欧洲家庭主妇的青睐。通过电视和其他广告，控制市场的跨国食品公司不断动员欧洲的家庭主妇购买更多牛奶产品。在将家庭主妇进一步宣传为母亲、消费者和性客体方面，这些跨国食品公司也有重大利益。

贫困和无地的女农民被纳入"灌溉行动"，这在作为生产者的贫困女性和印度城市、欧洲中产阶级家庭主妇之间建立了客观联系，前者消费不起牛奶，而后者会购买越来越多的高级牛奶产品。在这两组女性之间，不为人知的是大型跨国食品公司和牛饲料公司、政府以及一大批从这种安排中获利的其他公司。

为农业企业工作的女性

家庭主妇模式不仅在农村地区的非正规部门具有战略意义，在农业企业中最现代的部门也同样如此。克劳迪娅·冯·韦尔霍夫表明，在委内瑞拉，女性劳动不仅以小农无偿家庭劳动的形式被剥削，在现代大型甘蔗合作社中也同样被剥削（1983）。土地改革后，这些合作社由国家建立，在合同和信贷的基础上直接为农业企业生产。在亚拉奎州的库马里帕（Cumaripa）示范合作社，男性只有在成家之后，也就是能够用妻子和孩子的劳动代替自己的情况下，才能成为合作社成员。如果男人生病了，那么他们的妻子或儿子就必须代替工作。但女性不能成为合作社成员，她们只有通过婚姻才能进入合作社。这意味着她们被定义为家庭主妇，附属于男性户主。女性必须时刻准备着承担丈夫所做的所有工作，但她们又不具备丈夫的权利，甚至没有资格获得任何现金收入。在这种最现代的合作社中，女性的经济地位却是最差的。根据克劳迪娅·冯·韦尔霍夫的说法，在这种合作社中女性被定义为家庭主妇，成为一种随时可用甚至压根不需要支付报酬的储备劳动力。这种由国家推动的模式，保证了合作社中的男性可以利用女性的生产劳动为自己牟利，也保证了整个合作社的运行，最终保证了以合作社为基础的农业产业。

将女性的工作无形地融入经济作物的生产，除了这种做法之外，还可以通过农村社会工作者的帮助和对"家庭主妇"美德的宣扬，动员这些女性成为真正的家庭主妇，让她们改变饮食习惯、学习新的技能（如制作布娃娃），以便有效地利用所谓的闲暇时间，直接进入商品生产领域，补充家庭收入。这些女性的劳动完全被归入商品生产和资本积累的范畴，但仍然表现为家庭主妇的生计生产。克劳迪娅·冯·韦尔霍夫总结道："成为家庭主妇并不意味着不能成为商品生产者，而是说，她们以生计生产者的形式成为商品生产者。"(v. Werlhof, 1983:148;译自 M. M.)对资本而言,正是这种迷惑人的把戏使家庭主妇模式变得有利可图。

库马里帕模范合作社根据合同为农业企业生产甘蔗。我们不知道这种蔗糖最终以何种形式、通过怎样的途径进入世界市场,也不知道最终到达富裕国家或第三世界城市的消费者手中的最终产品是什么样。因此,我无法追踪美国或欧洲家庭主妇与委内瑞拉无报酬家庭主妇生产者之间可能存在的直接联系。追踪一个产品从初级生产者到最终消费者的路径的确很困难,许多通过农业企业进入世界市场的产品都是如此。对于外来水果和蔬菜,这可能还比较容易,但对于木薯、木薯粉、棕榈油、糖、花生等在动物饲料或食品生产中作为原料的经济作物,情况就变得完全模糊了。我们只能笼统地讲,利用女性的无偿劳动生产这些商品是西方市场上商品过剩的原因之一。

因此,第三世界国家家庭主妇的无偿劳动不仅被用来生产商品,供富裕国家的家庭主妇直接消费,而且还被用来生产原材料,供应其他商品甚至包括军用产品的生产。将糖转化为酒精以替代汽油就是其中的一个例证。

b. 手工艺品(蕾丝和椰壳纤维垫)生产中的女性

长期以来,手工艺品的生产一直是第三世界国家贫困的农村女性和城市女性"补充"微薄收入的一种策略,得到了大力宣传。这一策略以家庭工业为基础。女性利用在家里的"闲暇时间"从事这项工作。她们觉得自己是家庭主妇，而不是工人。这项工作通常是通过包工制度组织起来的。女性获得的计件工资远远低于农业劳动者的最低工资。在 19 世纪，讷尔萨布尔就有人从事这一行业，我们的研究发现，当前蕾丝生产女工的日工资大约为 0.58 卢比，工作时间为 8 小时。有十多万女性从事这一行业，但是在统计资料中，这些人并没有被统计到工人数量当中。她们的工作被定义为家庭主妇的休闲活动。

所有的蕾丝都出口到美国、欧洲、澳大利亚和南非。女性在家里压根就不会使用自己制作的蕾丝产品。她们甚至不知道这些东西的用途，因为根据劳动分工，一位女性不会做一整块，而只是做一个部件，她们称之为"花"。这个行业是由传教士在 19 世纪引入的，随着时间的推移，该地区出现了一些大的出口公司，通过剥削这些女性赚取了数百万卢比（Mies，1982）。

在硬币的另一面是工业化国家的进口商，当前主要是连锁超市，他们将第三世界的手工艺品纳入商品选项之中。在科隆的一家超市里，我发现来自讷尔萨布尔和中国的手工蕾丝，两者并排在一起，价格都相当低廉。这意味着现在工人阶级女性也有能力在家具上添加一些手工蕾丝，使她们的家能呈现出精致的资产阶级外观，以前在这种家庭里是没有这种奢侈品的。可以说，正是因为印度贫困农村女性以低于生活水准的工资生产这些商品，我们国家的工人阶级女性才可以负担得起以前只有资产阶级才有的生活方式。在地球两端的女性都被定义为家庭主妇的基础上，这种关系茁壮成长。

卡拉·里瑟（Carla Risseeuw）在斯里兰卡研究了一个类似案例（1981）。斯里兰卡鼓励女性制作用于出口的椰壳纤维垫。蕾丝制作在19世纪就已经被引入，制作漂亮的椰壳纤维垫的技能则是由荷兰的一个妇女发展项目引入的。工作的组织方式与讷尔萨布尔的蕾丝制作者类似，但斯里兰卡的垫子制作者建立了一个大家一起工作的小作坊。这可以被看作对蕾丝制作者原子化状态的改进。当然，原子化的生产者之间必然会出现激烈竞争，在这一点上，斯里兰卡也许比讷尔萨布尔更加明显。卡拉·里瑟在她的研究中强调了让这些女工组织起来有多困难。她提到的另一个困难是，在荷兰妇女的支持下，椰壳纤维垫在荷兰等国家销售，形成了一个可替代的营销系统，但最终的结果是一些大型销售公司开始营销这些垫子。第三世界的小商店无法与他们竞争。这个项目最终创造了一种新的产品——西方家庭里的另一种奢侈品，然后被整合到大型连锁超市提供的各种商品中。对于女工来说，这个项目确实带来了更多的现金收入，但也加剧了她们对阴晴不定的西方市场的依赖程度。这些第三世界国家的女性近些年已经被动员起来，生产一些以出口为导向的手工艺品，现在她们也会受到工业化国家经济危机的严重影响，对此我一点也不惊讶。当荷兰或德国的女性买不起椰壳纤维垫，或者因为厌倦了椰壳纤维垫和蕾丝干脆不再购买时，斯里兰卡椰壳纤维垫的生产者和印度蕾丝的生产者，又该何去何从呢？

c. 电子行业中的女性

上述例子说明了通过家庭工业将女性的劳动置于资本之下的影响，而在印度尼西亚、马来西亚、新加坡、中国香港、泰国、萨尔瓦多、墨西哥、菲律宾等地的自由生产区工作的女性，则是在真正的工厂里工作。在此需要补充说明的是，家庭工业和包工制度不仅限于手工业或第三世界国家。随着所谓的第三次技术革命，同样的原子化工作组织方式将适用于高度复杂的生产过程。美国公司已经把家用电脑提供给美国的家庭主妇，然后由她们来做部分工作，这和讷尔萨布尔的蕾丝工人制作蕾丝部件一样。在东南亚电子行业中工作的一百多万名女性，为这场以微芯片为核心的"技术革命"提供了基础。今天，每个人都在谈论这场微芯片革命对西方劳动力市场的影响，认为自动化和计算机化有可能使数百万人失业，但几乎没有人提到"心灵手巧、性格温顺的亚洲女性"，是她们让这一切成为可能。雷切尔·格罗斯曼研究了这些女性的工作条件以及她们被操纵的机制。

从事电子行业的亚洲女性被置于一条从美国硅谷到东南亚的全球装配线上。她们从事一些最单调、耗时、压力大和不健康的工作。这些女工必须在显微镜下焊接细如发丝的电线，这些电线将微小的芯片固定在一起，使其成为一个集成电路。这些电子元器件是实际的"大脑"，新的计算机和自动装置由它们指挥。美国和日本公司将直接强迫和心理操纵的方法相结合，制定了一个微妙的劳工控制体系。不言而喻，在这些工厂里禁止工会活动。在马来西亚，如果发现哪些女性加入了某个工会组织，那么她们马上就会被解雇。

这些公司只雇用 14 岁至 25 岁的年轻女性。当她们结婚时，通常也就失去工作了。因此，公司可以节省产假福利，总有年轻的、没有经验的女性愿意来，她们可以简单培训、快速上岗。每天这些女性都必须完成一定配额的芯片。马来西亚槟城一家半导体工厂的一位女性说，每个女工每天必须完成 700 个芯片，工作期间不允许说话，不允许离开工作场所，没有休息时间。即便如此，主管们还是不断地批评工人。在显微镜前工作 8 个小时会使得眼睛疼痛和紧张（Fröbel et al.，1977：593）。每位女性身边都有一张桌子，她必须在那里标记每天的工作配额。各个工厂的女性在生产竞赛中都不断地相互竞争，以增加配额。达不到每日目标的女性会被解雇或强制加班。前面引述的那位女性说："他们把我们当垃圾。"同时，这些公司还以一种令人非常厌恶的方式，把女性作为性符号来操纵。在周末，公司会组织化妆品集市，鼓励女性用血汗钱购买口红、面霜等化妆品，让她们模仿媒体和电影中的西方魅力女性；公司还会组织选美比赛，让女性互相竞争公司的"选美皇后"称号。在一次这样的选美比赛之后，公司杂志发表了以下声明："我们公司选美比赛的上一名获胜者，在晚礼服上花了 40 美元，她在衣服上加了那么多缝来秀美腿，结果衣服都没法穿了。"（Grossman，1979）

公司组织唱歌和缝纫比赛，比赛获胜者的照片会刊登在公司杂志上。因此，工人们不仅在工作时间里被公司完全控制，在闲暇时间内也受控制。公司把自己打造成一个大家庭，白人或日本男性经理以父亲的形象亲吻选美比赛的获胜者。在这里，父权制的结构和态度不仅被简单地利用和加强，"亚洲女性的顺从"也不仅被用来吸引西方国家或日本的资本，不管传统的父权制具有哪些形式，新的父权制显然具有资本主义的目标，也具有资本主义的表达形式。身处自由生产区的亚洲女性，她们的首要身份并不是工人，而是女性。与家庭工业中的女性相比，她们在这里首先被定义为性的符号。从这里也可以看出，动员亚洲女性为世界市场生产，这与我所说的卖淫之间有多么紧密的联系。

另一面

在这个案例中，国际劳动分工的另一面意味着西方数百万的女性（和男性）已经失去在机械和电子行业的工作，而且将来失去的人会更多。引进计算机、自动化、文字合成器等新技术之后，他们还将失去第三产业中的工作。更进一步，在销售上述物品的营销策略中，女性将被固定在家庭主妇、消费者和性符号的位置上。今天，经济和政治规划者的希望之一就是再次控制经济危机，在未来几年里，西方的每一个家庭都会购买上述新技术，以此驱动新一轮的积累周期。预计到1990年，每个家庭都将拥有一台家用电脑，家庭主妇将拥有智能烤箱，使用电脑购物，电子寄信等等。最大的预期之一是视频行业。预计电视片和配套设备将在很大程度上取代老式电视。如果这样的话，那么就像最近所说的，每个丈夫都将是家庭的节目导演。这对西方国家的女性意味着什么呢？在联邦德国，最近关于新视频浪潮的一次电视讨论显示，在所有电视片中，40%是恐怖片和战争片，30%是汽车撞击汽车的所谓动作片，12%是色情片，其余的是教育、文化等方面的电影。如果将恐怖片与色情片加在一起，人们可以想象针对女性的暴力已经达到怎样的程度。因为在这两种类型的电影中，女性（其中有越来越多的"黑人女性"）是性别歧视和虐待式暴力的主要受害者。这种情况是将女性纳入资本主义发展的结果，后面还会越发严重。对女性的暴力本身成为一种新的商品。在这个阶段，西方国家的女性也必须清楚，这种发展、这种技术进步以及这种承诺的财富，不符合并且也不可能符合女性的利益。因为女性在这里面对着最冷酷无情的利用方式，目的就是为我们这个社会中已经失意受挫的男人创造新的"需求"，维持已经饱和的市场。

d. "性旅游"和皮条客的国际化

新的国际劳动分工与新父权式或性别化的劳动分工，两者最为明显的结合形态就是"性旅游"。在20世纪70年代，第三世界国家（特别是亚洲国家）的旅游业成为一种新兴产业，并且被国际援助机构宣传为一种发展战略。事实上，世界银行、国际货币基金组织和美国国际开发署最早规划、支持了这个行业。从1960年到1979年，东南亚的游客人数增加了25倍，该地区主要向西方和日本等国家开放旅游业，"在 1979 年旅游收入超过 40 亿美元"（Wood in *South-East Asia Chronicle*, no. 78）。中国香港、泰国、马来西亚、菲律宾和新加坡等国家和地区将旅游业作为主要的对外生产领域之一，除此之外，肯尼亚、突尼斯、墨西哥、加勒比国家、斯里兰卡、秘鲁等第三世界国家也紧随其后。对日本、美国和欧洲的男性游客而言，可能亚非拉地区的女人作为"输出产品"比阳光沙滩更具吸引力。特别值得关注的是，泰国和菲律宾政府甚至将本国女性列为旅游套餐的一部分。泰国副总理在 1980 年 10 月就敦促各府长官开发本地的风景名胜，为国家旅游业做贡献，同时他还鼓励"发展某些娱乐活动，你们中的一些人可能会觉得反感和尴尬，因为它们与性爱有关"（Santi Mingmonkol in *South-East Asia Chronicle*, no. 78: 24）。根据波素·蓬派集（Pasuk Phongpaichit）的说法，在曼谷，大约有 20 万至 30 万女性在伪装成按摩院、茶馆和酒店的场所从事性行业（1982）。自 1960 年以来，泰国官方一直禁止卖淫。但是根据另一项估计，大约 10% 的曼谷女性在做皮肉生意（Santi Mingmonkol in *South-East Asia Chronicle*, no. 78）。在马尼拉，妓女的数量据说有 10 万。

在肯尼亚，法律也禁止卖淫。但政府热衷于吸引西方游客，对一些知名海滩上发生的情色故事视而不见。在这个国家，只有少量的几起抗议，例如有一位议员专门指责了德国人和瑞士人将沿海省份当成了新的性殖民地，但是这些抗议对旅游业并没有产生什么影响。这里面有太多的利润，执政的精英们也从中分到了一杯羹（*Tourismus Prostitution Entwicklung*，1983：52）。

在菲律宾，旅游业、性产业与政府之间的密切勾结更加明目张胆，总统马科斯和总统夫人伊梅尔达的亲属与商业伙伴是旅游财富的主要受益者（Linda Richter：*South-East Asia Chronicle*，no. 78：27-32）。

众所周知，在越南战争和美国在太平洋地区建立海空军基地的背景下，东南亚女性首次大规模地沦为妓女。目前，泰国、菲律宾和韩国是东亚和东南亚"性旅游"中心的三个国家，从20世纪60年代中期开始，这三个国家就有大量的美国驻军。不仅是越南女性为美军提供性服务，在泰国的美军基地周围也遍布酒吧、妓院、夜总会和按摩院，成千上万的女性在那里为美国士兵提供"休闲和娱乐服务"。大多数美军机构都分布在泰国北部，许多姑娘都是从该地区的小农中招募的。在1976年美国军队撤离时，这些女性大多去了曼谷，继续在桑拿"服务部"工作，现在她们主要为欧洲、日本和美国的游客服务。

菲律宾也出现了类似情况，位于奥隆阿波（Olongapo）的美国苏比克湾海军基地和位于安赫莱斯（Angeles）的克拉克空军基地，带动了"休闲和娱乐产业"的蓬勃发展。得益于此，在1964年至1973年，这些城镇的经济欣欣向荣。越南战争的结束意味着"休闲和娱乐产业"的增长有所放缓，但苏比克湾的军事基地又为工业发展提供了适当空间。国家经济发展署邀请外国资本在这个地区投资。日本的川崎公司在这里建立了一个船坞。帝国主义的军事力量与帝国主义的工业资本前后相继，一道推动了当地的性产业。城市发展机构的规划人员估计，即使美国海军陆战队在大约二十年后离开苏比克湾，"休闲和娱乐产业"仍将是该地区最大的产业集群（Moselina，1981）。

在沙特阿拉伯的一个军事建筑工地，一位秘鲁工程师为一家美国公司工作，他的个人经历能够说明，在资本、军队以及对亚洲女性的性剥削之间存在怎样的密切联系。出于安全需要，工人们与周围环境完全隔绝。但是每隔两周，他们都要飞往曼谷，去按摩院和酒吧，在这里工作的泰国女性会给他们提供性服务和情感服务。这个人对泰国女人很着迷，据他说，这些女人不仅仅是为钱卖身的妓女，她们还给了男人在西方难以找到的东西，也就是"爱"。他没有问为什么这些女人要向像他这样的男人，或是来自联邦德国、瑞士、美国和日本的男性游客出售"爱"。她们中的大多数都是贫穷农民的女儿，在国家规划者的现代化进程中，这些农民背负债务或失去土地。许多负债的父亲将他们通常还是孩子的女儿交给一些代理人，换取一些钱财。这些代理人把女孩带到一些机构，在那里她们必须作为债役工为代理人或业主工作，直到还清贷款。通常情况下，她们甚至不知道什么时候能还清贷款。大多数曼谷的所谓按摩师把大部分的钱都寄回给家人（Phongpaichit，1982）。在这个增长的行业中工作的主要是东南亚、非洲女性，以及越来越多的拉丁美洲女性。顾客不限于来自欧洲、美国、日本的商人和官僚，还有亚洲的其他精英。许多西方的性旅游者都是普通工人，他们觉得拿着硬通货在第三世界国家的阳光沙滩上度假消遣、花钱消费、购买他国女性的服务，是他们应该享受的权利。在 1970 年到 1980 年间，游览泰国的 200 万游客中，男性占到了 71.1%。

一名越南女性描述了飞往曼谷的飞机上的一个奇怪场景，她坐在德国男人中间，其中有些是工人，有些是商人。他们说着蹩脚的、带着泰国口音的英语，显然，他们一定是在泰国的酒吧里学到的。

这个行业的另一面是亚洲或拉丁美洲女性的婚姻市场，它主要是由德国的私人公司建立起来的。在公司简章甚至在正规报纸的婚姻专栏中，他们公开宣传"服从的、受管束的、温顺的"亚洲女性。德国人卡尔·海因茨·克雷奇曼（Karl Heinz Kretschmann）经营着一家德国—菲律宾婚姻俱乐部。在广告中，他声称菲律宾女人既性感又便宜："一个女仆每月的费用不过是 30 马克和一些食物。那你为什么还要买一台昂贵的洗衣机呢？"所有的"婚姻"或"伴侣"机构都向男性顾客保证，与亚洲女性在一起，男人可以确保自己是主宰者，可以"养尊处优"。一位顾客写道："在与德国女人的两次婚姻都破裂之后，我已经厌倦了不受管束的德国女人（emanzen）。"（Schergel，1983）

除了顺从的品性之外，德国男人还被菲律宾女性以家庭为重以及凡事不苛求的性格所吸引。一位顾客写道：

　　许多德国男人想要一个菲律宾女人，因为德国女人对工作和事业比对家庭更感兴趣。菲律宾女人把家庭置于一切之上，她们不像德国女人那样无可救药地追求物质（Schergel，1983；译自 M. M.）。

一个普通的德国男人即使没有工作，也可以按目录订购一个亚洲女人。如果满意，就可以留下她；如果不满意，还可以把她送回去，或者把她送到法兰克福、汉堡或柏林的妓院。在汉堡附近的一个村庄，一个失业的泥瓦匠就以 9 000 马克的价格订购了两名亚洲妇女。这笔"投资"给他带来了丰厚的利润，因为他强迫这两名妇女去卖淫。在鲁尔区的一个小镇上，一家保龄球俱乐部订购了一名亚洲妇女，在形式上，她与其中一名男子结婚，但她必须为俱乐部的所有人提供性服务。许多德国男人还直接在泰国或菲律宾结婚。德国驻曼谷大使表示，大量以游客身份来到曼谷的德国男子与泰国女性结婚。这些婚姻的唯一目的就是把这些女性带到德国，然后强迫她们卖淫（Ohse，1981）。这份声明中引人注目的是，如果一个德国男人想"娶"一个泰国女人，那么德国驻曼谷大使馆显然不会给他设置什么障碍。根据一些个人的表述，如果泰国女人和德国男人结婚，那么她很容易就能获得签证。这与德国女性和土耳其、亚洲其他国家或非洲男性结婚的规则和做法形成鲜明对比，这些男性可能是来德国寻求政治庇护的，也可能是来找工作的，他们可能是在男方的国家认识的。在这种情况下，人们通常首先假定这些是假结婚。这对夫妇必须接受长时间的调查，而且男子往往无法获得居留证或签证。因为在德国，作为工人的异国男子是不受欢迎的，但异国女性显然在性产业中需求很大，而性产业构成了西方国家的增长部门之一。可以说，联邦德国对来自第三世界国家的人身买卖采用的是这种双重标准。

另一面

这个故事的另一面是，即使在经济危机的时候，来自富裕工业化国家的男人也仍然有足够的钱可供支配，特别是当他们把钱花在低汇率国家的时候，他们可以在第三世界国家休假，还能像购买商品一样购买异国女性。西方男人（特别是德国男人）对汽车以及具有异域风情的性假期有着如此强烈的癖好，以至于政府需要尽其所能地以低价供应这两种最重要的大众消费品。如果一个政府剥夺了德国工人的汽车和假期，那么这个政府也就离倒台不远了。

因此，在"皮条客的国际化"当中，第三世界国家的政府以及富国的政府都发挥了重要作用。然而，在这个对外的行业中，最重要但又最不为人知的角色是跨国旅游企业（如联邦德国的内克曼或途易）、连锁酒店（希尔顿、假日酒店、洲际酒店、喜来登、凯悦等）、航空公司以及一系列相关行业和服务业主体。重要的是，这些公司从"性旅游"和人身买卖中到底获得了多少利润，几乎没有什么确切数字。他们保持"体面"和"干净"的企业形象；然而不能否认的是，这些部门的不同分支之间有着密切的直接联系，例如，洲际酒店是泛美航空的子公司（Wood in *South East Asia Chronicle*, no. 78）。"性旅游"产生的大部分利润并没有留在第三世界国家，而是流向这些跨国企业所在国（*Tourismus Prostitution Entwicklung*, 1983: 47-49）。当前市场已经充斥了大量的物质商品，可以预计，随着"非物质商品"生产的新趋势，将第三世界的女性卖到工业化国家的人身买卖将会继续增加。与之一同增长的，还有这个市场中更加公开的性别歧视、种族主义和虐待倾向。从早期的殖民主义到现在，种族主义一直是这个行业的组成部分。对"黑人"或"棕色"女性的需求越来越多，不仅是因为她们具有异国情调的性吸引力，还因为她们可以成为虐待和施暴的对象。影像业因对女性的暴力而兴旺，其中许多是有色人种的女性。折磨和暴力侵害女性的禁忌在有色人种女性身上率先被打破。现在，白人女性也越来越多地被"释放"出来，以满足白人男子在性虐待方面明显的、不可抗拒的癖好。

在由国际资本和国内资本、地方政府和西方政府、军队和小人物共同组成的"皮条客的国际化"当中，我们不应忘记所谓的"前卫或另类"游客所扮演的角色。他们不想住在大饭店，而是以"背包旅游"的形式为性剥削开辟新的领域。一般而言，这些前卫游客和另类导游一马当先，敢于打破当地和西方的禁忌，例如，在果阿的沙滩上裸体洗澡，或者给游客提供指引，去寻找"未受污染的处女地"，来满足他们对性和冒险的渴望。几年前，亚洲另类旅游指南的作者们还会告诫游客们，要尊重当地人的文化，把女性当作人来对待。而现在，他们中的许多人都在提供指引，在亚洲的什么地方可以找到最年轻、最便宜的女人，这些信息通常来自环球旅行者。他们的客户是"另类"游客，大多是没什么钱的年轻人。但往往是这些年轻人，创造了新的需求和新的时尚（*Frankfurter Rundschau*，1984 年 11 月 24 日）。

对于西方和日本男人对第三世界女性的性剥削，许多妇女组织已经开始提出抗议。尽管有些人（特别是教会组织）在道德上表达了愤慨，但是他们并没有攻击新国际劳动分工公然表现形式下的内在根源。一个由新教教会赞助的发展教育中心发布了一份文件，其中提出了一些打击"性旅游"的行动（*Tourismus Prostitution Entwicklung*，1983）。但人们并没有揭露或批评作为资本积累战略的第三世界旅游业。国际劳动分工依然存在，它把对第三世界女性的种族主义、性别歧视和虐待性剥削纳入发展战略。资本主义的劳动性别分工也依然存在，根据这种分工，女性仍然被定义为"依赖性"的家庭主妇和性客体。恰恰是这两种劳动分工在客观层面的相互作用和操纵，构成了性剥削的基础。富裕国家和富裕阶级的男性对第三世界的贫困女性进行公然的、非人道的利用，如果西方和第三世界国家的女性只是在道德上对此感到沮丧，而不是公开攻击国内和国际资本主义的增长模式，那么对于菲律宾奥隆阿波军事基地的"休闲和娱乐产业"，她们就可能认可美国支持者所提供的理由："与其让体面的女性面临可能被强奸或性虐待的风险，还不如为海军陆战队员的性欲望提供一个安全阀，这还能赚点钱。"（Moselina，1983：78，译自 M. M.）

只要美国人、欧洲人、日本人、泰国人以及菲律宾中产阶级家庭主妇的"体面"，还是建立在这种对亚洲或本国贫穷女性的"虐待"之上，只要全世界的女性都不拒绝这种形式的体面——人们所说的一个暗含了皮肉生意的体面，那么资本就能够利用这种针对女性的劳动性别分工和国际劳动分工，发财致富、财源广进。

结论

如果从女性和女性解放的角度来看待新的国际劳动分工，那么现在我们可以说，为了理解全球两端的女性是如何被世界市场、国际和国内资本所分割，又如何在事实上相互联系，有必要看看硬币的两面。在分割过程中，女性成了第三世界的隐形生产者，成了原子化的、可见的同时却具有依附性的消费者（家庭主妇），人为操纵在其中起了关键作用。父权主义、性别歧视和种族主义，这些针对女性的意识形态基本将女性定义为家庭主妇和性对象，这是整个策略的基础。意识形态操纵加上阶级和殖民主义对女性的结构性划分，如果没有这些，那么资本就无法从这个策略中获益。我们还可以看到，在工业化国家越来越多的女性成为性对象，用来扩大原本停滞的市场。在这个策略中，男人作为"资本的代理人"发挥了决定性的作用（Mies，1982）。然而，必须根据阶级、种族和国际劳动分工中的位置来区分这一角色。不仅"白人大人物"（BIG WHITE MEN）或"资本先生"（Mr CAPITAL）能够从对本国女性和第三世界女性的剥削中获利，"白人小人物"或"工人"也是如此。不仅棕色或黑色的"大人物"能够从剥削本国女性中获利，棕色或黑色的"小人物"也是如此。不仅白人女性"大人物"和"小人物"能从剥削殖民地棕色和黑色"小人物"（包括男性和女性）中分享利润，殖民地的棕色或黑色女性"大人物"也是如此，她们渴望获得真正的西方家庭主妇的地位，以此作为进步的象征，她们也成了第三世界资本主义的支持者。

但与男性相比，无论是白人女性还是黑人女性，她们越来越多地需要公开付出人格尊严和生命，来换取作为妓女或家庭主妇的"荣誉"。因此我认为，在维持这个被称为国际新秩序的综合剥削体系中，富国女性在客观上并没有获益，第三世界的贫穷女性（包括贫穷的农民和边缘化的城市女性）则构成了这个体系的底层，这些贫穷女性是工业化国家女性的"未来形象"（v. Werlhof，1983）。对美国和欧洲的许多女性来说，这个未来已经开始了，她们以同样的方式和方法"融入发展"，这些方式和方法本来适用于第三世界的姐妹，即在新的非正式部门"隐蔽地"工作，并以各种方式出卖自己求生。

第五章

针对女性的暴力和持续性的原始资本积累

　　无论女性通过何种生产关系"融入发展"，或者说是依附于全球资本积累过程，有一点是明确的：这种融入并不意味着她们能够成为"自由"的雇佣劳动者或无产者。当然，她们也不会成为"自由"的创业者，尽管发展机构使用了上面这些言辞。同时，她们也并没有成为"真正的"家庭主妇。事实恰恰相反。上述所有生产和劳动关系的共同特点是，它们都使用了结构性的或直接的暴力、胁迫，使女性处于被剥削和过度剥削的境地。

　　在农业领域打零工的印度女性发现，在资本主义农业的冲击下，保障她们工作和收入的传统乡村规范正在瓦解。如果她们要求获得法律保障的最低工资，那么她们就会遭受越来越多的直接暴力。

　　边缘化的农民妇女被强奸，她们的小屋被烧毁。如果她们想要耕种根据土地改革规定合法分配得来的土地，那么她们的丈夫就会被殴打。越来越多的男人变成了债役工，而不是成为"自由"的无产者。在印度的乳品合作社中，我们看到，贫穷的农村妇女被迫从事生产牛奶的所有必要工作，但是她们无法从乳品业中获得任何收入。奶款中有 50% 的份额被自动扣除，用来偿还银行贷款。在看到任何收入之前，这些女性的劳动就已经被典当给了银行和国有乳品开发公司。她们的丈夫则侵占了剩余的奶款。因此，女性的劳动基本上是被资本积累机构无偿利用了。

父权制的男女关系以及现有的阶级关系为榨取女性劳动力提供了暴力保障。参与奶制品生产的贫困女性，如果试图行使在田间割草的传统权利，就会遭受土地所有者的直接暴力。在库马里帕的现代示范合作社中引入家庭主妇型生产者，是对女性过度剥削的基础。这个例子也表明，第三世界国家的贫困农民妇女并不是自愿接受家庭主妇模式，而是不得不承受相当大的经济和意识形态压力，放弃自给自足的生产方式，从事商品生产。小规模生产者仍然控制一些生产手段，并且她们已经被引入信贷诱导的商品生产中。发展规划者经常担心的一个问题就是，这些小规模生产者可能会将贷款用于自身消费，而不是生产出口所需的商品。对家庭主妇型生产者也存在这种担心（参见 Mies，1982）。在这种情况下，生产过程就形成了如下组织安排：生产者必须从事商品生产，但不再拥有产品控制权。因此，委内瑞拉库马里帕的示范合作社被组织成一个具有准官僚等级制的总机构，每个人都必须签署一份专为合作社工作的保证书，不能随意离开，必须一直在那里。正如克劳迪娅·冯·韦尔霍夫所指出的，这是一种事实上的强迫劳动关系，所产生的效果就是合作社的成员表现得像身处军营、监狱或强制劳动营里的囚犯（1983）。

在最现代的自由生产区或世界市场工厂中，也可以看到准军事控制下的准强制劳动关系。这些工厂通常不允许成立工会，而且大多数劳动法都没有得到执行，或者是通过对"家庭主妇"模式的巧妙操纵而被规避掉了。只有年轻的未婚女性才会被聘用；一旦结婚，她们就会被解雇。道德压迫和直接压迫是迫使女性更快更多地干活的手段。

无须再特别强调第三世界和第一世界国家中针对性工作者的暴力和野蛮行为。她们构成了这种生产关系蓬勃发展的基础。这是最粗暴和最不人道的奴隶劳动形式。

在所有这些以暴力和胁迫为基础的生产关系中，我们可以看到，男人（父亲、兄弟、丈夫、皮条客、儿子），父权制家庭，国家和资本主义企业等不同因素在相互发生作用。

所有女性的工作关系中似乎都存在暴力和胁迫，看看这些例子，再看看这个事实，我们就会产生这样的问题：这些是必然的吗？还是说这种暴力需要由其他更偶然的原因来解释？在回答这个问题之前，我想再介绍一些对女性的暴力事件，近年来第三世界国家的女权主义者曝光了这些事件。我将集中介绍印度的情况。自20世纪70年代末，那里的女权主义团体就开始了抗议运动，抗议针对女性的特殊暴力，首先是抗议过分的嫁妆要求，抗议谋杀没有带来足够嫁妆的新娘的行为，抗议性别预选方式和堕女胎，最重要的是抗议日益增加的强奸、性侵及残暴行为。

嫁妆谋杀

印度农村的现代化进程不仅使农村富人和农村穷人之间的阶级冲突更加尖锐，而且自20世纪60年代末以来，对女性的暴力也达到了前所未有的规模。处于统治地位的地主阶级教训贫穷和无地的农民，标准模式就是焚烧他们的房子，殴打、杀害男人，强奸妇女（Mies，1983）。

从1972年起，我收集了一些印度剪报，其中有所谓的"针对弱势群体的暴行"，在许多案件里面都有强奸和虐待贫困女性的行为。在城市受过教育的中产阶级当中，这些简短的新闻基本上没有引起任何抗议。在左翼组织看来，强奸妇女是封建或半封建生产关系的一部分，据他们说，这种关系依然普遍存在于印度农村。另外，印度共产党和印度共产党（马克思主义）的妇女部门当时也没有将强奸和针对女性的暴力列入议程。

然而，在1978年至1980年间，这种情况发生了变化。孟买、德里、海得拉巴和班加罗尔等大城市的小型妇女团体受到新妇女运动的鼓舞[1]，发起了一场抗议强奸以及抗议嫁妆谋杀的运动。大约也是在那个时候，对女性的暴力并不再局限于偏远的农村地区，

---

[1] 关于印度新妇女运动的首次阐述，参见 Gail Omvedt, *We Will Smash This Prison*, Zed Press, London, 1980。另参见 K. Lalitha, 'Origin and Growth of POW, First ever Militant Women's Movement in Andhra Pradesh', in *HOW*, vol. 2, no. 4, 1979。自1979年以来，女权主义杂志《妇女》一直在报道印度新妇女运动的主要事件。

在大城市，这些行为也成为一个越来越明显的共性问题。更重要的是，受过教育的中产阶级女性现在不得不认识到，她们也是强奸、性侵的潜在受害者，特别是性骚扰和嫁妆谋杀，她们也深受其害。

在"进步的"中产阶级女性和男子那里，经常会出现这样的论点，即女性解放只对农村和城市的贫穷女性有用，中产阶级女性已经没有什么问题了，不用再继续对其予以支持。

印度的嫁妆谋杀案或多或少都遵循一个模子：婚姻由新郎和新娘的家庭安排，他们一般只通过交换照片来了解对方。谈婚论嫁期间，新郎家要求一定数量的"嫁妆"。新娘家除了尽力满足新郎家的要求外，无权要求任何东西。近年来，嫁妆已经升到了天文数字。在富裕的中产阶级家庭，嫁妆已经达到 50 万卢比或更高的金额，除此之外，还得加上冰箱、小型摩托车、电视机、黄金、收音机、手表、汽车和旅游开支等昂贵条目。普通中产阶级家庭也会要求 5 000 卢比至 30 000 卢比嫁妆（Krishnakumari and Geetha, 1983）。在父权制下的印度，未婚女子既没有生存空间也没有社会地位，所以新娘家急于将女儿"嫁出去"。在这种情况下，新娘的父母最终会向"另一方"的嫁妆要求妥协退让。如果他们手头没有钱，就会去贷款。在对班加罗尔 105 个家庭的调查中发现，66% 的家庭会为了把女儿嫁出去而借债，或者，他们承诺在婚后支付更多的钱。婚后新娘必须到婆家去，因为大多数家庭都是从夫居的。通常情况下，结婚之后骚扰也就即刻开始了。

丈夫或婆婆或新娘的其他姻亲开始骚扰她，向她的父亲或兄弟索取更多的嫁妆。除了这些要求之外，她还经常遭受各种侮辱和暴行。如果她不能带来更多的嫁妆，有一天她就可能死于非命，很多嫁妆谋杀案都是这样发生的。婆家人通常会告诉公众，这个女人自焚了，要么就是在做饭时发生了意外。妇女被烧死之后，一般所有的证据都被销毁了，所以几乎没有任何因嫁妆死亡的案件会被警察和法院受理。这些案件只在报纸上以三行新闻的形式报道出来，内容大多是"妇女自杀"或"妇女在烹饪事故中被烧死"。以下是来自印度不同地区、不同社会阶层的一些案例故事。1979 年 6 月，一些女性和女权团体"女性斗争"在德里发起抗议嫁妆谋杀运动后，一些女权主义杂志和其他类型的杂志刊登了这些案例故事（参见 *Manushi*，第 4 期，1980）。

德里：阿巴毕业于道拉特拉姆学院（Daulat Ram College）动物学专业，是一名学校教师，有一个 5 个月大的女儿。据她的父母报告，在她与新德里布萨印度农业研究所（IARI）的一级科研官员哈里·尚卡尔·戈尔博士结婚以后，丈夫就不断折磨她，索求更多的嫁妆。在被谋杀的 4 个月前，阿巴的父母送来一台冰箱。1979 年 7 月 7 日，丈夫殴打阿巴，使她前额受伤，伤口缝了四针。阿巴的丈夫想去联邦德国，人们怀疑他是想以再婚的方式获得更多嫁妆。10 月 1 日，阿巴去找她的父母庆祝十胜节。当她晚上回到家中时，她的哥哥和妹妹也注意到阿巴的丈夫似乎很不高兴。第二天，一个不认识的人来告诉她的父母，阿巴正在医院里，病得很重。当他们赶到那里时，一名护士告诉他们，阿巴已经中毒身亡了。阿巴的父母已经报警，以谋杀罪指控她的丈夫和公公。但是到目前为止，还没有人被逮捕（来自 *Manushi*，1979 年 12 月至 1980 年 1 月）。

德里：普雷姆·库马里结婚两个月后，于今年（1980 年）5 月因严重烧伤去世。

库马里的母亲帕德玛瓦蒂·康纳告诉我："自从库马里结婚后，她的丈夫和公婆就一直抱怨我们给的嫁妆不够。抱怨我们没有给冰箱、电视机、风扇和其他各种东西……在婚礼之后，我们不能与她交谈或见面。直到她的健康状况变得非常糟糕时，才允许回娘家来。她跟我们说，因为我们给的嫁妆不够，丈夫和公婆对她不好，甚至还殴打她。下一次再见面时，她已经被烧死了。"（来自 *Sunday*，1980 年 7 月 27 日）

阿格拉：塔吉甘吉警方已经逮捕了一家四口，其中包括一名女性，他们涉嫌对儿媳妇拉杰尼·夏尔马女士实施残忍的行为，在这个城市历史上最残忍的嫁妆案件之一中，他们割掉了儿媳妇的乳房。

据警方称，几个月前，夏尔马与塔吉甘吉地区的哈里·尚卡尔结婚。

据称，哈里·尚卡尔和他的家庭成员一直催促夏尔马去娘家拿 10 000 卢比，买一辆小型摩托车。

她拒绝这样做，哈里·尚卡尔就割掉了妻子的两个乳房。据说，他的家人还鼓励他这样干（来自 *Indian Express*，1980 年 12 月 10 日）。

班加罗尔：菲利斯来自一个基督新教家庭，家里有五个女儿。她父亲是一名庄园管理员。她与在班加罗尔邮电部门工作的托马斯先生结了婚。托马斯的兄弟索要 10 000 卢比的现金，15 枚金币，以及不动产的份额。家人满足了前两项，但没有给出不动产份额。婚礼是在 1981 年 9 月进行的。之后托马斯就开始在身体和精神上折磨菲利斯，要求再给他 50 000 卢比的现金，说他还有债务要偿还。连续好几天她没吃没喝，身体非常虚弱。看到她的状况，菲利斯的母亲想让这对夫妻回娘家，和她一起住到圣诞节。夫妻两人都同意了。在 12 月 15 日，托马斯将菲利斯送回娘家，但又在当天晚上把她带走了，说是第二天再带她回来。12 月 17 日，托马斯通知岳母，说是菲利斯已经自焚身亡。她的家人强烈怀疑这是谋杀。他们说菲利斯不想离婚，因为她还有三个未婚的姐妹。他们指责说，尽管验尸报告显示女孩死于窒息和脑充血，但由于当局无动于衷，没有采取任何行动。就这样，一位新娘在结婚后 88 天内就死于非命（来自 *Manushi*，1983 年 6 月至 7 月）。

　　昌迪加尔：曼诺拉玛，25 岁，去年 8 月在位于阿姆利则拉尼卡巴格 72B 的婆家被烧死。自结婚以来，她的兄弟一直给她的公婆钱，显然，她的死因是她的兄弟拒绝了更多的嫁妆要求。

　　三年前，曼诺拉玛与凯拉什·昌德结婚，生了一儿一女。据邻居说，曼诺拉玛经常被婆婆萨维特里·德维侵扰。婆婆总是嘲笑她的嫁妆少，当邻居的儿子从嫁妆中得到了一辆车后，他们的要求变得更加强硬。在曼诺拉玛惨死的前两天，她的公婆和她的兄弟之间发生了激烈的争吵。曼诺拉玛和她的兄弟们被残忍地毒打了。

　　女孩的娘家嫂子恳求她和他们一起回到娘家兄弟的家里。娘家嫂子预计曼诺拉玛的公婆会痛下杀手，因为在 10 个月前，他们就在法塔赫格尔切里安的老家村庄烧死了小儿媳妇。小儿媳妇的娘家很穷，而且小儿媳妇的继母对她也不关心，所以这个案子就不了了之了。她的公婆之所以能逃脱这一令人发指的罪行，还有一个原因是他们设法迫使这个可怜的女孩在一份声明上签字，说她是自杀的（来自 *Manushi*，1979 年 12 月至 1980 年 1 月）。

另外，在 1980 年，一名叫维纳·夏尔马的女警察在德里被她丈夫烧死了。下面这些内容摘录自《妇女》上的报告。

> 德里：她在厨房里为丈夫做饭的时候，丈夫却把一些高度易燃性材料倒在她身上，把她点着了。然后他大叫着跑出去，说煤气罐爆炸了。然而，事实并非如此，4 岁的儿子作证说，是他的父亲放火烧了他的母亲。
>
> 维纳是德里警方的一名副督察……
>
> 她违背父母的意愿嫁给了丈夫纳格拉特。维纳是德里大学印地语专业的文学硕士，而丈夫只读了七年级，身体还有残疾，也从来没有固定工作。维纳是家里的主要经济来源。虽然纳格拉特没有固定收入，而且还酗酒、赌博，花费了很多钱，但是他对维纳收入独立很反感，疯狂地怀疑她，禁止她与同事和朋友交往，并拒绝帮助做家务或照顾孩子……（来自 *Manushi*，1980 年 7 月至 8 月）

在抗议嫁妆谋杀的运动开始后，报纸上出现了更多年轻新娘被丈夫和亲戚杀害或被迫自杀的案例。妇女团体和组织向政府施加压力，要求对罪犯采取更严厉的法律行动，改革 1961 年的《禁止嫁妆法》——该法案徒具空文，甚至政治家自己都不遵守；她们还要求，对印度年轻新娘死亡的情况以及此类死亡的数量进行更深入的调查。1980 年 6 月 10 日，议会讨论了"针对女性的暴行"。

德里警方透露，1979 年共有 69 名女性死于烧伤，而 1980 年仅到
7 月，就已经有 65 名女性因烧伤而丧生。在 1975 年国际妇女年期
间，怀疑有 350 名女孩和妇女因嫁妆要求而被烧死。据内政部长
称，在 1976 年印度有 2 670 名女性死于烧伤，在 1977 年有 2 917
名。这些只是警方登记的案件（*Sunday*，1980 年 7 月 27 日）。

尽管反对嫁妆谋杀和其他针对女性的暴行的运动越来越多，
但 1980 年后，被丈夫和 / 或婆家杀害的年轻女性的数量却迅速增
加。在 1983 年，最高法院首次对 20 岁妇女苏达（怀孕 9 个月）
的丈夫、婆婆和婆家兄弟判处死刑。他们将煤油倒在她身上并放
火烧她，理由就是她没有带来足够的嫁妆。然而，即使这种严厉
判决也没有产生预期的威慑效果。在同一个星期里，又有 10 余起
嫁妆谋杀被登记在案。

据报道，在 1981 年，仅仅是在北方邦就有 1 053 名女性自
杀身亡（*Maitreyi*，1982 年 10 月至 11 月第 4 期）。1982 年 11 月
6 日，在马德拉斯的一次会议上，法医教授佳纳克伊博士（Dr K.
Janaki）说，在过去几年中，社会关系模式发生了巨大变化。"自
1977 年以来，死于烧伤的女性人数呈三倍增长，上吊死亡的增加
了一倍……"她引用医院的统计数据说，仅在南马德拉斯，在过
去五年中，每年死于烧伤的女性人数就从 52 上升到 178，上吊死
亡的人数从 70 上升到 146（引自 *Hindu*，1982 年 11 月 4 日，参见
Maitreyi，1982 年第 4 期）。

根据中央邦的另一份新闻声明，平均每天至少有一名女性因

烧伤被送入中央邦最大的医院。她们中的大多数都是年轻人。她们的丈夫给出的原因主要是煤气罐爆炸或做饭时意外起火。其中三分之一的女性因伤势过重死亡（引自 *Sunday*，1982 年 10 月 4 日，参见 *Maitreyi*，1982 年第 4 期）。

羊膜穿刺术和"杀害女性"

自 1911 年以来，印度的性别比例不断下降[1]，近年来嫁妆的要求越来越高，以前一些不知道嫁妆习俗的社群和穷人阶层还遵循彩礼习俗，现在嫁妆制度也开始向这些人蔓延（Epstein，1973；Mies，1984；Rajaraman，1983），过度的嫁妆要求是导致穷人债务增加的关键因素（Sambrani & Sambrani，1983；Krishnakumari & Geetha，1983），这些都足以证明，女性在印度不受欢迎；事实上，相比于男性而言，她们不受欢迎的程度越来越高。对于这种新的父权制趋势，在分析原因之前，我们有必要简单介绍一下它的最新发展。通过羊膜穿刺术和超声扫描进行性别预选，再加上人口控制政策以及父权制和男性统治态度的强化，这些趋势成为可能。

几年前印度的一份报纸上出现了一条新闻，新闻的标题是"医

---

[1]　在印度，女性对男性的人口比例自 1911 年以来一直在下降。1961 年至 1971 年，比例下降得最为剧烈。当时 1000 名男性只对应 930 名女性，在 1921 年，这一比例仍然是 1000 名男性对 955 名女性（参见 Mies，'Capitalist Development and Subsistence Reproduction: Rural Women in India', in *Bulletin of Concerned Asian Scholars*, vol. 12, no. 1, 1980）。

生，如果是个女孩，那就打掉吧"。在印度一家诊所，一名孕妇参加了性别选择试验，她是试验对象，这句话就来自这位孕妇。很多接受试验的女性都会告诉医生，如果胎儿是女孩，那就打掉她。

当这则新闻出现在媒体上时，公众没有任何反应。人们已经习惯了反女性的态度，以至于认为身为女性的母亲不愿意生女孩是理所当然的。当我读到这则短新闻时，我想知道如果孕妇对医生说"医生，如果是个男孩，那就打掉吧"，这时又会发生什么呢。

社会上已经接受了生女儿是一场灾难的看法，因此，几年后的1982 年7 月，阿姆利则的一些聪明医生看到了他们生命中的机会，也就是利用印度父权制社会的男女歧视来做一笔生意。他们宣传并销售羊膜穿刺术，这是一种性别预选的方法，识别胎儿性别后将女胎打掉。就像抗议嫁妆和抗议强奸运动一样，在妇女团体开始宣扬女性灭绝的威胁性趋势之后，新闻界才开始报道堕女胎的程度和情况。一些大众杂志发表了关于使用羊膜穿刺术和堕女胎的调查报告。对于后续的争论，维布蒂·帕特尔（Vibhuti Patel）写道：

有一个估计数据让所有人都很震惊，从规划者、决策者到学者、活动家都是如此。1978 年到1983 年之间，我国约有78 000 个女胎在性别鉴定后被打掉了。

政府和私人从业者参与了这个有利可图的交易，他们将性别鉴定检查当成了控制人口的措施（Patel，1984：70）。

　　尽管妇女运动提出了抗议，但在孟买、德里、阿姆利则、昌迪加尔、巴罗达、坎普尔、艾哈迈达巴德和密拉特等城市的私立和公立医院，都有性别鉴定测试和堕女胎的行为。孟买妇女中心的一个研究小组对 6 家医院做了调查，调查发现，每天有 10 名女性接受这种检查。其中一家著名的"非素食"*"反堕胎"的医院先进行检查，然后医院再将孕妇推荐到其他诊所去做堕胎的"脏活"。他们还要求妇女把流掉的女胎带回来，做进一步的研究（Abraham & Sonal，1983，引自 Patel，1984: 69）。

　　羊膜穿刺术加上堕女胎的费用并不高，在 80 卢比到 500 卢比之间。这意味着，不仅富裕的中产阶级家庭能够负担得起"生育男性"（Postgate），农村地区的贫困家庭也能负担得起。同时，见钱眼开的医务人员和诊所也为门诊病人组织服务。如果住址离检查的大诊所比较远，孕妇还可以通过邮寄获知结果，这至少需要一个星期的时间。维布蒂·帕特尔写道："当她们决定堕胎的时候，胎儿已经超过 18 周了。在这么晚的阶段堕胎，对母亲的伤害是很大的。"（Patel，1984: 69）

　　与此同时，性别鉴定检查和堕女胎的现象已经蔓延到马哈拉施特拉邦的农村地区[1]。对孟买贫民窟的调查显示，许多贫困女性都接受了这种医疗手段，并为检查和堕女胎支付了费用，因为她们觉得，现在花 80 卢比甚至 800 卢比，要比在女孩结婚时花几千

----

*　在婆罗门教和种姓制度的影响下，素食成为印度的一个文化传统。

[1]　1984 年 8 月寄给我的私人信件。

卢比陪送嫁妆更划算（Patel，1984：69）。

维马尔·巴拉苏布拉曼扬认为，羊膜穿刺术引起了争议，与其说是因为这些方法对女性整体构成威胁，还不如归咎于阿姆利则医生的"广告强行推销和促销的错误"（Balasubrahmanyan，1982：1725）。她认为，随着超声扫描等更先进的方法被广泛使用，医生和诊所会以更不显眼的方式推销这种技术，堕女胎现象将变得比现在更为普遍。她不仅将这些杀害女性的倾向归咎于父权制对男性后代的偏爱，而且更多归咎于一种"国际思想理论"，它激发了一些科学家精英式的想法，他们开始涉足胎儿研究、胚胎移植和遗传工程这些庞大棘手的领域（Balasubrahmanyan，1982：1725）。

早在1974年，印度人口控制机构的关键人物之一，帕伊博士（Dr D. N. Pai）就主张堕女胎（Balasubrahmanyan，1982：1725）。不仅仅男医生和科学家主张将堕女胎作为解决印度"人口问题"的最佳途径，也有像达尔马·库马尔（Dharma Kumar）这样的女性，试图将资本主义的供求逻辑应用到社会中，以评估女性的价值。经济学家巴尔登和许多人一样，认为印度反女性的倾向是女性在农业经济活动中参与方式变化的直接结果（Bardhan，1983），为了回应巴尔登，库马尔写道：

> 为什么看不到这其中的经济逻辑呢？受孕时的性别选择将减少女性的供应，她们将变得更有价值，女性儿童将得到更好的照顾，将拥有更长的寿命。这样，我们就有一个很好

的工具，来平衡女性的供求关系，并使她们的价值在全印度相等（因为种姓、地区、宗教和其他障碍阻碍了女性的流动）。因此，随着时间的不断推移，可以预期，北方地区的嫁妆将会出现下降趋势（Kumar, 1983: 63）。

她甚至鼓吹羊膜穿刺术和堕女胎，认为这是比杀害女婴更人道的解决办法："堕女胎不比杀害女婴或者虐待小女孩更好吗？除此之外，又有哪些替代性的政策能够改善女性的处境呢？"（Kumar, 1983: 64）

在父权资本主义社会对女性的憎恨这一点上，我认为找不到比达尔马·库马尔的建议表达得更旗帜鲜明的了，这种憎恨由女性自己内在化，并转向反对自己的性别。她甚至绝口不提父权制和性别歧视下的社会关系，更没有主张改变这些关系；反而是建议将消灭女性本身作为一种解决方案。这让我想起了人口控制机构的逻辑，他们建议通过消灭穷人来消除贫困。但这一情况更糟糕，建议采取这种以杀害女性为最终解决方案的人，竟然也是一名女性。

强奸

在女性团体和组织发起针对印度嫁妆谋杀案的抗议运动前后，另一场抗议强奸和其他针对女性的残暴行为的运动也开始了。这些运动是由孟买和德里的小型女权主义团体发起的。

　　与嫁妆谋杀案一样，在很长一段时间里，强奸也被认为是一件正常的事情，是印度农村的"落后"或封建关系的特征。当一些大城市也发生类似事件后，人们才发现在受过教育的中产阶级中也有强奸犯，而且，城市中的强奸案似乎还在增加。但最终让小型女权主义团体感到惊恐和愤怒的是，1978 年后，女性不仅被各种男人强奸，而且越来越多地被警察这一所谓法律和秩序的守护人强奸。这些强奸案大多发生在警察局里面，受害者大多是被轮奸的。

　　首先讲述的这一可怕事件发生于 1978 年 3 月 30 日的海得拉巴。一位来自农村的年轻穆斯林妇女拉梅扎·比与她的丈夫一起到海得拉巴探亲。当这对夫妇看完电影回来时，拉梅扎·比被城市警察带走，并被拖进一个警察局。在那里，她被拘留了一整夜，至少有三名警察殴打并强奸了她。之后，她的丈夫也被带到了警察局。警察向他索要了 400 卢比。当得知妻子被警察殴打和强奸时，他提出抗议。然后，他也被警察打得惨不忍睹，当天就死了（Muktadar Commission Report，1978）。

　　该案件由穆克塔达委员会调查，警察们被判定有罪。然而，当穆克塔达当地的法官要求对有罪的警察采取强有力的行动时，警察进行了报复。一位来自海得拉巴的电影制片人想拍摄一部关于拉梅扎·比的电影，邀请已经回家的拉梅扎·比到海得拉巴。当她来到海得拉巴从电影制片人家里出来时，三个女孩走过来和她交谈。这时突然出现了两名警察，问这些女孩与她有什么关系。这些女孩说，拉梅扎·比带她们去卖淫了。随后，拉梅扎·比就以介绍卖淫的罪名被逮捕了。她被认定为卖淫，并判处两年监禁。警察对她进行了各种诽谤。当 1980 年 10 月开始对强奸犯进行审判时，警方又要求将案件转移到另一个遥远的邦。最高法院同意了，理由是被告在海得拉巴可能得不到"公正的审判"。次年 2 月，被指控的警察又被宣告强奸、谋杀和敲诈的罪名不成立。只有两名警员因"错误监禁"被宣判有罪（*Manushi*，1981 年第 7 期）。

　　拉梅扎·比案件发生后，海得拉巴市出现了大规模的抗议活动，特别是穆斯林青年的抗议。女权主义杂志《妇女》和一些妇女组织也提出了抗议。海得拉巴事件发生一年后，在海得拉巴附近，一个叫沙基拉的妇女在蓬吉尔（Bhongir）的一个小镇也遭遇了警察类似的野蛮对待，女权主义抗议变得更加明确。这名女性被警察囚禁在警察局附近的一个房间里。白天她需要给警察做饭，晚上，据说有几个警察强奸了她。她的丈夫因被指控偷窃而遭到逮捕，并被警方拘留。1979 年 10 月 10 日，她和丈夫被警察当作身份不明的人送进医院，同一天，沙基拉在医院死亡。她的丈夫告诉事实调查委员会，沙基拉在夜间被多次强奸，自己则被殴打并被迫吞下安眠药。验尸前，警方将沙基拉的尸体匆匆掩埋。

　　这起案件导致了全邦范围的骚乱，一些妇女组织也参与其中。成千上万的女性走出来，抗议警察对女性的暴行（Farooqui）。

　　然而，引发全国性抗议强奸运动的是马图拉的案件。马图拉当时还不到 16 岁，她在警察局被两名警员强奸。查亚·达塔尔是这样描述这起事件的：

马图拉是一名无地劳工，居住在马哈拉施特拉邦钱德拉布尔区德撒甘杰（Desaiganj）警局辖区内。根据指控，钱德拉布尔区警察局的两名警察在审讯时强奸了她，而审讯是因为警察局内的其他投诉。这起强奸案的审理持续了八年之久。下级法院宣判被告无罪。在向高等法院的上诉中，他们又被认定有罪。最后在最高法院，高等法院的判决又被推翻，警察们被释放。该案结束了（Datar，1981）。

因为最高法院接受了警察的陈述，即强奸是在马图拉的同意下发生的，所以警察被无罪释放了。

1979年，当这一判决在媒体上曝光时，孟买的一小群妇女——她们后来成立了抗议强奸论坛（FAR）——支持由四位法学教授发表的一封公开信，指责最高法院的判决是基于男性的偏见，要求重新审理马图拉案。这封信和重审马图拉案的要求成为全国抗议强奸运动的集结点。孟买和德里的小型女权主义团体发起了这场运动，左翼政党的妇女组织和大量其他妇女组织予以支持。在1979年、1980年和1981年，印度新闻界报道了许多强奸案。妇女运动在数量和势头上都有所增长，而且这些运动更加明确地聚焦于针对女性的暴力问题，要求修改法律，对罪犯进行更严厉的惩罚。与此同时，她们还要求在普遍层面上改变父权制和性别歧视的社会价值观、规范和制度。

对于这场召集了来自印度各阶级、各地区和各政治派别的女性，以抗议针对女性的暴力为议题的广泛社会运动，我无意详述其发展过程[1]。但我想指出的是，抗议强奸和抗议嫁妆谋杀的社会运动标志着印度新妇女运动的变化。现在已经很清楚，女权主义不仅

――――――――――――

[1]　1981年，查亚·达塔尔对孟买的反强奸运动进行了记录和分析。据我所知，对于印度女权运动的这一重要发展，这是迄今为止仅有的记录尝试。下面的传单是由抗议强奸论坛于1980年2月23日刊发的。

难道现在不是我们正视强奸的时候吗？

这不是强奸，最高法院说，这是两情相悦的性交。马图拉是马哈拉施特拉邦一个村庄里16岁还不到的农场工人，她"自愿"与甘帕特（一名她从未见过的警察）发生性关系。另一名警员图卡拉姆在一旁观看，他喝多了，无法阻止他的朋友，但喝得又不至于太多，所以还对她进行了猥亵。

这是在1972年3月26日。夜半时分，在一个警察局的厕所附近。门锁了，灯熄了。最高法院宣布，马图拉的"拼死抵抗"是假的，是"一串谎言"，"所谓的性交是一件和平的事情"，"她的惊叫当然是她自己编造的"，她说她被强奸了，只是为了证明自己的贞操。最高法院裁定，"没有合理证据能证明警察犯罪"。甘帕特睡衣上和马图拉的身体、衣服上的精液证明不了什么。这个女孩不是处女，在她声称的强奸和次日清晨的体检之间，她可能还与其他人发生了性关系。无须赘言，这个"其他人"也可以这样做。

于是，最高法院以其自认为恰当的方式伸张了正义——撤销孟买高等法院的判决，该判决已经判处甘帕特五年监禁，判处图卡拉姆一年监禁。这两名警察现在逍遥法外。与大多数强奸案一样，控方成了辩方，原告成了被告。这起案件被遗忘了，被丢进了法律杂志的发霉页面里。

一年后，1979年9月，乌彭德拉·巴西、洛蒂卡·萨卡尔、拉古纳特·克尔卡和瓦苏达·达加姆沃这四位律师看到了判决书，他们对判决书中"冷血的法律主义"感到非常震惊。他们给印度首席大法官写了一封公开信，要求重新审理此案，并谴责该判决"扼杀了数百万马图拉们保护人权的所有愿望"。

这意味着什么呢？马图拉的案件只是一个例子。把它挑出来，就等于质疑所有的强奸案判决，质疑强奸法，开始怀疑为什么强奸犯很少被定罪，开始意识到根据《印度刑法》几乎不可能证明强奸罪。一些长期以来我们一直假装不存在的东西，将引起人们的大量关注。难道现在不是正视强奸的时候吗？

这种情况随时随地、的的确确在发生，现在难道不是我们接受这个事实的时候吗？无论老幼，无论美丑，无论是"好女人"还是"坏女人"，无论贫富，所有女性都是潜在的受害者，区别无非在于，如果你不是马图拉，一个不识字的农场工人，受害的可能性会低一点。这个国家的马图拉们受到双重压迫，她们是女性，在一个少数人享有正义特权的国家里，她们是被压迫的阶层。然后，她们又作为一个类别，而不是以个人身份，再次面对强奸的恐惧。大规模的强奸，经常被用作展示权力的武器。　（转下页）

是一种外来的西方意识形态，它反对父权制和性别歧视下的男女关系，这种斗争对印度女性也有意义。在这些运动中可以看到，对女性的暴力也在威胁着中产阶级女性，这一点变得很明显。因此印度左派的标准解释，即对女性的强奸和暴行只是封建和 / 或资本主义

（接上页）例子比比皆是、近在咫尺。难道你忘了 1974 年铁路罢工期间发生在铁路工人妻子身上的事情？难道你忘了 1977 年拜拉迪拉的矿工妻子们？难道你忘了昌迪加尔、波杰布尔和阿格拉的达利特妇女？难道你忘了在贾姆谢德布尔、阿里格尔和几乎所有社区骚乱中的穆斯林妇女？难道你忘了在印度军队手中的米佐族妇女和尼泊尔族妇女？

不用被强奸就能意识到你要面对的是什么。你不是已经知道了吗？不是每个女人都知道了吗？看一部电影，其中生动的强奸场景、观众的欢呼雀跃和口哨声让你反胃。走在路上，在公共汽车或火车上，你有意忽视那些评头论足和调戏，但还是会有人摸你、蹭你。这是你自找的吗？你邀请它了吗？

如果明天你被强奸了，你会怎么做？如果你是一个男人，你的妹妹、女儿或母亲被强奸了，你又会怎么做？强奸并不是妇女们"自找的"，当这个你所相信的谬误在你周围或在你身上瓦解之后，你会成为孟买一年内报告的 800 个案件中的一个，并有勇气说"我被强奸了"吗？每一起报告的强奸案背后都有 10 起至 12 起未被报告的强奸案，那么你会成为其他 8000 人中的一员吗？

是的，人多力量大。让我们改变这种平衡。加入我们。让我们直面强奸，提出要求：

1）立即重新审理案件。

2）对强奸法进行修正。

只要我们采取行动，事情是可以改变的。

在旁遮普邦的巴廷达（Bhatinda），旁遮普邦民主权利协会就是这样做的。一个跛脚的乞丐拉克希米·戴维被三四名警察多次强奸，大出血的她被丢弃在该镇的一片荒地上，这时该组织的一些工作人员将她送到医院，并持之以恒地追查此案，直到罪犯被逮捕。

在马哈拉施特拉邦，一名阿迪瓦西妇女被地主强奸，村里的妇女聚在一起，当着公众的面进行了审判。罪犯在整个村子里游街示众、被公开羞辱。

在海得拉巴，拉梅扎·比被强奸后，民众自发地爆发游行示威。

在几周前孟买的敦比利（Dombivli），强奸事件的消息传开后，500 多人聚集在强奸犯的房子周围，要求严办。

我们呼吁，所有的工会、妇女组织、民主权利组织、学生组织、律师、教师、记者、达利特团体和其他人，都来参加我们的公开集会活动。

阶级关系的一部分，就变得站不住脚了。不仅是无地劳工和贫穷的部落妇女成为强奸受害者，而且受人尊敬的、受过教育的中产阶级女性也深受其害，正如玛雅·蒂亚吉的案件所显示的那样：

玛雅，一个来自富裕农民家庭的 23 岁女性，她与丈夫一起乘车去参加侄女的婚礼。当时玛雅已经怀孕了。在路上的时候有个车胎扎破了，他们就在巴格伯德（Baghpat）的一个警察局附近停了下来。这时一名身着便装的警察来到车前，开始猥亵玛雅。玛雅的丈夫把他打了一顿。那人去了警察局，回来时带着整个警察队伍，并向他们开枪。玛雅他们试图逃离，但车内包括玛雅的丈夫和另外一名男子的两个人，都被打死了。之后玛雅被拖出车外，遭到殴打，她的首饰被抢走，还被剥光衣服在市场上游街。然后她被带到警察局，在那里她被七名警察强奸，然后被逮捕。警察还强迫玛雅喝他们的尿。

在报告中，警方声称这不是一起强奸案，被杀的两名男子是强盗，玛雅是其中一人的"情妇"（*Economic and Political Weekly*，1980 年 7 月 26 日；*Manushi*，1980 年 8 月）。

这起案件比其他任何案件都更能引起群众的抗议，在议会中也引起轩然大波，许多妇女组织召开抗议集会，要求惩处罪犯。然而，政府不愿意对警察采取强有力的行动。因为它担心自己和那些所谓"法律和秩序守护人"的合法性会受到损害。内政部长会见了玛雅·蒂亚吉，建议由一个事实调查委员会把玛雅带到总理英迪拉·甘地夫人那里。事实调查委员会写道：

> 　　我们意识到，在一个女性受到野蛮对待的案件中，即使要伸张正义，也需要她（英迪拉·甘地）的批准，因此我们要求见总理，并带着玛雅去找她。总理听了我们的话，只是用英语说："嗯，现在还有不同看法。"她希望和玛雅本人谈谈。我们后来才知道，她只问了玛雅两个问题。第一，她带了多少黄金以及是否能提供一份首饰清单？第二，是谁建议她去德里的？（*Economic and Political Weekly*，1980 年 7 月 26 日）

　　我详细引述了印度政府的这一反应，因为它揭示了一个事实：对包括女总理在内的政治家而言，这些恐怖案件只是政治活动中可资利用的东西。反对党用它来证明英迪拉·甘地政府是无能的，无力"保护"印度女性的"荣誉"。

　　在这些事件发生后，媒体上出现了一大批关于强奸和其他针对女性暴行的新闻报道。很明显，尽管警察实施的轮奸行为似乎越来越多，但强奸女性的不仅仅是警察，强奸犯也常常出现在普通男人中间，其中有牧师、僧侣、邮差、小叔子、青少年、女性的雇主、工人、地主等等。轮奸似乎已经成为全国的一种"时尚"。此外，强奸案发生在所有社群当中，包括印度教徒、穆斯林和基督教徒。强奸犯不仅强奸"其他"社群的女性，还强奸自己社群的女性。穆斯林妇女拉梅扎·比就是被几个穆斯林警察强奸了。最终必须要承认，强奸发生在所有阶级中，而且近年来有增加的趋势。因此内政部长不得不公开表示，在 1972 年至 1978 年期间，正式登记的强奸案数量如下：

1972	2 562 例	1976	3 611 例
1973	2 861 例	1977	3 821 例
1974	2 862 例	1978	3 781 例
1975	3 283 例		

（来源：*Sunday*，1980 年 7 月 27 日）

当然，这些数字是偏低的，但它们显示了强奸案增加的趋势。玛丽·斯托普斯协会（Marie Stopes Society）的彼得·莱顿（Peter Layton）说，每年有 200 万女性成为强奸的受害者（*Sunday*，1980 年 7 月 27 日）。卡纳塔克邦的首席部长说，每 15.3 小时就有一名女性被强奸；每 34 小时就有一名女性被绑架（*Maitreyi*，1982 年 6 月至 7 月）。

分析

在印度，对女性的暴力行为正在增加，这一点已经无法否认。不仅是妇女运动，新闻界、政治家和一些学者也开始追问："针对女性的暴行"为何会日益增多？印度的人口学家对印度女性人口的萎缩感到担忧,但不知道如何解释[1]。对于受过教育的中产阶级来说,承认印度与甘地和平社会的理想相去甚远,这是一种冲击。因此在抗议嫁妆谋杀和强奸的运动中,妇女组织、新闻界以及一些学者,对印度女性越来越多地成为男性暴力的受害者,或者说她们不受欢迎的原因进行了反思。经典的左派解释是,在资本主义国家,女性在经济上与男性处于不平等地位,因此她们会受到男性的暴力侵害。也有解释说,法律通过了但没有执行,政府对法律和秩序状况的恶化负有责任(Gita Mukherjee,1980)。维姆拉·法鲁基(Vimla Farooqui)给出了另一种左派解释。她写道:

> 在过去的三十年里,我们的社会价值观出现了惊人的退化,我们的统治者正在追求资本主义的发展道路,同时又保持着封建的价值体系,这对弱势阶层根本没有保护。女性是弱势群体中最弱小的群体,自然受害最深。这种情况需要妇女组织、政党和所有致力于国家福利和进步的人认真考虑(Farooqui,1980)。

---

[1] 关于 1950 年以来印度女性人口的缩减,在一份报纸报道中,印度人口学家承认“他们无法解释”这一趋势。正如其中一位所说,对女性的忽视和女性的糟糕状况不能完全解释这种情况:

如果这是唯一的因素,那么近年来女性地位的提高就会使得男女比例改善,但情况正好相反。近年来女性的地位有了很大的提高,但她们的人数减少了。这表明问题并不像人们看到的那样简单。我们真是百思不得其解('Shrinking Population of Women', in *The Statesman*, 14 August 1980)。

对女性的暴行——特别是索要嫁妆和谋杀——是印度"封建历史"的一部分，这在一家自由派报纸的声明中也有体现：

> 但是，由于"女性斗争"委员会（Stree Sangarsh Samiti）、"女性防御"委员会（Nari Raksha Samiti）、"女性效益"委员会（Mahila Dakshata Samiti）等组织的热心，这类投诉数量不断增加并由此引发了关注，这造成了一种误导性的印象……即印度新郎变得越来越像是在敲诈。社会制度一直鼓励他们达成一个最佳的交易：新郎越有钱，地位越高，他的要求就越高。在印度，受过教育的富裕城市社会也热衷于维护农村地区的价值观，这就是其中的原因（Editorial, *Sunday Statesmen*，德里，1980 年 8 月 10 日）。

对于印度地区针对女性的暴力侵害，大多数典型的解释都是从狭隘的经济角度来看待父权制和资本主义社会关系的表现形式。英迪拉·拉贾拉曼（Indira Rajaraman）解释说，印度社会贫困阶层之前一直实行彩礼制度，嫁妆制度在这些阶层中的扩散是农村女性劳动力下降的结果。她认为，这种下降源于现代农业生产力的提高。在《彩礼和嫁妆的经济学》一文中，她对彩礼和嫁妆进行了简单的资本主义成本效益计算（*Economic and Political Weekly*，1983 年 2 月 19 日）。她完全忽视了彩礼和嫁妆之间不同的历史和文化根源，而将两者都定义为女性的一种等价物，可能是有助益

289 of 468 针对女性的暴力和持续性的原始资本积累

的（彩礼），也可能是有损耗的（嫁妆）。对她来说，嫁妆是一种"负的彩礼"，当女性的经济或生产贡献，也就是她的家务劳动、生育能力和参加工作赚到的收入，被她衣食住行的消耗性费用所抵消时，就会出现这种现象。拉贾拉曼认为，当女性被赶出"非正规部门"的生产性工作时，这种情况就出现了。"如果女性的收入降为零，那么一生中供养女性的成本价值就是嫁妆；如果女性的收入低于生存成本，但还没有完全降至零，那嫁妆就会低一点。"（Rajaraman，1983：276）

她的整个论点都基于错误的假设，即嫁妆是为了"部分或全部补偿女性的终生生计成本"。除此之外，她还提出了一个在印度经常听到的论点，即嫁妆基本上是一个轮换基金。假设家里的儿子和女儿数量相等，他们为女儿支付的嫁妆在儿子结婚时就会拿回来。这种对彩礼和嫁妆的循环性质的假设，很可能来自列维-斯特劳斯的新娘和婚姻商品等价的理论。但这种假设忽视了印度的现实。在印度，嫁出新娘的家庭和接受新娘的家庭之间，基本上是不对等的、非互惠的和不同阶层的关系（Ehrenfels，1942；Dumont，1966）。

由于经济学论证的狭隘性，拉贾拉曼无法解释现有的情况，当前，所有有女孩的家庭都因嫁妆制度而受罪，而不仅仅是那些女孩多于男孩的家庭。她认为，如果送彩礼的家庭和收彩礼的家庭之间存在等价交换，那么嫁出新娘的家庭面对接受新娘的家庭就有一定的议价能力。但现实情况是新郎家几乎可以完全决定嫁妆的数量。新郎的质量，包括他的教育、种姓、家庭财富、就业状况等，都是衡量嫁妆的标准。而新娘的美貌、教育、就业、家庭财富等，都不能在交易中用来降低新郎家的嫁妆要求。这些要求只能来自男方，女方必须按照要求足额提供嫁妆。

拉贾拉曼试图从现实中抽离，构建一个抽象的经济模式。因此她可以说彩礼和嫁妆基本上是一样的，认为在社会的贫困阶层，从彩礼到嫁妆的过渡并没有产生更多的负面影响：

> 无论从彩礼过渡到嫁妆的原因何在，很明显，只要它能够保留纯粹的补偿性轮换这一特征，那么由此产生的嫁妆支付制度就不会比它所取代的彩礼制度有更广泛的负面性影响（Rajaraman, 1983: 278）。

不足为奇的是，这个论点之下的政策意涵并不要求对父权制和资本主义社会关系进行结构性改变，不要求改变男女关系，也不要求对女性的贡献进行不同的评价，只要求减少开支，要求女性从事更多的创收活动。

经济学家巴尔登在评论芭芭拉·米勒（Barbara Miller）关于北印度女童为何被忽视的书时，也用了同样的经济逻辑来解释北印度女童生存机会的下降：南方的女性仍然大量受雇于水稻种植业，这些地区的性别比例优于北方，特别是北方旁遮普邦和哈里亚纳邦的小麦种植区，那里的女性不怎么参与田间劳动。对他来说，为女性提供更多的就业机会是对印度反女性倾向的最佳补救措施。根据他的分析：

> 女性就业率越高或男女日收入差距越小，女童的生存机会就越大。如果这一点有道理的话，那么这就意味着，扩大女性的就业机会或降低印度农村男女收入差距不仅仅是一个"女权主义"的事业，实际上，它可能会拯救许多农村小女孩的性命（Bardhan，1982：1450）。

上述解释的问题在于，无论它们是由谁提出的，都立足于资本主义的"经济"概念之上，而这个经济概念本质上很狭隘。按照定义，这个概念将家务劳动和生儿育女排除在"生产劳动"的范畴之外，从而将女性降为消费单位。因此，这一论证的中心是将女性看作"非生产性"、依赖性的家庭主妇。所有针对女性的暴力、嫁妆谋杀、强奸，以及堕女胎、忽视女婴等，归根结底都是由于这种理论假设，即把女性看作一种责任、一种负担，认为她们是经济上的"非生产性"实体。根据这些理论家的说法，或者按照恩格斯的著名声明，只有当女性"重新进入社会生产"，也就是只有当女性能够参加"有偿就业"时，压迫女性的趋势才能得到纠正。

然而，这种逻辑甚至不足以解释当前世界上任何地方的现存事实，更不用说印度的情况了。现在大家都知道，在西方，针对女性的暴力正在增加，那里至少有 40% 的女性在家庭之外从事"社会生产"工作。殴打妻子和对女性的暴力发生在各个阶级，影响到"纯粹的"家庭主妇和有收入的女性。在苏联（参见 *Women in Russia*，Almanac，1981）、中国（参见 Croll，1983）和津巴布韦（那里的妓女受到迫害）以及南斯拉夫等其他社会主义国家，也有针对女性的暴力[1]。

在印度也同样如此，而且更为明显，无论女性是否"经济独立"，各个阶级的女性都被殴打。因嫁妆被谋杀的女性中，有许多人受过高等教育，有一份好工作，是家里实实在在的收入来源。这些"经济上有生产能力"的女性也被谋杀，巴尔登、拉贾拉曼和其他人又该作何解释呢？此外，我认识一些未婚的印度女性，她们的父亲太穷或姐妹太多，就自己寻求就业机会，挣钱、攒钱为自己准备嫁妆。我猜想，越来越多"挣钱的女人"在自己家庭的要求下，自己去挣嫁妆以摆脱"老姑娘"的恶名。从马诺希·米特拉的研究和分析当中我们还可以了解到，一旦他们的妻子从创收活动中得到一些钱，男人就会完全放弃工作。女性从事社会生产劳动将使她们从父权制的压迫、剥削和暴力中解放出

---

[1]　根据来自一位南斯拉夫朋友的私人信件，殴打妻子的现象在南斯拉夫相当盛行。但没有任何妇女运动可以处理这个问题。据这位朋友说，殴打妻子被认为是民族文化的一部分。

　　关于津巴布韦抗议卖淫的社会运动，以及女性对它的反应，参见 *Women of Zimbabwe Speak Out: Report of the Women's Action Group*，Workshop Harare，May 1984。

来——对现实情况进行简单的观察，可能就足以让我们放弃上面这种简单化的经济论点。

嫁妆的案例充分说明，不管女性的贡献是家务劳动、生儿育女还是雇佣劳动或其他有偿就业，资本主义的等价交换法在这方面都不起作用，或者说不适用。这不仅是一种疏忽，或是"落后的""封建的""印度乡村"的遗留问题，而是"现代化和发展"真正的前提条件。

事实上，当涉及女性的工作时，等价交换法决不适用。这种工作从（资本主义）经济中被分离出来并被掩盖了。女性并没有停止在房前屋后、田间地头和工厂中的工作，她们也没有停止生儿育女，但这种工作不再被视为社会生产性工作，它们因而变得不可见了。

所以，嫁妆不可能是对女性终生生计成本的补偿，因为她自己事实上就是家庭的主要生计劳动者，甚至在中产阶级家庭中也经常如此。如果我们不再接受资本主义在"生产性"和"非生产性"工作之间所做的区分，我们将看到，事实上更多的男人依赖女人的工作，而不是女人依赖男性过活。

作为贡品的嫁妆

从历史和结构上看，嫁妆和为新娘提供终生生活的补偿没有什么关系。事实上，它是一种从娘家到婆家的贡品。男方及其家庭给女方授权，给女方"荣誉"，让她成为"妻子"，并将她纳入自己的家庭，嫁妆就是授权的对价，这就是嫁妆的原始含义。除非在印度的父权制、种姓制和资本主义的背景下开展研究，否则就无法理解它。婆罗门在父权制婚姻和家庭理论中发展出了嫁妆制度，并将这一制度合法化。根据婆罗门的婚姻观念，女儿是由她的父亲"赠送"（given away）的，而"赠送的人总是要赠送"，嫁出新娘的家庭和接受新娘的家庭之间从来都不是平等关系。根据规定，接受新娘的新郎家拥有更高的地位。两个家庭之间的关系总是不对等的、非互惠的（Kapadia，1968）。就像贡品一样，赠送的人总是要赠送，赠送的一方不得要求什么回馈，例如在拉贾斯坦邦的一些社群，在新娘生出儿子之前，娘家人甚至没资格去拜访女儿的公婆，也不能接受他们的食物。

因此，嫁妆是一种结构上不同阶层的、非互惠的、不对等的和榨取关系的外在表现。这种关系处在：嫁出新娘的家庭和接受新娘的家庭之间；男人和女人之间。在这种社会关系中，一方提出要求（女人、物品、金钱、服务、后代），另一方必须提供这些东西。给予方所"得到"的无非是一个"荣誉"，将女儿"赠给"那样一个男人和那样一个家庭。

在建立这种非互惠性的贡赋关系中，婆罗门有重要利益，因为这个祭司种姓既不像其他种姓那样靠手艺吃饭，也不像刹帝利那样靠打仗吃饭，他们靠富人和穷人给他们的供奉生活。赠送者只有精神上的收益，这是他们赠送贡品获得的唯一许诺。根据父权制的婆罗门概念，这正是男人和女人之间的关系（Mies，

1980）。女人把她的身体、工作、孩子，再加上金钱和其他物品，交给她的丈夫，她"接受"作为妻子的荣誉。如果有交换，那也是物质和"精神"之间的交换。婆罗门和其他"大传统"[1]的高种姓在印度有很高的声望，即使现在人们也认为送嫁妆的家庭比送聘礼的家庭地位更高。由于现代化和西方化，这种地位甚至进一步提高。正如斯里尼瓦斯（M. N. Srinivas）在1966年所指出的那样，梵化进程（Sanscritization）[2]与西化进程同时进行。他还发现，经济繁荣通常先于社群的梵化过程，嫁妆制度在送彩礼的种姓中的传播则表明了一种趋势，即利用梵化，也就是婆罗门教的父权习俗来实现经济繁荣和西方化（Srinivas，1966）。

将彩礼与嫁妆等同起来会使得这些交易中所表达的社会关系的基本特征变得完全模糊化。彩礼源于最初的母系传统，确实是为了补偿女性对其家庭生活贡献的损失，而嫁妆则是一种单方面的供奉，其中只有新郎的质量才重要。因此，医生、印度行政部

---

[1] "大传统"（great traditions）和"小传统"（little traditions）的概念，最早由麦金·马里奥特（McKim Mariott）应用于印度。"大传统"多少与婆罗门教—梵文化一致。特点是承认《吠陀经》的神圣性，秉持素食主义和婆罗门教仪式，信仰婆罗门教的神学概念，信仰种姓制度，认可父权制度下女性的从属地位［参见 McKim Mariott：'Little Communities in an Indigenous Civilization'，in *Village India, Studies in the Little Community*, McKim Mariott（ed.），*The American Anthropologist*, vol. 57（3）1955：181］。

[2] "梵化"这个概念是由斯里尼瓦斯提出的。它描述了经济繁荣的低种姓试图模仿梵化（婆罗门教）种姓的价值观、规范和制度，并最终要求获得更高种姓地位的过程。今天，这些梵化过程与西化过程同时进行（M. N. Srinivas：'A Note on Sanscritization and Westernization'，*The Far Eastern Quarterly*, vol. XV, November 1955—August 1956：492-536）。

门官员以及从美国或英国归来的博士索取的嫁妆数额高出一档，他们是最高嫁妆的定价者，而不是"竞标者"。

在彩礼制度下，女性作为生计生产者的价值仍然被承认，也能获得积极评价。但是在嫁妆制度下，这种贡献的价值被降低甚至被掩盖了。一些分析人士用资本主义供求逻辑来分析这些交易，进一步遮蔽了女性的贡献。

审视具体的历史现实也有助于揭穿另一个错误观点，通常用它来解释针对女性的暴力，特别是在印度。这种观点就是，嫁妆和"对女性的暴行"是"落后的""封建的"或半封建生产关系的表现形式，随着现代资本主义或社会主义生产关系的出现，这些现象就会消失。但事实上，情况恰恰相反。

在大城市，行政部门的官员、医生、工程师、牙医、商人和"先进的"资产阶级农场主，这些最"进步的"男人要求的嫁妆反而最多[1]。强奸和猥亵女性的行为不仅发生在印度农村，而且越来越多地发生在大城市。最现代的技术被用来进行性别选择检查，用来堕胎、消灭女性。因此，并不是"印度农村"阻碍城市中受过教育的中产阶级的"文明进程"，而是资本主义父权制文明本身就是"野蛮

---

[1] 印度行政部门的官员、医生、工程师和高管都属于最有声望的嫁妆索取者，下面的婚姻广告说明了这一点。

婚姻邀请：本人就业状况良好，受过高等教育，聪明绅士、父母贤良。征求富裕、美丽，受过高等教育，端庄的奈尔族女孩，要求21岁，有艺术天赋，有地位，获过奖。高级政府官员、行政部门官员、银行官员、工程师、研究生学历的医生、行政人员的女儿优先。

主义之父"。对女性的暴行也并不是外在于资本主义，而是资本主义掠夺性的基本表现，在其历史进程中，资本主义从未丢掉过这一特征。

嫁妆的案例和医生在性别预选检查中所做的生意，可以帮助我们理解这种特征。嫁妆不像通常所认为的由接受新娘的家庭占有，事实上，嫁妆是由新郎本人占有，这种情况越来越多见。这在高额嫁妆获取者这一类中表现得尤为明显。根据对印度南部城市班加罗尔 105 个家庭的调查，在 57% 的案例中，嫁妆交给了女婿本人（Krishnakumari and Geetha，1983）。这些男人可能会要求高额的现金嫁妆，某种程度上作为其教育经费的补偿，但在很多情况下，他们会用这些嫁妆作为创业的初始投资，开办律师事务所、私人医生诊所、工程办公室等。嫁妆的要求也逐渐涵盖了昂贵和知名的现代消费品，如汽车、电视机、小型摩托车、录像机，这些都是年轻男性自己占有的。这些物品中只有部分是为整个家庭准备的，如冰箱或家具。在贫困地区，这些现代商品可能是一套西服、一台收音机、一块手表、西式衬衫。因此，嫁妆可以被看作财富的来源，它不是通过男人自己的工作或自己进行资本投资来积累的，而是来源于榨取、勒索和直接的暴力。对嫁妆的控制使所有男人都有机会掌握并非他们赚到的钱，并有机会获得他们可能无力购买的现代消费品。在那些为了保障生存而不得不去贷款消费的人间，嫁妆也为这些商品创造了一个市场，甚至在穷人中间，它也为市场价值和市场商品的传播铺平了道路。

男人天生就是强奸犯吗？

对于嫁妆和嫁妆谋杀的不断增长，人们主要是从经济方面予以解释。但对于强奸（包括警察强奸）、轮奸和其他对女性性侵害的迅速蔓延，主要的解释还是来自生物论证。这种论证认为，男人的性基本上是侵略性的，是基于不可抗拒的驱动力，而女人的性基本上是被动的、受虐的。

有些妇女团体要求修改《印度刑法典》强奸条款中对"同意"的定义。她们指出，如果只有在可能死亡或严重受伤的情况下对攻击的抵抗才被认定为不同意，那么女性实际上不可能证明她不同意。在这种"同意"的定义之下，除非女性有证据表明她已经拼死抵抗，那么基本就会默认为她已经同意了。在女性的公开抗议下，这一定义得到了修正，但与其他大多数国家一样，印度强奸法所表达的意识形态依然如故。这种意识形态由一些关于女性和性的男性谬论组成。在大多数男性主导的社会中都可以找到这些谬论，决定人们行为的正是这些谬论所要支持的制度和社会关系，而不是成文的法律。去看看所有父权制社会中男性提出的一些关于强奸的谬论，能让人"受益良多"，在印度也是如此。

1. 强奸是不存在的，没有谁可以违背女性的意愿强奸她。女性喜欢被强奸。

2. 女性天生就是受虐狂；除非被迫性交，否则她们无法享受性爱。她们希望被殴打，喜欢被暴力压制在附属地位上。

（在德国和欧洲其他地区，女权主义者组织了受虐女性庇护所，其中许多女性都说男人曾经殴打她们，强迫她们性交。）

3. 女性被强奸是因为她的行为挑逗了男人，也就是说她的行为像个妓女。

（世界各地的大多数女性首先要在法庭上证明她们不是妓女。是这些女性而不是男人被假定有罪。拉梅扎·比的案子就是一个明显的证据。）

4. 如果一个女人被强奸了，那是她的错。她为什么要穿挑逗男人的衣服？为什么在晚上某个时间后独自行走？为什么她不在男性的保护下出行，等等？

但印度以及其他地区的许多案件都证明，"保护者"（例如警察或男性亲属）本身就是强奸犯。

5. 强奸只发生在婚外。根据法律的定义，婚姻内的性交是基于双方的同意。

我们都知道，发生在婚内的性暴力和婚外的同样多，甚至更多。殴打妻子往往与妻子拒绝性交有关。

6. 强奸主要发生在社会中较贫穷和受教育程度较低的阶层。因此，它是贫穷和落后的表现。

我们已经看到，在城市中心和所谓的进步阶层中，强奸或更普遍的性暴力正在增加。如果我们把家庭成员和丈夫的性暴力也包括在这个类别中的话，这一点就更明显了。

7. 强奸是封建或半封建生产关系的一个特点，也就是说，它主要是一个阶级问题。封建领主和他们的儿子强奸贫苦农民的妇女，但贫农和妻子之间是和谐的。这些封建形式的性暴力将随着财产关系的改变而消失。

这一谬论通常是由左派提出的。它无法解释在城市中心、资本主义发展较充分的地区，为何性暴力会增加；也无法解释为何社会贫困阶层的男性对同阶层女性的暴力会越来越多。

这些谬论大多指责女性，也就是指责受害者。它们也说明了一些男人和性的关系。它们暗示一个男人如果被挑逗了，就难以自持，必须侵害一个女性。这意味着他的性冲动，或者正如大多数人所说的他的性本能，需要立即得到满足。女性基本上被看作受虐狂和哑巴，是次等人类。即便不将男人看作虐待狂的话，也常常认为他们有攻击性的天性。只能通过严厉的法律，通过对某些范畴内的女性（如母亲、姐妹）设定的严格乱伦禁忌，以及女性自己的行为，才能控制这种天性，使男性带有侵略和虐待特征的性本能不至于失控。

我不知道那些立法者和男性学者是否想过，认同这样的想法会把自己塑造成一个多么滑稽的人。但是，这些流行的谬论不仅影响了关于女性、男性和性的普遍意识形态，而且更为重要的是，一些备受尊敬的学者和他们的理论都支持大部分的错误说法，对此还加以科学阐述以及"证明"。整个图书馆都充斥着这种东西，试图证明男人的性欲基本上是侵略性的、是不可控制的，女人要么没有自己的性欲，要么就得接受满足男人的侵略式需求的生理命运。在这些学者和学派中，仅列举最有名的一位：达尔文就认为，男性在争夺对女性的性控制时具有攻击性和破坏性，而控制这种本能则是进化的基础。

新达尔文主义者、社会达尔文主义者以及主导美国社会科学的整个行为科学学派——特别是社会生物学家，基本上都认同这种男性概念。特别是像康拉德·洛伦茨、莱昂内尔·泰格和罗伯特·福克斯这样的学者，他们在过去二十年里普及了这一概念，正如我们所看到的，这一概念在"男性—狩猎者"模式中得到了体现，因此，攻击性是男人天性的一部分，不能通过社会改革或革命来改变。我确信，有许多男性（和女性）社会科学家出于道德原因反对强奸，但他们仍然认同上述概念和理论。如果他们对科学思想中隐藏的偏见持更批判的态度，他们就能看到这些所谓价值中立的科学是建立在某些谬论的基础上。这些谬论致力于将对其他人类——包括女性、低种姓的人、其他阶级的人、其他民族和国家的人——的压迫、剥削和奴役合法化。他们会看到，生理或天性并没有强迫任何男性实施强奸。强奸在动物世界中并不存在。它是人类男性的发明。

"适者生存"，也就是强壮的男性生存，这意味着征服者、胜利者总是正确的。这正是强奸法则和强奸谬论背后的意识形态。难道我们看不出，认同这种科学的人，其实也是在认同法西斯主义和帝国主义？

甚至包括西格蒙德·弗洛伊德这位精神分析学派的创始人和潜意识研究者，也受到这些谬论和进化论者对其"科学"合法化的影响。他认为，对有暴力倾向的男性性欲进行压抑和升华，是文化的基础。他的俄狄浦斯情结理论基本上就是一种男性性竞争的理论，也就是父亲和儿子之间围绕母亲这同一个性对象的竞争。此外弗洛伊德还认为，男性的性是主动的，具有攻击性，在其神经质的形式下，有时表现为虐待性的；而女性的性是被动的，甚至是受虐的。根据弗洛伊德的说法，女人只有接受女性角色的"天性"，才能达成完整的、成年的性，也就是放弃她"不成熟"的阴蒂性能力，转而使用阴道性能力，而这一点无非是满足男性欲望的必要条件。令人惊讶的是，即便是像弗洛伊德这样严肃的学者也巩固了这一理论，即把阴道高潮当作女性性"成熟"的形式，尽管他一定知道，阴道没有神经末梢，并不会"产生"性高潮。他一定也知道，阴蒂是女性活跃的性器官，女性可以在不插入阴道的情况下产生性高潮。但是，他把关注点放在了男性的性方面，因此他把女性定义为不完整的或被阉割的男性，把阴蒂定义为"小阴茎"，把女性试图改变社会从属地位的行为定义为"阴茎嫉妒"的结果。

在将这些理论作为分析框架之前，学者们最好对它们进行批判性的审视，因为它们暗示男性和女性的性都只是由生物学决定的。这些理论没有解释为什么在历史上的某个特定时期，男性和女性身体的某些部分会被赋予突出地位，而其他部分则没有，例如在西方的女权运动中，女权主义者需要重新发现阴蒂作为女性独立性器官的功能；而在非洲的许多地方，在女孩9岁至12岁时，阴蒂就会被割掉。此外，欧洲和世界其他地区的女性也受到了心理上的割礼，以至于她们不再了解自己的身体，不知道什么是性高潮。

不谈女人就无法谈男人。上文中批评的关于强奸和男性的性的意识形态，与全世界女性的自我概念两者是相辅相成的。

任何侵略者都不可能永远控制他所征服的人，除非被征服者接受这种状态，认为这是自然或上帝所赐。父权制意识形态的发明者们也为女性发明了一种合适的意识形态。这就是永恒受害者的意识形态，自我牺牲的意识形态（现代西方版本中，它是女性受虐倾向的意识形态）。印度的宗教和大众信仰将自我牺牲的女性理想化为母亲和贞妇（Pativrata）的角色[1]。女人没有自己的身份，她生来就是为了服务他人，服务丈夫和儿子。她对自己的生活、自己的身体、自己的性没有自主权。她是一种手段、一个对象，而不是一个主体。即使现在，萨蒂（Sati）、悉多（Sita）和其他印度教中自我牺牲的女性形象也被当作女孩的典范。她们在教科书、电影和小说中被广泛推广。难怪印度的强奸受害者们不是反击或自卫，而是自杀，因为她们作为"好"女人的"荣誉"遭到了破坏。在多数女性的自我认知中，她们自己是弱者，需要男性保护，不能反击或不应该反击；无论是在事实层面还是在象征层面，"自焚"都是她们试图恢复人格尊严的行为。

大多数的女人与男人的情况一样，她们也没有认识到，自己为何会坚持这种自我牺牲的女性形象而认同强奸犯的意识形态。

---

[1]"贞妇"是印度教经典经文中的女性典范，她崇拜丈夫并将其作为第一神（参见 Mies，1980）。

男人们，尤其是那些通过宣传"弱女子"这种意识形态来赚钱的男人们，愤世嫉俗般地把责任归咎于女人，就像电影制片人迪内希·塔库尔（Dinesh Thakur）在讨论强奸问题时说："为什么女人会对一个做出牺牲的女人进行美化和偶像化？"（*The Times of India*，1980 年 6 月 15 日）在他的电影中也存在强奸场面以及自我牺牲的女性，但他否认是为了利益而助长这种意识形态。这是另一个将责任推到受害者身上，同时又从批评的态度中获利的经典案例。仅仅说女人想成为受害者和崇拜自我牺牲是不够的，还有必要说明的是，一些统治女性的男人为了自己的利益，发明并维持了这种意识形态。更重要的是，几千年来对女性的直接的和结构性的暴力，生成了这种意识形态，它最先在一些父权制社会中实行，今天又被资本主义普遍化。即使是现在，女性对自己的生活也没有自主权。那些不断被直接压迫的人如果不想失去作为一个人的自尊，就不得不做这种心理选择，把他们被迫做的事情解释为自愿。为什么女性也认同压迫者的意识形态？为什么她们会认为当她们被强奸时，自己的"荣誉"和家庭的荣誉也受到了侵犯？这就是最深层的原因。因为被强奸，她让家庭蒙羞，这就是为什么玛雅的母亲会说她希望她的女儿死掉。只要受害者自己以及她们的母亲和姐妹们相信这种"荣誉"的概念，重视这种概念的程度超过了对其身体和生命自主权的重视程度，她们就是强奸犯沉默的帮凶。因此，德里的"女性斗争"等妇女团体抨击强奸"让女性失去荣誉""让女性蒙羞"的错误观念，这很重要。该团体指出："对我们来说，强奸是一种仇恨和蔑视的行为，它是对我们作为女性、作为人类的否定，它是对男性权力的终极宣示。"[1]

---

[1] 下面是德里的女权主义团体"女性斗争"于 1980 年 3 月 8 日印发的传单。

"人民党还是国大党执政期间的强奸案更多?"

这不是问题所在!

巴格伯德事件引发了一个奇怪的现象,即各种政治家都投入"保护我们妇女的荣誉"中。议会中回荡着他们要求鞭打强奸犯、扔石头砸死强奸犯、吊死强奸犯的强烈呼声。查兰·辛格的政府曾发布通告,禁止女性官员在他的政府担任行政职务,还是这个查兰·辛格,今天却在为针对女性的暴行捶胸顿足。人民党掩盖了桑塔尔帕尔加纳斯地区(Santal Parganas)的大规模强奸事件,今天又谴责对女性的"羞辱"。拉杰·纳里安说,自从甘地夫人上台后,"强奸浪潮"席卷全国,她应该辞职。

他忘记了纳里安普拉和伯斯蒂吗?

在印度的国会历史中,没有记录特伦甘纳、拜拉迪拉、1974 年铁路罢工的强奸事件,以及贡达事件……当然,对于国会来说,所有这些关于强奸的讨论都把问题夸大了。

强奸不仅是荣誉的问题

印度政治家一直词汇匮乏。从人民党到国大党,他们聒噪的关键词是"荣誉和羞辱"。他们说"侮辱妇女"就是"侮辱我们的国家""妇女的荣誉就是我们国家的荣誉"。然而,正是在这个国家,女性被强迫卖淫,作为苦役被贩卖,因为嫁妆被杀,被丈夫、小叔子和公公强奸。最近,一名男子因为妻子被强奸而自杀了。两个月前,一名妇女没有告诉丈夫她被强奸了,而是选择自杀。一些家庭将姐妹、女儿和儿媳赶出家门,因为她们被强奸了。你自己没有犯罪,你的荣誉怎么会被剥夺呢?正是在这个国家,国家本身允许警察、中央后备警察部队(CRPF)和边防安全部队(BSF)实施大规模的强奸。如果这些都是光荣的行为,那么我们就向荣誉吐口水。

对我们来说,强奸是一种仇恨和蔑视的行为,它是对我们作为女性、作为人类的否定,它是对男性权力的终极宣示。

强奸不是一个法律和秩序问题

反对党说,国大党执政期间法律和秩序已经恶化了。国大党说,"坏分子"利用强奸"打击警察的士气"。双方都觉得这是政党政治的问题。双方都暗示,他们可以解决警察强奸的问题。

然而,对于拜拉迪拉和桑塔尔帕尔加纳斯地区的女性来说,对于马图拉、拉梅扎·比和玛雅·蒂亚吉来说,这不是国大党或人民党谁来执政的问题。对她们来说,看到警察就意味着恐惧、恐吓和性暴力。当一个人穿上警察(或是中央后备警察部队、边防安全部队)的制服,拿起枪支时,他就获得了权力,可以去实施殴打、折磨和强奸等行为。这是国家赋予的权力,在大多数情况下,酷刑、纵火和强奸是其权力的武器。在工人阶级的房子和农民的村庄里,正是这些法律和秩序的捍卫者实施了强奸,法律和秩序意味着警察的暴行。

几十年来,我们的历史无休止地重复着这一事实。我们不能像政客们那样,假装这是假的,以此来对抗它。今天,如果我们允许他们把我们的真相变成他们的谎言,那么我们就会失去在 3 月 8 日争取到的仅有成果。

　　如果男人天生就是强奸犯，那么我们就不应该眼看着印度和世界其他地区的强奸案在不断增加。今天无论男人还是女人，最紧迫的问题是了解性暴力增加的原因。造成这种情况的因素是什么？"男性—狩猎者"的概念并不能解释这种增长，一定有不属于男人天性、遗传结构的其他原因，这些其他原因存在于社会、经济和历史当中，它们历来如是。

　　今天，我们看到的是生活的普遍野蛮化，是强者对弱者、富人对穷人、男人对女人的无情抢夺。当然，这是社会矛盾的表现。人的概念建立在"男性—狩猎者"模式，以及人与自然之间的掠夺和支配关系之上，这种无情抢夺同样也是人的这种概念的外显。正如我们所看到的，这一概念是随着资本主义的出现而出现的。但是，为什么现在这些矛盾比以前表现得更明显了呢？在父权制之下，性暴力一直是男女关系的一部分。但是，为什么"嫁妆死亡"事件在增加？为什么强奸事件在增加？为什么所谓的社会进步阶层，也就是城市中产阶级，同样受到这些矛盾的影响呢？

　　下面这种情况好像正在发生：在印度和其他第三世界国家，对传统压抑性父权制下道德的控制手段正在瓦解，但这种瓦解并不是因为性道德的解放，而是缘于资本主义渗透到这些社会的特定方式。在近年来赚了很多钱的阶级中间，传统道德瓦解得更快。这些阶级的男子"解放"了自己，他们摆脱了以前面对下层阶级和本阶级女性时的许多制约和义务。他们模仿西方社会的"白人大人物"，这些人是所谓的现代男人的典范。这就是为什么他们穿着西式服装，出国接受教育，接受西方的科学；他们进口情色电影，但又不希望解放"他们的"女性。资本主义给了他们很多手段，让他们向上发展，分享新的国际（男性）文化，但他们又希望"他们的"女性仍然是"传统"文化的保存者，应该遵循"传统"的妇道典范。

在欠发达国家，中产阶级男性受过教育，他们的文化越来越国际化，而他们却小肚鸡肠，要求女性遵守所谓的传统文化，以维持主要的民族身份象征。在这些国家，这种矛盾使得男女之间的两极分化越发严重。在这方面，最著名的例子就是伊朗。伊朗的女性必须佩戴面纱，但男人们并没有回归他们的传统服饰。

我想将殖民国家的男人与殖民地国家的男人之间的这层关系，称为"大人物—小人物综合征"（BIG MEN-little men syndrome）。"小人物"模仿"大人物"。那些腰缠万贯的人可以买到所有大人物拥有的东西，包括女人。那些囊中羞涩的人对此也是梦寐以求。

印度电影业正是在这种矛盾中蓬勃发展的。男人被描绘成现代的、时尚的、西方化的主人公，女人则代表传统的印度。这些电影中总是要有强奸的情节，审查员却又容不下接吻镜头。

这种矛盾状态不仅是一个道德问题，而且与印度特定的资本主义发展形态密切相关。电影产业和性产业是印度的增长型产业。通过剥削"绿色革命"地区农村劳动力所得到的剩余价值，并没有投入生产领域，给人们提供工作和更高的工资；而是外流到城市，投资于电影业，去生产梦想和幻想（Mies，1982）。电影中对性暴力和强奸的宣传，与资产阶级的利润之间存在着明显的联系。没有工作和机会的"小人物"，不会像电影主人公那样出国，城市里的富裕男性是这些电影的主要观众，他们给"大人物"带来了大笔的财富。为了弥补他们在现实生活中的所有挫折，电影制作者为他们提供了一个强奸的场景，这样他们就能够以一种不危及阶级统治的方式认同侵略者。女人，而不是那些"大人物"，成为他们攻击的目标。然而，当我们具体分析印度强奸案的报告时，我们发现几乎没有或根本就没有所谓的"必须满足的不可抗拒的性冲动"。如果这些场景中存在什么"冲动"，那也是羞辱、侵犯、折磨的冲动，无非是用来显示男人的支配地位。我们发现在许多情况下，强奸是一个阶级的男人惩罚或羞辱另一个阶级男人的工具。在农村地区发生的许多强奸案中，这一点表现得最为明显。每当贫穷的农民和农业劳动者试图获得他们的合法权利，例如最低工资或承诺给他们的土地时，"他们就会被教训"，他们就会被"归位"。在这个时候，无一例外地就会出现强奸妇女的情况。为什么？妇女被强奸和她们的男人对土地的要求之间有什么联系？这清楚地表明，在统治阶级的头脑中，对生产资料（土地）的控制和劳动者对女性的控制之间存在着联系。如果人们要求土地，他们就会被惩罚，他们所属阶级中的女性就会被强奸。因此，强奸是维持现有阶级和现有男女关系的手段。这里发生的斗争实际上是"大人物"和"小人物"之间的斗争；在这场斗争中，女性成为证明"大人物"男子气概的工具，成为他们的权力对象。这种权力不仅包括对金钱或对更多财产的控制，也源于对武器的控制和对暴力的使用。这一点在警察或军队的强奸案中尤为明显。警察的权力既不体现在金钱也不体现在财产上，但警察有武器。对武器的控制使他们有机会模仿"大人物"的做法。当然，近年来印度的警察经常被设定为反对人民、反对弱者的角色，他们保护经济上的强者，所以他们只是凭借武器获取他们能得到的东西。我认为，很难说他们强奸女性是为了满足性欲。警察经常性地实施强奸和性虐待，虐待动机很可能比满足性欲的动机更强烈。警察的强奸行为也许是压抑的父权制度最为明显的表现结果。那些本应维持资产阶级法律和秩序的人，事实上是超越任何法律的，因为他们控制着武器。因此，呼吁要有更多的警察，即使是更多的女性警察，对阻止强奸案的增加也于事无补。警察强奸案还表明，使用直接暴力和敲诈勒索从而"迅速致富"的经济动机，与针对女性的暴力之间存在着相互联系。

结论

关于针对女性的暴力，当前的讨论主要集中在印度，因为我对这个国家的情况比较熟悉。但也不难发现其他例子，这些例子都能证明，直接的和结构性的暴力是性别和阶级关系以及国际劳动分工的组成部分。西方女权运动从一开始就强调了"先进"资本主义国家的这一面。对阴蒂切除术及其在非洲的现代化的讨论，揭示了针对女性暴力的另一个方面（Hosken，1980；Dualeh Abdalla，1982）。一群苏联女权主义者制作的地下出版年鉴《俄罗斯的妇女》，同样证明了在这个国家男女关系依然存在问题。

因此，无论哪个阶级、国家、种姓、种族，也无论是资本主义制度或其他制度、第三世界或第一世界，对女性的暴力似乎是一个普遍特征，体现的都是女性被剥削、被压迫的共同点。

如果是这样的话，我们要从这种认识中得出什么样的理论和实践结论呢？经过上述讨论，我们现在可以更好地回答这样一个问题：暴力和胁迫是否是女性参与的所有生产关系的必要组成部分，还是说它们是这些关系的附带性内容？

从我们的讨论中可以看出，既不能用狭隘的经济主义论点（基本上根植于资本主义供求计算中），也不能用男性固有的虐待"天性"的生物学论点，来充分解释针对女性的暴力。

所有的例子都证明，对女性的暴力是一种历史上产生的现象，与剥削性的男女关系、阶级关系和国际关系密切相关。所有这些关系今天都或多或少地融入了资本积累制度当中。这些资本积累制度要么是资本主义或市场导向的，要么是中央计划或社会主义的。不管它们在意识形态上有什么不同，在这两个制度中，资本积累都是基于对自给自足的生产者生产资料的征用。在资本主义市场经济中心，被征用的人变成了新的"自由"工薪阶层，他们只拥有自己的劳动能力。作为劳动能力的所有者，他们只不过在形式上属于资产阶级"自由"公民的范畴，他们被定义为拥有财产的人，可以在等价交换原则的基础上相互建立契约关系。因此，无产阶级男子可以被视为历史主体，视为自由人，社会主义改造理论家们也这么看。

然而，在资产阶级的意义上，女性从来没有被定义为自由的历史主体。生产资料所有者阶级的女性和无产阶级的女性都不是自己的主人。她们自己，她们整个人，她们的劳动，她们的情感，她们的孩子，她们的身体，她们的性都不是自己的，而是属于她们的丈夫。她们是财产，那么按照资本主义的形式逻辑，她们就不可能是财产的所有者。如果她们不能像男性无产者那样，成为劳动能力和自己身体的所有者，在形式上没有被纳入财产所有者的范畴，那么她们也不能成为"自由"公民，不能成为所谓的历史主体。这意味着，资产阶级革命所追求的公民自由不是为她们准备的。为什么授予女性投票权的时间如此之晚？为什么婚内强奸不被视为犯罪？我认为这就是深层次的原因。

如果按照资产阶级的逻辑，因为女性本身是财产，而不是财产、物品的所有者，所以女性就不能成为自由主体，也不可能与她们签订合同。与"自由的"无产者签订合同则是可能的，后者至少在形式上是自身劳动能力的所有者，他可以把劳动能力卖给任何他想卖给的人。达成等价交换关系的是两个自由主体，这是资本家和无产者之间能够签订劳动合同的前提假设。在女性身上，这样的合同是不可能的。如果一个人想要从她们身上榨取任何的劳动或服务，就必须使用暴力和胁迫。女性没有被定义为自由主体，但她们仍有自己的意志，只不过这种意志必须服从武力，必须服从文明社会的"自由"主体，也就是男人的意志，必须服从资本积累的规律。

这种女性在男性之下的暴力从属关系和资本积累过程，曾经在欧洲猎杀女巫期间首次大规模上演。从那时起，它就构成了所谓资本主义生产关系得以建立的基础结构的组成部分，即劳动能力的所有者和生产资料的所有者之间的契约关系。如果没有这种广义上非自由、受胁迫的女性或殖民地劳工作为前提条件，自由无产者非胁迫、契约性的劳动关系也就不可能建立。女性和殖民地人民被定义为财产，被定义为自然物，而不是可以签订合同的自由主体。他们都在武力和直接暴力的胁迫下处于从属地位。

在经济上，当人们还拥有一些生产资料的时候，这种暴力总是必要的，例如，农民不会自愿为外部市场生产商品。在一开始，他们都是被迫生产自己不消费的东西。他们被强行赶出自己的田地，或者他们的部落被强行赶出自己的领地，被重新安置在所谓的"战略村"。

对女性而言，最初和最后的"生产资料"都是她们自己的身体。世界范围内对女性暴力的增加基本上都集中在这块"领土"上，而"大人物们"还未能在这块"领土"上建立起他们稳固而持久的统治。这种统治不单纯是基于狭义的经济考虑，尽管这些考虑起着重要的作用，事实上，经济动机与政治动机、权力和控制问题存在内在交织的关系。如果没有暴力和胁迫，无论是现代男性还是现代国家，都无法遵循那个建基于对自然的统治的进步和发展模式。

在资本主义市场经济中，可以用"持续的原始积累"的必要性来解释对女性的暴力，根据安德烈·贡德·弗兰克的说法，这种"持续的原始积累"构成了所谓"资本主义"积累过程的前提条件。在印度这样的第三世界国家，能够成为上述意义上"自由"主体的人相当少。公民权利是已经写入了印度宪法，但这个事实并不影响实际的生产关系，这些关系在很大程度上依然是基于暴力和胁迫的。我们已经看到，如果一个男人想加入私有财产所有者的"自由"主体兄弟大家庭，那么对女性施加暴力，将其作为"持续性原始资本积累"的一个内在因素，就是一个最快、最"有效"的方法。

因此，对女性施加暴力、通过胁迫性劳动关系榨取女性的劳动力，这是资本主义的组成部分。它们是资本主义积累过程的必要条件，而不是它的附带性内容。换句话说，如果资本主义想维持积累模式，就必须利用、加强甚至创造父权制的男女关系。如果世界上的所有女性成为"自由"的工薪族、"自由"的主体，至少可以说，对剩余价值的榨取就会受到严重阻碍。从第三世界国家到第一世界国家，这就是作为家庭主妇、工人、农民和妓女的女性所具有的共同点。

第六章

民族解放和女性解放

资本主义发展与剥削压迫女性之间存在必然联系，在前几章指出这一点时，人们常常会问，社会主义又会怎么样呢？当然，根据提问者的立场，社会主义有可能被视为"妇女问题"的解决方案，也有可能他们认为这些国家在女性解放方面还有一些欠缺。

对许多第三世界的女性来说，无论过去还是现在，女性解放问题都与摆脱殖民主义和（或）新殖民主义依赖的民族解放问题密切相关，也与建立社会主义社会的前景密切相关。至少在20世纪70年代初，西方的许多女权主义者依然对反帝国主义斗争与反父权主义斗争的结合抱有极大希望。正如学生运动那样，西方女权运动中的大部分人也期待，真正的女权主义突破有可能来自第三世界国家的妇女运动，这些国家正在进行着反帝国主义的解放斗争。

记得在越南战争期间，我的桌子上挂着一张海报：在红色的背景中有三个手里拿着枪的女人。海报下面写着：柬埔寨、老挝、越南，胜利！这些女性象征着民族解放斗争。我们都知道这种海报，在亚洲、非洲和拉丁美洲的民族解放运动的声援会上，这些海报被广泛出售。一边拿着枪、一边背着婴儿的女性，是象征民族解放和女性解放相结合的标准形象。多年来，我们许多人一直受到这一形象的鼓舞，却没有质疑为什么民族解放运动总是选择女性来象征自由国家，或者民族解放和女性解放之间是否确实存在所谓的逻辑关系。

今天，这样的海报反而唤起了我的悲伤。如果我们问在民族解放战争胜利之后，女性解放怎么样了，那么越来越多的证据表明，在这些国家，性别歧视与父权制的态度和架构持续存在，甚至被重新引入（Rowbotham，1974；Weinbaum，1976；Urdang，1979；Reddock，1982）。最近津巴布韦政府发起的打击妓女的运动告诉我们，民族解放并不能直接带来女性解放。

面对这些发展，一些西方女权主义者从女性在亚洲、拉丁美洲或非洲解放斗争中的参与得到启发，不再追问为什么民族解放没有带来女性解放。他们放弃了以前的国际主义倾向，认为我们西方女权主义者没有权利批评这些国家，我们对那里发生的事情不够了解，在文化和历史上，这些社会与西方社会有很大的不同，我们的批评等于又一次体现了家长制或以欧洲为中心的文化帝国主义。许多人害怕被第三世界的男人和女人指责为"女权主义种族主义"，他们宁愿完全回避这个问题，转而专注自己社会中发生的事情。另一些人仍然活跃在团结组织中，相信某种社会主义国际主义，他们往往认为，社会主义国家的女性已经在解放方面迈出了巨大的步伐，只不过解放不是一蹴而就的，这些社会正处于从资本主义／帝国主义向社会主义和共产主义过渡的阶段，无论如何它们都比资本主义社会更有条件实现妇女的全面解放。

我认为这两种立场的作用可能有限。此外，对于民族解放和女性解放之间的关系问题，在美国和欧洲发生的事件迫使西方女权主义者们形成了一个更加明确的立场。现在许多西方国家重新强调起了女性的"民族责任"，也就是要求她们为自己的种族和国家生儿育女（Women and Fascism Study Group，1982），或者是加入保卫祖国的军队，正如今天在联邦德国发生的情况。这些政策的基础都是假设妇女利益与国家利益存在同质性，甚至有些女权主义者认为，女性参军可以进一步促进男女平等[1]。

然而，对于这种"同袍之谊"带来的所谓平等，大多数欧洲女权主义者并不怎么相信。在1982年和1983年，许多人加入了和平运动，因为她们觉得两个超级大国安置的SS-20导弹、巡航导弹以及潘兴2导弹带来了核浩劫，这才是亟须解决的威胁。但

---

[1]　1984年在格罗宁根（荷兰）举行的第二届妇女研究跨学科大会期间，举办了几场关于"军队中的女性"的研讨会。在其中一些研讨会上，讨论了女性通过参与武装部队被"赋权"、实现平等的议题。此外，在德国，像阿莉塞·施瓦策尔这样的知名女权主义者对是否应该征召女性入伍的问题持有矛盾立场。这类女权主义者的论点通常是，她们原则上反对战争和军队，但"既然事情如此"，女性也可以与男子平等地加入军队。

在和平运动中，女权主义者也无法回避民族解放和女性解放的问题。她们中的许多人完全反对使用武器，这种观点多多少少是基于一种前提假设，即女性因其赋予生命的能力，而不能站在那些破坏生命的人一边。这一点基本上也是老牌左派女性和平运动及其衍生组织的立场[1]。

但在谈到女性参与民族解放斗争的问题时，这些女性面临着两难境地。许多人承认反帝国主义斗争的必要性，有时也支持民族解放运动，但是对于女性和平或非暴力的天性与其在现实中参与民族解放运动的关系，她们不知道如何进行恰当的理解。如果带着婴儿和枪的女性形象对她们没有积极意义，那么她们怎么能支持民族解放斗争中的女性呢？或者说，一个国家或一个民族为摆脱对帝国主义和殖民主义的依附而进行的战争与帝国主义自身的战争，是不是真的有根本区别？

参与解放斗争或在斗争之后参与国家建设的第三世界妇女们可能会发现，西方女权主义者的这些道德困境是一种奢侈品，她们可能根本没有时间去考虑。但即便如此，她们最终也无法逃避这个问题，除非刻意闭上眼睛不看现实。当她们像津巴布韦女性一样，在去年打击卖淫的运动中被警察抓走时，她们就不得不怀疑，这还是不是她的兄弟们为之牺牲的社会和国家（*Sunday Mail*,

[1]　在妇女和平运动的许多宣传中，特别是社会主义国家的宣传中，这种认为女性"天生"就是和平主义者的观念得到了反映。这也是前面提到的1915年关于军国主义与女权主义的卓越研究的基本前提。

哈拉雷，1983 年 11 月 27 日)[1]。

无论是对帝国主义国家的女权主义者，还是对殖民地和前殖民地的女权主义者，民族解放和女性解放之间的关系还远未明晰。然而，对这一问题的研究在今天比以往任何时候都更有必要，毕竟超发达国家和欠发达国家市场经济中的女性正在通过国际分工相互联系、融入世界市场，就连来自中央计划经济的社会主义国家的女性也是如此。因此，在讨论民族解放和女性解放之间的关系时，必须认识到现有国际劳动分工及其与特定劳动性别分工之间的关系。

这里，我们需要说明几个问题：女性在民族解放斗争后是否比以前有更多的机会获得政治权力？现在是否实现了无阶级社会的社会主义目标？是否废除了带有剥削性和压迫性的劳动性别分工？对这些问题的回答，归根结底取决于社会的概念，取决于解放斗争期间及之后所追求的发展模式。在这一点上，民族国家的概念起着重要作用，因为解放后的民族国家是主要的政治主体，

---

[1] 下面是这名女性在被捕的时候所写的内容：

15 岁的时候我就在奇维（Chibi）种粮食，照顾我父亲的牛，我不需要一个男人来告诉我该怎么做，不管他是不是警察。难道这就是我那两位年轻兄弟在丛林中为之牺牲换来的独立和自由吗？难道这就是我的哥哥失去右腿换来的自由吗？

我们不需要委员会浪费时间来调查为什么会有卖淫现象。我们都知道原因——因为没有受过教育的女孩找不到工作，她们必须养家糊口。

不要让更多的公务员来浪费我们国家的时间和金钱。给这些女孩一些就业机会吧。没有哪个女人愿意把自己的身体卖给陌生男人（Patricia A. C. Chamisa, *Sunday Mail*, 哈拉雷，1983 年 11 月 27 日 ）。

它决定人民的命运，包括女性的命运。

在讨论这个问题之前，我们应当简单地看一下解放后的社会主义国家，看看解放战争胜利后女性的情况。这种分析不能试图面面俱到，对于这些在解放战争和（或）革命期间以及之后出现的复杂历史现实，它也很难做出公正的评价。有些社会遵循社会主义的观点，要求将生产关系从私有向集体所有和国家所有转变，以此将女性从"封建"或父权制的男性统治中解放出来，我将集中对它们进行讨论。其中最显著的是苏联，它提供了社会主义社会的最初模式，之后就是中国和越南。其他经历了民族解放斗争的社会主义国家，如南斯拉夫、古巴、莫桑比克、安哥拉、几内亚比绍、阿尔及利亚等，它们的发展模式与上述三个国家有所不同，但在女性解放战略方面也有基本的相似之处，因为在所有这些国家，女性解放所遵循的战略都是基于马克思和恩格斯所奠定的理论基础。

马克思和恩格斯（尤其是后者）为女性解放和民族解放斗争间的关系，也为随之而来的社会主义生产关系的建立奠定了理论基础。恩格斯强调妇女"重新进入""社会生产劳动"的必要性，认为这是她们从父权束缚中解放出来的前提条件。资产阶级政治经济学将家务劳动定义为非生产性的和私人的（见第二章），将商品生产和剩余价值的生产领域定义为生产性的和公共的，恩格斯也认为妇女参与雇佣劳动，与改善她们的经济、人格和政治地位之间有直接关系。马克思和恩格斯将"自由"雇佣劳动者视为历史的主体，女性只有加入雇佣劳动队伍才能成为历史主体。奥古斯特·倍倍尔、克拉拉·蔡特金以及后来的列宁对这种女性解放理论作了进一步的阐述。当革命和民族解放斗争的领导人采用马克思、恩格斯和列宁发展的科学社会主义，并将其作为理论和战略框架时，他们也将关于女性解放的理念纳入了革命任务中。

从这一总体理论中得出的主要战略要点，可以概括如下：

1. 妇女问题是社会问题（即生产关系问题、财产问题和阶级关系问题）的一部分，妇女问题将在推翻资本主义的过程中得到解决。

2. 因此，女性必须进入社会生产（即在家庭之外从事有偿劳动），以便为其经济独立和解放提供物质基础。

3. 资本主义已经消除了男女之间的差异，所有人都成了没有财产的雇佣工人（Zetkin），无产者中不再有压迫女性的物质基础，因此也就不需要在工人阶级中开展专门的妇女运动。

4. 因此，工人阶级女性应该和她们的男性阶级同伴一起，参加反对阶级敌人的普遍斗争，从而为她们的解放创造前提条件。

5. 女性可能受到压迫或处于从属地位，但她们没有被剥削。如果她们是雇佣工人，她们受到的剥削与男工受到的剥削是一样的。对于这种剥削，她们可以和男人一起，在争取改变生产关系的斗争（阶级斗争）中予以反抗。

6. 针对女性所受特殊压迫的抗争，必须在意识形态层面上进行（通过法律行动、教育、宣传、劝告和说服），而不是在解决剥削问题的基本生产关系层面上进行。

7. 在任何情况下，这种斗争都是次要的，阶级斗争才是主要的。因此，女性不应成立独立自主的组织。她们的组织应该在（革命的）党的指导下。单独的妇女组织会损害被压迫阶级的团结。过分强调女性的特殊诉求也会造成分裂。

8. 基本生产关系发生革命性变化，女性进入社会生产或雇佣劳动领域，在此之后，还必须对私人家务劳动和儿童照料进行集体化（社会化）。这将使女性能够参与雇佣劳动，而且能够参与政治活动。

9. 在男女关系或家庭层面，必须努力实现男女之间的真正平等或民主。这可以通过意识形态斗争实现，因为家庭已经失去了其经济意义。

在下文中，我将简要介绍一些主要国家，这些国家经历过革命或民族解放斗争，它们也结合社会主义发展战略，遵循女性解放的上述原则。在大多数情况下，大量妇女参与了实际的解放战争，而她们是否也能从父权关系中获得解放，是我们研究的主要问题。

伊丽莎白·克罗尔分析了四个国家的农村妇女在"生产和再生产"方面的经验，这四个国家包括苏联、中国、古巴和坦桑尼亚，这些国家经历了社会主义生产关系的转变，其中一些是通过革命斗争实现的（1979）。她的发现与我们的问题紧密相关，我将简要地总结一下。

四个国家都进行了农业集体化，改变了生产关系，从土地财产的私有制变成社会化的产权形式，建立了国有农场、公社和合作社。因为农村妇女可以成为这些集体中的个人成员和工资收入者，人们期望这种集体化能把她们从男户主的父权控制下解放出来，"她们的劳动应该是可见的，有报酬的，成为独立的经济来源"（Croll，1979：2）。

按照一般的马克思主义理论中与女性有关的部分，这些女性被看作家庭主妇，参与的是私人生产。这四个国家都做出了巨大的努力，动员女性"进入社会生产"，也就是参与集体农业生产。

然而在苏联和坦桑尼亚，女性一直大量参与农业生产。在坦桑尼亚，她们甚至构成了主要的农业劳动力。在中国，北方和南方水稻生产区内女性的参与程度不同。北方的妇女几乎不做任何田间工作，而南方的妇女则不同。在古巴，妇女只有在20世纪70年代才被大量吸引到农业雇佣劳动中。

处于"双重经济"中的女性

今天在这四个国家中，大量女性加入集体化的农业部门，与此同时，在保留或重新创建的私营部门中，她们也是主要劳动力。我们用苏联、中国和越南的例子来说明这个问题。

苏联

由于快速的工业增长政策将许多男性从农业中吸引到城市工

业中心，苏联的农村妇女不得不承担很大比例的农业生产。在人数比例方面，女性占集体农场劳动力的 56.7%，国有农场的 41.0%，个体农民农场的 65.2%，私人附属农场的 90.7%（Dodge，1966，1967，1971，引自 Croll，1979：15-16）。然而，女性每年在集体农庄的工作天数却低于男性。这主要是由于她们参与了私人附属部门的工作，这部分工作为农村家庭提供了 75% 至 90% 的生存食品。另外，在这些私人地块上工作的主要是老年妇女。因此在苏联，女性在农业中的劳动被划分到两个部门，一是由私人拥有的从事自给性生产的非正式部门，二是国有集体化农场的正式部门。截至目前，她们构成了自给性生产者的大部分，并且依然占国有农场劳动力的 50% 左右。在这种双重工作之外，她们还负责所有的家务劳动。在苏联，男人一般不分担什么家务，以托儿所、幼儿园、公共食堂等形式进行的家务劳动社会化也没有得到充分发展。除了在 1917 年革命后立即进行了短暂的激进改革和试验外，提供公共服务并不是政府的主要关切点。托儿所和幼儿园设施仍然主要集中在城市，那里有 37% 的学前儿童去了这些机构。此外，为数不多保留下来的公共食堂也位于城市。

在国营农场，女性通常从事非技术性、非专业性的工作，涉及体力劳动而非机器。她们接受的教育和培训比男性少，因此，在管理和监督工作中女性的比例很低。她们很少成为农场、大队或乳品部门的负责人和管理者。

由于工作负担重，家庭中的劳动性别分工也没什么变化，苏联女性的政治参与度普遍较低，特别是在农村地区。政治集会是在工作时间之外举行的，也就是说主要是在晚上进行，那些在农场或工厂工作后要采购、做饭和做家务的妇女无法参加这种会议。所有报告都承认，由于需要负担家庭责任，女性无法在政治活动中花费与男人同样的时间和拥有同样的投入度。其结果就是，她们在政治决策机构中的代表性更加不足（Croll，1979：17-18）。

女性在社会化部门和所谓附属部门的就业率很高，再加上公共服务和社区设施有限，缺乏现代家庭小工具和电器，男人拒绝分担家务，上述种种都意味着女性的闲暇时间比男人少得多，一直承受着过重的负担。

在1980年女权主义团体地下出版的年鉴《俄罗斯的妇女》中，我们可以很容易地找到俄罗斯妇女对这种情况的不满：男人们用喝酒和看电视来打发闲暇时间，而丝毫不关心家务的完成情况，他们这种父权式和性别歧视性态度早已有之且不断加强[1]。这一现象在四个社会中都可以看得到："……一种新的劳动分工似乎已经建立起来了，不是像以前那样，在农业内部的技术和非技术、较轻和较重的工作之间进行划分，而是在农业和非农业之间进行分工。"（Croll，1979：5）一般来说，非农业工作主要掌握在男性手中，在超发达和欠发达的市场经济中我们都能发现这种情况。

---

[1]《俄罗斯的妇女》是第一本提供有关苏联男女关系情况的女权主义文件。事实上，它代表着女性对无情且残酷的父权关系的控诉，代表女性的愤怒、痛苦和厌恶（*Almanac*：*Women in Russia*，第1期，1980）。

苏联女性试图通过拒绝生育更多的孩子来减轻她们的双重或三重工作负担。国家主要将她们作为工人对待，没有将家务和育儿纳入生产劳动的范畴，没有提供足够的集体服务，因为这些服务似乎太昂贵了，也没有对劳动性别分工进行任何改变，女性只能以"生育罢工"来回应。这导致了出生率的下降趋势，进而引起了政府的极大关注，他们担心这种趋势会对经济、政治和军事力量产生负面影响。正如在资本主义工业化国家（例如联邦德国）所发生的那样，政府为已婚妇女——有一段时间也为未婚妇女——提供经济激励，让她们生育更多的孩子："母性和母职被颂扬为一种爱国的责任，那些有很多孩子的人也因此受到表彰。"（Croll，1979：19）

然而，父权制没有发生其他变化，生产性和非生产性工作的定义也依然保持原状，女性抵制政府让她们从事"生产性劳动"和生育孩子的双重要求。正如一位女博士所观察到的，所有关于改善女性地位的理论都是由男人提出的，他们对这个被忽视的领域（即再生产）没有什么兴趣，而恰恰是这一领域填充了女性的生活（Croll，1979：20）。

中国

中华人民共和国也遵循了上述女性解放的社会主义原则。但是，由于妇女在很大程度上参与了长期的民族解放斗争，再加上革命转型，以及毛泽东优先考虑农村发展而不是快速工业化，女

性生活中发生的变化似乎比苏联更为剧烈。此外,毛泽东还特意
将男性对女性的权力列为压迫中国人民的四种权力之一*,要求必
须通过革命来推翻。女性作为战斗人员和维持经济的人员参加革
命斗争的英勇故事尽人皆知。解放战争带来的结构性变化之一就
是女性接管了田间工作,而根据1937年的一项调查,传统中国的
田间工作是男人的领域。

革命之后中国进行了一些法律改革,试图将废除父权制下的
夫权与将妇女引入"社会生产"结合起来。因此,1950年新的
《婚姻法》与《土地改革法》的颁布相结合。中国领导层决定不把
土地分配给家庭——意味着分配给男户主,而是分配给那些事实
上在土地上干活的人。因此,在土地上干活的妇女也得到了土地
所有权。即使家庭作为一个单位获得了土地所有权,也有一个特
别条款规定妇女拥有与男人相同的权利,甚至有权出售土地,这
是一个真正的革命性措施,因为它是对男女之间基本生产关系的
解放。妇女和男人都可以成为土地的主人。由于土地改革与婚姻
改革相结合,妇女离婚很容易,其结果是出现了大量的离婚申请,
其中大部分是妇女提出的。正如迪莉娅·达文(Delia Davin)所
报告的,许多农村妇女即刻就理解了这一综合改革的意义,并说
她们获得土地所有权的时候,也就是提出离婚要求的时候,这样
她们的丈夫就不能再继续压迫她们了(Davin, 1976: 46)。据梅杰

---

* 即"夫权"。

（M. J. Meijer）估计，在婚姻改革的头四年里，离婚数量为80万起（1971：120）。在鼓励妇女掌握新权利的这段时期内，这些变化也在农村地区带来了冲突，干部们不得不放缓婚姻改革的速度，并试图通过劝说而不是离婚来解决婚姻冲突。随着时间推移，革命初期和后革命阶段的激进婚姻改革再次转变，走向更加保守和父权式的家庭关系。根据迪莉娅·达文和巴蒂娅·温鲍姆（Batya Weinbaum）的说法，共产党领导层提出了经济和政治优先的原则，遵循这种原则，妇女政策在革命后几经波动（1976）。这一政策给了妇女更大压力，不管是作为生产工人或是作为再生产性的家庭主妇和消费者。

中华人民共和国成立后，动员全体人民恢复经济、扩大生产显得格外重要。20世纪50年代初，国家鼓励妇女进入农业和工业生产。通过参与家庭以外的劳动，她们增加了收入，但同时不得不忽视自己的家庭责任。这一矛盾通过动员祖母等长辈来照顾小孩子得到部分解决。在没有这种帮助的地方，妇女不得不减少雇佣劳动，接受较低的工分。在一些地区，妇女的工分只有男人的一半（Davin，1976：149）。儿童保育和其他家庭服务也没有实现大规模的集体化。

1955年，在刘少奇的影响下，曾经有一个短暂的时期，重新颂扬家务劳动是妇女的真正领域。在此期间，妇女被要求在城市的"附属性组织"中做更多的半薪或无薪工作，以便在扩大的社会化部门，特别是工业部门中为男性腾出空间（Davin，1976：66）。

随着 1958 年的"大跃进"和人民公社的建立，这一政策再次改变。人民公社化运动旨在吸引所有家庭成员参与社会生产。这意味着家庭劳务也必须在一定程度上实现社会化，以解放妇女，让其在田间工作。托儿所、幼儿园、公共食堂、谷物磨坊等都建立了起来。根据 1959 年的估计，农村地区建立了 498 万个托儿所和 360 万个公共食堂（Croll, 1979: 25）。但这种集体化生产大部分是按照以前的性别分工进行的：男人进入资本更密集、集体化或国有的工业和农业部门，而妇女则进入街道企业和车间，从事集体化的服务、教育事业、卫生事业以及基本消费品的小规模生产，构成所谓的"风险部门"（risk-sector）。这个部门的特点是技术发展水平低，资本支出少，收入低，主要生产维持生计的消费品。1958 年，国有生产单位中 83% 的工人是男性，而在 1959 年至 1960 年期间，街道企业中有 85% 的工人是女性（Weinbaum, 1976）。因此，劳动的性别分工与经济部门的划分相吻合，即众所周知的正规部门和非正规部门的结构，女性在非正规部门的劳动力中占了大部分。

然而，家庭服务集体化的努力并没有持续太久。1960 年后，由于缺乏受过训练的人员，而且家里长辈带孩子更便宜，大多数农村保育设施又都关闭了。而且事实也证明，公共食堂比妇女免费从事的私人家务劳动更贵（Croll, 1979: 25）。自 50 年代末进行了这一实验，此后在使家务劳动社会化方面就没有什么特别的尝试了。在"文化大革命"期间，特别是在"批孔"运动期间，男性的父权制——或按照官方的说法，是"封建"态度——受到了批评；男性也需要分担家务，但这些努力通常停留在文化上，即意识形态层面，并没有触及生产和再生产的社会关系。

由于妇女继续承担着"再生产"任务，在劳动密集型、低报酬的非正规部门工作，她们取得的工分通常比男性少。这也是因为衡量工作的标准是以消耗体力的多少为基础的。男人的工作被认为是"繁重"的，而女人的工作被认为是"轻省"的，因此，男人比女人得到更多的工分（Davin，1976：145-146）。

与苏联一样，中国的妇女在政治活动特别是决策过程中的参与度，与她们在整个经济过程中的参与程度是不匹配的。在20世纪70年代，妇女占共产党员的三分之一到五分之二（Croll，1979：23）。她们在决定国家大政方针的委员会中的代表比例尚未达到满意的程度。即使在大多数工人是妇女的地方，管理层也往往是由男人组成的。即使在今天，妇女在经济和政治权力机构中的代表性仍不够。尽管有很多人呼吁，妇女应该站出来在政治组织中担任领导，但她们在这些机构中的参与程度尚不能代表她们的数量和她们对社会的重要性。1954年至1978年间，妇女在全国人民代表大会中的比例从最初的11.9%上升到1975年的22.6%，但在1978年又下降到21.1%（Croll，1983：119）。

可以预见的是，现代化转型、经济快速增长和工业化进程将会影响中国女性面临的境况，虽然在意识形态上她们被动员参加社会生产，但实际上她们又被推回到私有化的家庭和非正规部门之中。之所以如此，是因为意欲维持或重新形成父权制的劳动性别分工，它让女性负责家庭和生计生产，这不仅能够为劳动力的再生产提供最廉价的手段，也可以降低市场中消费商品的生产成本。因此，正如我们从其他第三世界和第一世界社会所了解的那样，快速现代化的政策必然会导致家庭主妇模式的重建。

事实上，如果分析此后中国政府的新政策对妇女的影响，可以看出，和印度以及其他欠发达地区一样，中国妇女不再被主要定义为生产者或工人，而是越来越多地被定义为"依附者"、消费者和"养育者"（Croll，1983；Andors，1981）。在20世纪60年代和70年代初，让妇女而不是男人负责无报酬和低报酬的家庭和生计生产（园艺、私人土地、手工艺、儿童保育、卫生服务），这一实际政策和社会主义的妇女解放战略之间依然存在矛盾，只不过这种矛盾被强调妇女对革命贡献的大量革命修辞给掩盖了，而这些修辞似乎又已经和社会主义的妇女解放战略一起，被忽略了。

从人到人口

对于中国妇女的家庭主妇化转变，在妇女政策中体现最为明显的就是新的人口政策，我将重点讨论这部分内容。

在20世纪70年代末之前，"群众""人民"主要被视为生产者，能够解决他们自己的问题。但此后，人口增长带来的消耗性成本得到强调。自1979年以来，展开了一场提倡独生子女家庭的运动。教育成本、雇用年轻一代的成本以及为10亿人口提供基本需求的成本，对这些项目的计算表明，如果一个家庭有一个以上的孩子，那么积累、投资、现代化以及提高城市和农村家庭生活水平所能利用的资源就会很少，也很难为不断增长的人口提供就业机会（Croll，1983：91）。

强调人是消费者是当时社会经济政策的一部分，因为消费者不仅是一个成本因素，而且还为消费品和小物件提供了必要市场，这些消费品和小物件被认为是现代生活水平的指标。

中国将庞大且不断增长的人口视为实现现代化目标的主要挑战之一。1979 年以前，计划生育是一般卫生工作和妇女工作的一部分，限制孩子数量的决定由夫妇或妇女来做。现在，对生育行为的调控已成为国家事务。一对夫妇是否再生育的决定已成为对国家福祉的责任问题。这种责任主要由妇女来承担。她们是计划生育措施的主要目标群体。因此，我们看到了这样一种奇特的情况：苏联宣布生育更多的孩子是妇女的"爱国责任"，而中国则规定妇女的"责任"是遵循人口调控政策。在这两种情况下，是国家在调节她们的生育能力。

国家使用特定手段来调节生育能力。这种手段最初由美国人口控制机构的科学顾问设计（Mass，1976），然后在新加坡和印度等国家应用，其中的关键就是使用经济奖励或惩罚来使夫妇将其子女降低到政府规定的数量。

中国政府为自己设定的人口增长目标是到 1979 年底达到 1%，到 1985 年底达到 0.5%，到世纪末实现人口零增长（Croll，1983：

89)。这意味着每个家庭不能有一个以上的孩子。

城市和农村在集体化过程中建立了组织机构，国家借助这些组织机构来实施"一孩"政策。这个政策本身是由计划生育委员会制定的，该委员会在领导下开展工作。这些决策机构中几乎没有女性，但是人口控制措施又必须由地方妇女组织和"赤脚医生"，以及女性在其中占多数的卫生工作者来实际执行（Andors，1981：52)。

每个人都是某个组织的成员，这使得调控妇女生育能力成为可能。社区、工厂、农村生产队等计划生育委员会成员会单独访问每个家庭。妇女和男人都被置于压力之下，必须遵守独生子女的标准。妇女被授予独生子女证书，有权享受一些特权。每个妇女都被安排在一些特定的年份去生孩子（Andors，1981：52)。

农村地区独生子女家庭的比例比城市低，1981 年的出生率甚至不降反升（Croll，1983：96)。伊莉莎白·克罗尔提出了与此有关的原因，分析了其中的问题：

> 新经济政策使农民家庭的劳动力资源价值最大化，与此同时，独生子女的家庭政策又试图从根本上限制潜在劳动力的出生。既希望农民家庭是生产单位，又希望他们是再生产单位，这种矛盾要求可能从未体现得如此强烈（Croll，1983：96)。

独生子女家庭分配到更多的土地，并减少了移交给集体的产出配额。但是，更多的土地也意味着对家庭劳动力需求的增加，而这一政策又限制了家庭劳动力的增加。农村的独生子女家庭只有通过更多、更长的工作时间才能解决这一基本问题。由于劳动的性别分工没有发生变化，这就意味着那些遵从独生子女政策的妇女们要在自家土地上花费更多的时间去劳作。这种矛盾的根源在于把妇女看作养育者和消费者，把养孩子看作一种成本。但对于各地的农民家庭来说，儿童和妇女主要是生产者，而不仅仅是消费者，这与城市中产阶级和工人的情况不同。

在国家采取调控人口的措施之后，又出现了另一种情况，这种情况最终可能会影响中国妇女解放取得的进展。独生子女家庭对农村地区的养老保障体系构成了威胁。年老的父母在晚年必须由他们的子女照顾，因而农村妇女仍然希望有三个或更多的孩子（Croll, 1983: 97-98）；她们更喜欢男孩，因为年老的父母通常和他们的儿子住在一起。

这是不变的父系制度、父系婚姻和亲属模式的直接结果。尽管婚姻法改革为女性带来了一些变化，例如离婚更容易，可以自由选择伴侣，但它仍然保持了传统的父系制度和父系家庭结构。这意味着妇女在结婚后搬到丈夫的住处和村庄，被纳入他的家族，失去了她在父母村庄的基础，她需要养儿防老、延续香火。

因此，即使在土地集体化之后，村里的男人仍然保持着他们的亲属关系和家庭关系，而女人则全部以外来者的身份进入其中。兰尼·汤普森（Lanny Thompson）认为，在集体化运动中，这些父权制结构甚至被故意用来消除某些农民对集体化的抵触。大队相当于一个村庄，生产队相当于一个父系的亲属团体。

> 作为一个团体，一群有亲属关系的男性对社会化的土地、水和设备拥有使用权。许多小团体是以姓氏来称呼的，在村子里，某个家族的成员可能拥有最突出的地位（Thompson，1984：195；Diamond，1975）。

地方干部也大多来自这些男性世系。在这种制度下，由于女性是娘家的"赔钱货"，父母不会在她们的教育和培训上投入很多。

通过部分领域内的新经济政策，这些父权制结构得以强化。而且，经济政策、人口政策和父权制结构的结合对妇女是不利的。她们承受着道德压力和经济压力，只能生一个孩子。但是父系地方和父系亲属团体又要求这个孩子必须是男孩，而且还要求她应该生更多的儿子。

在这些方面，妇女组织似乎完全无能为力。按照官方的社会主义理论和妇女解放战略，这些倾向是"封建主义"的意识形态残余。妇女组织无法将它们定义为新的生产关系的一部分。但这些并不只是"封建家长制"的死灰复燃，而是融入资本主义制度中的元素，在结构上，这一点和我们在其他欠发达国家所发现的内容并无二致。通过将女性定义为家庭主妇和养育者，可以掩盖这样一个事实：她们作为无报酬的家庭工人和低报酬的生产工人，正在补贴现代化进程。

越南

在越南，共产党将女性解放列入反殖民主义和反资本主义斗争的十大任务当中。领导人从一开始就看到了动员妇女参加反殖民主义和阶级斗争的战略必要性。他们试图把相关观点带到既有的妇女运动中。根据张申潭（Truong Than Dam）的说法，男性革命者甚至用女性笔名出版了关于妇女问题的书籍，提出了以下战略：将资产阶级妇女和其他妇女联合起来，组成统一战线，对抗共同的殖民者敌人（1984）。越南共产党认为女权主义的平等思想是"资产阶级意识形态"，认为妇女解放斗争从属于民族解放斗争。

> 党必须把妇女从资产阶级意识形态中解放出来，根除资产阶级所主张的"性别平等"的幻想。同时，必须让妇女参与工人和农民的革命斗争，这是基本任务。如果妇女不参与这些斗争，就永远无法解放自己。为了达到这个目的，必须打击封建或宗教的习俗和迷信，对女工和农民进行严肃的政治教育，提高她们的阶级觉悟，使她们参加工人阶级组织（Mai Thi Tu and Le Thi Nham Tuyet，1978：103-104，引自 Truong Than Dam，1984）。

动员妇女参加民族解放斗争是至关重要的。在理论上和战略上，越南共产党遵循了前人制定的关于妇女问题的原则。这首先意味着，妇女进入"社会生产"是她们获得解放的前提条件。但这种经典的假设，即革命前社会中的妇女不参与社会公共生产，根本不是基于对越南现实的具体分析。正如克里斯汀·怀特（Christine White）所说，越南的广大农村妇女并没有被关在家里，也不限于在家里工作，而是在田里工作，种植水稻，作为商人走遍全国，因此在社会生产中发挥了关键作用（White，1980：7）[1]。

越南共产党的领导人明白，如果他们想发动一场民族解放战争，就必须动员女性继续进行这种社会生产（而不是重新进入）。女性在反对法国和美国帝国主义的反殖民战争中有非常英勇的表现，这一点众所周知。在抗美战争期间，她们占农村劳动力的80%，占工业劳动力的48%。她们活跃在行政、教育和卫生领域，还作为战斗人员参加了游击队的战斗。最重要的是，当大多数男人都在参加战争时，她们对维持经济运转起到了重要作用。

---

[1] 克里斯汀·怀特引用了越南共产党总书记黎笋（Le Duan）的声明，他在声明中说，在封建政权下，妇女被圈养起来，完全与世隔绝，"几千年来，妇女的活动一直被限制在家庭这个狭窄的圈子里"，妇女"必须有明确的阶级立场，参加公共活动，更多地进行集体思考……"关于这一说法，怀特评论说：

这种说法根本不正确；只有上层阶级才适用"男主外，女主内"的儒家理论。绝大多数的普通越南农民妇女既没有被圈养，也不限于在家里工作。她们不仅为自己的家庭或作为雇工在田里工作，而且经常从事插秧或收割的集体工作。

这些妇女是商人，以团队的形式在全国各地奔波（White，1980：6-7）。

在 1975 年胜利之后，女性在所有经济部门的参与度都很高。根据 1979 年的统计，女性在所有社会生产部门的总参与率为 65%，轻工业为 62.3%，农业为 85%，国营贸易为 63%，卫生为 61%，教育为 69%（Mai Thu Van，1983：329；引自 Truong Than Dam，1984：22）。

但在战后，许多在解放斗争中担任过领导职务的女性被男性取代了。一些表现出众的女性被派往各省。女性被提拔到管理岗位的比例并不能反映她们较高的工作参与率。女性合作社社长的比例仅从 1966 年的 3% 上升到 1981 年的 5.1%。手工业合作社中的比例相对更高，因为那里的大部分工人是女性（Eisen，1984：248）。越南男人不仅反感女性担任领导职务，而且还贬低或嘲笑女性对社会和经济的客观贡献（Eisen，1984：248-254；White，1980；Truong Than Dam，1984）。

尽管妇女在解放战争期间表现出种种英雄气概，但胜利后妇女在政治组织中的参与完全没有反映出她们的经济贡献。在越南共产党的政治局中没有女性。在其他政治领导岗位上，女性的人数也很少。女部长或副部长的人数从 1975 年的 5 人上升到 1981 年的 23 人。战争期间担任外交部长的阮氏萍接管了教育部，这是一个典型的"女性"部门。在战争年代，国会中女性代表的比例从 1965 年的 18.2% 急剧上升到 1975 年的 32.3%，但随后又下降到 1976 年的 26.8% 和 1981 年的 21.8%（Eisen，1984：244）。

在人民议会中也可以看到同样的下降趋势，人民议会是政治结构中国会之下的梯队。在省、县和乡三级，女性代表的比例从1975 年到 1981 年都有所下降：省议会从 33% 下降到 23%，县议会从 38% 下降到 22%，乡议会从 41% 下降到 23%（Eisen，1984：246）。

对于这种下降趋势，党或妇女联合会的发言人的解释是，1976 年越南统一后，最"落后"的南方也出现在这些统计数字中，或者这种趋势是顽固的"封建"态度的表现。阿琳·艾森（Arlene Eisen）引用了妇女联合会一位副主席的话：

> 儒家思想、封建主义和资本主义的残余深入人心。没有哪一代人能像我们这样改变得这么多。我们已经被历史推动，但我们仍然没有完全平等。我们有世界上最进步的宪法之一；但我们却不能通过它来解放妇女。与陈旧的习俗作斗争要比与敌人作斗争难得多……（Eisen，1984：248）

两性之间任何不平等的表现，或是公开的反女性倾向——在女性与男性竞争领导职位特别是行政和政治职位时可以观察到，这些都可以被归咎于"封建残余"（Eisen，1984：242）。这意味着妇女问题被看作一个意识形态的问题，而不是一个结构问题。人们态度和意识的变化比生产关系变化要慢得多，可能需要"几代人"来根除"封建主义"，这是一个缓慢、渐进的过程，需要耐心和持续的思想斗争。因此，像阿琳·艾森这样的作者，在观察了越南解放后妇女运动的负面趋势后，觉得现在做出判断还"太早"，或者说西方女权主义者更应该看看越南女性的成就，而不是通过批评这些趋势来帮助越南的敌人。如果将封建家长制意识形态的持续存在看作女性解放最可怕的障碍，那么就应该"仔细观察妇女斗争的文化因素，这很有必要"（Eisen，1984：65，254）。

对这些趋势进行意识形态和文化解释，对理解它们并没有什么帮助。就像在苏联一样，越南的经济重建最终遵循了所谓的二元经济模式，包括一个"现代"的、正规的、社会化的或国有的部门，特别是在工业和集体化农业中；另外还有一个非正规部门，被称为附属部门，包括家庭生产、自有土地、手工业合作社和社会化农业中的工作分包。与世界其他地区一样，资本密集、技术更先进、收入更高的社会化部门主要是男性的领域，而非正规部门的大部分劳动力是女性。

正如杰恩·沃纳（Jayne Werner）对越南的分析那样，这种模式是在集体化之后引入的，然而集体化导致了严重的经济危机。显然，解放后的越南政府面临着许多革命后农业社会必须面对的普遍问题，即过去支持战争的农民很乐意为自己生产，但他们抵制为国家生产更多的"剩余"。这种抵制的部分原因是国家无法给他们更好的价格，也无法为他们提供廉价的投入以提高生产力。在这种情况下，苏联的援助又大幅削减，人民面临着严重的农业危机，其高峰期在 1977 年至 1978 年。在党的四届六中全会上，党提出了一系列改革措施，即"六中全会改革"。

这项新政策的核心旨在分散生产，加强家庭自有土地体系，尤其是将农业任务承包给合作社和国有农场。现实证明，后一项政策非常成功。一些承包了任务的合作社在一年中增加了30%的产量（Werner，1984：49）。承包意味着国家与农民生产者签订双边合同：这些承包商要求农民向国家交付商定好的部分粮食，国家则需要承担相应的义务，以合理的价格向农民提供化肥、种子和某些类型的设备（Werner，1984：49）。

1981年，这种承包制度得到了补充，一些特定的农业任务又承包给私人家庭劳动力，主要是妇女。承包给家庭劳动力的任务包括插秧、除草和一些收割工作，在越南和其他水稻种植区，这些任务自古以来都是妇女的工作。另一方面，男子的工作，如犁地、水利、防治病虫害和一些收割工作，仍然是合作社中集体化劳动的一部分。我们很好奇妇女是自己与国家签订这些劳动合同，还是由"户主"（通常是男性）签订这种合同，然后将工作再分配给不同的家庭成员。由于这种劳动被定义为"家庭劳动"，情况可能是后者[1]。

占集体土地总数5%的自留地也由"家庭劳动力"耕种。以

---

[1] 这种情况类似于克劳迪娅·冯·韦尔霍夫所描述的委内瑞拉合作社，在那里，只有男性户主可以成为合作社的成员并签署合同，但当他不能工作时，他的妻子和孩子必须无偿工作（参见 v. Werlhof: 'New Agricultural Co-operatives on the Basis of Sexual Polarization Induced by the State: The Model Co-operative "Cumaripa", Venezuela', in *Boletin de Estudios Latino-americanos y del Caribe*, no. 35, 阿姆斯特丹，1983年12月）。

家庭劳动力为基础的合同制度也被用于猪和鱼的养殖。超过政府配额的猪和鱼可以由家庭消费或出售。手工艺品的生产也是以合同为基础的。事实证明，合同制度与自留地上的家庭经济相结合，在提高产量方面相当成功。采用劳动承包制度的农业合作社能够大幅提高产量，而家庭经济提供了越南90%的猪肉、鸡肉以及90%以上的水果。杰恩·沃纳指出，尽管家庭经济是高度生产性的，但它仍然被认为是"附属经济"或"补充经济"，因为工人和行政人员也可以有"家庭经济"（Werner，1984：50）。这就表明，广为人知的资本主义、社会分工和性别分工是"家庭经济"这一概念的基础，这种分工就体现在"非生产性"的私人或家庭领域，以及"生产性"的公共、社会化和工业化领域之间。由于这些分工在社会主义国家还没有被废除，"家庭经济"或我称之为的生计生产，补贴了社会化的现代部门。

因此，合同制度被解释为有效利用农民——特别是农民妇女——"闲暇时间"的一种手段，也就不足为奇了（Werner，1984：50）[1]。

由于正规的集体化部门无法全年创造足够的雇佣岗位，"附属"的家庭经济也派上了用场，以缓解劳动力市场的过大压力。在社会化部门就业的通常是男性，而女性通常在"附属的家庭经

---

[1] "有人解释说，农民现在喜欢这个制度，因为他们可以利用额外的劳动来获得好处，也就是说，为合作社花费的休闲时间是有报酬的。一旦完成指标，剩余部分就属于生产者。"（Werner，1984：50）

济"中执行任务。"家庭经济"占农民总收入的 40% 至 60%。据估计，农业中 90% 的分包工作由女性完成。她们也从事私人家庭经济中的大部分工作，再加上女性在集体部门从事的工作，这意味着女性必须更加努力工作，花费更长的时间在工作上，而不是休闲、教育或参加政治活动，因为她们实际上是作为"家庭主妇"而工作，而不是作为有固定劳动时间和工资的工人。由于缺少一些社会化的育儿服务，女性的工作负担加重了。这不仅意味着女性的双重负担，而且意味着三重负担：包括育儿在内的家务劳动，自己家庭的生计生产，以及国家的"附属"或合同工作。这种家庭化劳动对国家来说特别便宜，在集体中工作的女性理应得到现金为个人工资，而家庭化的劳动不需要采取这种方式，女性并没有得到可见的、公平的报酬。这项政策之所以能够成功，可能这就是背后的秘密。

这在手工业部门更为明显，因为手工业部门 85% 的劳动力是女性。与其他欠发达的市场经济国家一样，越南的手工业生产也被视为解决所有农业发展问题和整个经济问题的手段。生产手工艺品主要是为了出口。它们为国家赚取了引进现代技术和设备所急需的外汇。另一方面，许多手工业是以家庭或合作社的形式而进行的，并不需要太多的机器，因此手工业生产不需要太多的投资。手工业工作也为生产者带来更多的收入，因为手工业产品的价格取决于市场，而大米的价格是由国家规定的。手工业部门的女性生产地毯、垫子、刺绣、针织品和其他服装、陶瓷、玻璃制品、家具和漆器。这些产品主要出口到苏联和其他经济互助委员会成员国家。手工业合作社也为国内市场生产物品，如零配件、工具、自行车、砖和小型机器（Werner，1984：53）。手工业部门迅速扩大，特别是面向出口的生产部门，导致许多女性的工作出现非集体化趋势，从满足当地消费需求开始向供给外国奢侈品市场转变。人们很轻易得出结论，即越南也采用了"家庭主妇化"战略，它由其他第三世界国家的资本主义机构提出，旨在通过"创收行动"、手工业和为西方或城市消费者生产小规模的奢侈品，将女性纳入发展之中（Mies，1982）。这一战略得以实施的原因在于，手工业生产、分包制度和家庭经济正在"吸收农村地区的剩余劳动力"。杰恩·沃纳对这里使用的"剩余劳动力"的定义提出质疑。在她看来，这个概念并没有考虑到女性已经从事了家务劳动和其他劳动。此外，分包给女性的劳动也是她们以前作为集体性雇佣工人的工作。因此她的结论是，家庭经济和分包工作增加了女性的工作时间，而不是占据了她们的空闲时间（Werner，1984：54）。

有意思的是，那些将蕾丝从印度出口到西方的资本家声称，他们通过给 10 万甚至更多的农村贫困妇女"提供工作"，帮助这些妇女有效利用她们的"闲暇时间"（Mies，1982）。

在这两种情况下，女性的家务劳动都被视为"闲暇"。总之我们可以说，越南的新经济政策强调家庭劳动、自有土地、分包和女性的手工业生产，它将女性定义为依赖性的家庭主妇，而不是经济上独立的工作者。在至少四到五种生产关系中，国家利用主妇的劳动力促进社会主义积累。这些劳动关系包括：无报酬的家务劳动；以产品计算报酬的市场工作；自有土地上无报酬的家庭自给生产；以任务计算报酬的合同劳动；雇佣劳动本身。通过分析，我们可以归纳出资本积累过程中越南妇女的五种劳动关系类别：作为家庭主妇的、作为正式合同工的、作为私人市场劳动力的、作为边缘劳动力和作为实际劳动力本身的（Bennholdt-Thomsen，1979：120-124）。

男人是"天然"户主，被认定为家里的顶梁柱，这一战略就是建立在这种基础之上的。因此一般来说，男人也愿意将女性束缚在家庭劳动和家庭经济中。这不仅对社会主义国家有利，对男人也有利。它消除了女性对正规部门中稀缺的、更有利可图的工作的竞争，通过确保一个坚实的生存基础来补贴男人的工资，把女性绑在永无止境的工作上，从而使男人腾出手来从事政治活动。政治活动不仅能带来声望，而且能带来经济特权（Eisen，1984：152）。最后，它让男人控制了妻子的劳动。在我看来，这些似乎是越南男人轻视女性贡献的物质原因，也是他们憎恨女性上升到权威地位的原因，更是他们排斥平等家庭关系的原因。

越南女性批评的父权制倾向（参见 Eisen，1984：248ff）不是封建的，而是国际新父权制的表现，这在其他章节中已经有所描述。在建立"新型民主家庭"（参见 Eisen，1984：180-200）的过程中，没有哪种意识形态斗争能够把这些生产关系变为平等和自由的关系，因为核心家庭是剥削女性劳动的典型机构。

对这三个国家妇女状况的分析表明，尽管在解放斗争期间及之后，女性地位发生了变化，但这些国家的政府所采取的经济政策对女性产生的影响是类似的。尽管这些国家存在政治差异，但它们将女性纳入社会发展的政策非常相似。它们或多或少地都以劳动性别分工为基础，将女性归入家庭和（或）非雇佣性工作的范畴。然而，这种家庭不是"封建"家庭，而是现代的核心家庭。在这些社会中，女性所面临的问题与这种家庭模式的建立或重建密切相关。根据经典的说法，这种家庭模式将随着私有财产的消失而消失。经历了社会关系变革的其他国家，它们的发展与上述情况相差无几。

在对上述国家女性地位的描述中，我们也发现这与市场经济中的女性问题具有很强的相似性。

对于女性解放，社会主义是否比资本主义创造了更好的前提条件，在我们回答之前，有必要问两个问题：

1. 为什么要动员女性参与民族解放或革命斗争？
2. 为什么女性在取得胜利后又被"推回去"了？

为什么要动员女性参加民族解放斗争？

就其性质而言，民族解放斗争是由生活在某一特定领土上、具有某种共同历史和文化、具有某种共同利益、将自己理解为一个民族的广大人民所进行的斗争。敌人通常是帝国主义或外部殖民主主义力量和（或）他们在国内的代表。就像许多非洲国家一样，"民族"的概念在解放斗争之前并不存在，而是殖民者跨越历史部落和领土界限，人为创造出来的一种政治和经济实体。在这种情况下我们可以说，民族解放斗争本身就创造了类似于民族身份的东西，而这一身份在此之前并不存在。作为整个民族或国家，在面对军事和经济都强于自身的殖民压迫者时，如果要获得胜利，就必须动员所有阶层的人参与斗争。事实上，这是一场人民起义，而不是一场由专业军队进行的战争。对这样一场人民战争，妇女的贡献是很重要的，主要有两个原因：1. 作为下一代的生产者，她们是这个国家未来的保障者。这一点在解放战争中尤为重要，因为解放战争往往要求生者为更好、更幸福的未来做出重大牺牲。2. 无论是正规军还是游击队，成年男性毕竟身在前线，"后方"的妇女则需要维持经济。除了无偿的家务劳动外，她们还必须维持农业和工业生产，以此满足家中人员和战争中男人的需求。如果没有妇女扛起经济持续发展的责任，就不可能打出成功的解放战争。

除此之外，在许多情况下，女性还作为战斗人员直接加入军队或游击队。考虑到斗争的长期性和男性人数不足等情形，这也是很有必要的。女性还担负着护士、通信员、卫生员、行政人员等职责，为战士提供一些服务。

很多人将女性直接参与游击队斗争看作对女性解放的直接贡献。他们的理由是，女性手里拿着枪就不会再接受男性的压迫和剥削。但是，民族解放战争以及其他战争的历史给了我们另一个教训。

要动员一个"国家"的大多数女性（更不用说全部女性）来完成这些爱国任务，需要建立全国性的妇女组织。这些组织似乎是必要的，毕竟除了家庭、亲属团体或村庄，她们没有其他的组织关系，这样做可以克服大多数女性地方化、个人化的问题。只有她们被组织起来，才能很好地执行革命党的任务。

除了努力吸引尽可能多的女性加入妇女组织（作为一个群众组织，这种妇女组织总是在革命党的领导和指导下开展工作），解放斗争的领导人必须在结构和思想上推动一些变化，以确保妇女能够完成必要的经济和军事任务，例如，在大多数情况下，他们必须改变一些父权制的机构和关系。必须放弃传统的劳动性别分工：女性要做男人的工作，男人要做女性的工作。例如在中国，北方解放区的妇女本不习惯在田间工作，但她们必须学习如何种地，如何使用耕犁，如何进行农业和手工业生产。为此，她们必须走出家门，组成劳动小组，学习新的技能。在越南，妇女不仅从事农业生产（她们在其中一直发挥关键作用），还需要生产其他的消费品和战争物资。

在游击战中，男人也要做女人的工作，如做饭或看护病人。一位来自津巴布韦的前女游击队员说，加入游击队的妇女首先照顾病人和伤员，但后来也成为战斗人员。当这些妇女想参加政治会议时，有些人无法参加，因为她们必须照顾在那里出生的婴儿。

她们批评男人，要求建立托儿所，要求婴儿的父亲与母亲分担工作。在实际的游击战中，男人们也分担了托儿所中的工作[1]。

广大妇女组织的建立也代表了一种地位的变化。在某些案例中，例如在尼加拉瓜、索马里、越南，妇女组织是在民族解放斗争之前由致力于妇女解放的妇女成立的。当革命党接管了斗争的领导权时，这些妇女组织通常从属于该党，并被"清除"了所谓的"资产阶级女权主义"倾向（Truong Than Dam，1984）。在革命之后，这些组织失去了之前可能拥有过的自主权，成为执行党的政策的工具。

我们看到，劳动性别分工的变化是可能的，妇女的组织也是可能的。事实上，这些之所以是可能的，那是因为它们是总体斗争所必需的。然而，不能将这些成功看作男女关系中深刻的主观和客观变化的结果。我们应该记住，在帝国主义战争期间，劳动性别分工也发生了变化，女性在农场和工厂里做男人的工作。但在这些战争之后，旧的秩序又立即恢复了。事实上，这些战争被视为特殊情况，需要采取特殊措施。它们不一定带来意识上的深刻变化。战后，人们又回到了他们认为的男女关系的"正常"状态。在解放后的越南，男人的态度就是一个很好的例子。

这让我们想到第二个问题。

---

[1] 参见 M. Mies and R. Reddock（eds.）：*National Liberation and Women's Liberation.* Institute of Social Studies，The Hague，1982：123-124。

为什么女性在解放斗争后又被"推回去"?

对这个问题的回答必须考虑到解放战争后的客观条件，以及男人和女人的主观意识。这两个层面是相互关联的。

在一场成功的反殖民解放战争或革命之后，最大的问题之一就是经济恢复。必须要将所有的精力调动起来用于国家重建，因为国家可能已经被战争破坏殆尽，越南的情况就是如此。政府的第一个目标是给人民提供足够的食物、衣服、住所和医疗服务。有时这甚至超出了新政府的能力，不仅是因为工厂、运输系统、设备、住房和田地都被炸毁，而且还因为许多殖民地人民生产的经济作物主要是为了出口到工业化国家，几乎没有自己的工业。

在整个经济与殖民国家或国际劳动分工相关联的情况下，新政府要建立一个为人民服务的独立经济是特别困难的。最大的问题之一是退伍士兵和游击队员的就业问题。例如在津巴布韦，政府无法为曾经浴血奋战的游击队员提供足够的雇佣劳动岗位。在这种情况下，政府决定将工业或政府服务中稀缺的有偿工作交给男性，而不是女性。但在越南，将所有工人转变为自由雇佣劳动者或无产者的目标，与增加农业生产的迫切需要相冲突，更与进一步发展工业而进行社会主义资本积累的目标相冲突。人们通常认为，由于生产力发展水平低下，农业和工业产生的剩余太少，无法向每个工人支付足够的工资，甚至无法将所有工人界定为雇佣劳动者。我们已经看到，大多数革命后的政府所寻求的出路是按照其他欠发达国家的模式，将经济分割开来，一个是现代的、资本密集的、社会化的、以雇佣劳动为主导性生产关系的"正规"部门，以及一个"附属的"、劳动密集的、非社会化的（"私人的"）、技术落后的"非正规"部门，后者不仅生产群众所需的大部分生活用品，而且还生产出口到资本主义或社会主义国家的商品。这个部门生产这些商品的成本要比前者低得多，因为并非所有生产者都作为自由雇佣劳动者被付给酬劳。正如克劳迪娅·冯·韦尔霍夫所说，同资本主义国家一样，自由雇佣劳动者、无产者等被寄予希望能带来革命性转变的人，他们的雇佣成本太高而工作得太少，不够灵活，也不容易从中"压榨"出更多剩余价值，因为他们比农民，特别是比女农民，组织得更好。女性构成了"附属"部门的大部分劳动力（v. Werlhof, 1984）。因此，女性，或者说是被定义为家庭主妇而非工人的女性，是发展的最佳劳动力，而不是所谓的无产者。解放后国内和国际客观条件——解放了的国家也身处其中——可以解释政府面临的经济困难，除此之外，这种经济困难也是新政府想建立一个现代国民经济的结果。它们中的大多数所遵循的是工业化国家的模式。即使是优先发展农业，其基本的发展路径也是基于工业化社会的增长模式。在这种模式下，投资资本要么来自外部，依靠国际援助，要么在本土产生，依靠剥削社会的某些部分，以此来建设现代民族工业。为完成这个目标，女性和农民通常充当了被剥削的阶层和群体。在这种发展模式中，劳动的概念与资本主义下的劳动概念相同；公共的、"生产性的"劳动领域与私人的、"非生产性的"或再生产性的劳动领域，两者之间的社会分工以及劳动性别分工不能被废除，因为这些分工保证了女性和农民的生计生产和商品生产在社会上仍然是不可见的。由此，可以在持续的资本原始积累过程中将她们的劳动挖掘出来，然后投入现代经济和国家的建设中。这就是女性必须被"推回去"的主要原因。

主观方面的问题是，解放斗争期间的劳动性别分工可能发生了事实上的变化，但男性和女性的意识都没有发生根本变化。只有在解放战争期间及之后，针对父权制下男女关系而开展的独立妇女运动才可能带来这种变化。然而，恰恰是这种独立的反父权制斗争被战争的领导者阻止了，在他们看来，人民之间的所有矛盾，包括男女矛盾，都从属于民族与帝国主义强权之间的主要矛盾。他们通常认为，围绕男女矛盾展开的独立运动和妇女组织，是对被压迫者统一战线的威胁，是内在的反革命行为。在他们的革命概念中，"妇女问题"是次要矛盾，必须在解决帝国主义和阶级关系的主要矛盾后，才能在意识形态层面加以解决。

一些女权主义者，比如苏联的亚历山德拉·科隆泰（Alexandra Kollontai），不希望反对父权制的斗争附属于其他"总体的"斗争，这就是他们被孤立和"被遗忘"的原因。但是，越南妇女联盟对男人"顽固封建态度"的抱怨，证明了人们的意识不可能仅仅通过文化革命或意识形态斗争来改变。

尽管有进步的宪法和法律上的男女平等，尽管女性对战争和经济重建做出了巨大的贡献，但女性在政治决策机构中没有得到充分地代表，而且还被送回家庭和"附属经济"之中，男人却在往上爬。这也证明了，在实际斗争中可能已经发生的意识变化并没有持续下去。

我认为，这种意识的变化不可能发生，因为物质生产关系没有什么变化，而父权制的男女关系是这种物质生产关系的一部分。在革命后建立的"二元经济"中，维持或建立父权制男女关系，并将它们在核心家庭中进行制度化，这对于建立以增长模式为基础的"现代经济"至关重要。解放后，全国性的政府掌握了国家权力，某些经济部门已经社会化或国有化，但这并不意味着所有生产关系都已彻底变革，已经使某些阶层的人不会因为其他阶层的利益而被剥削。

大多数解放后的政府所遵循的发展模式必须继续进行这种剥削。为之辩护的论据是，国家因此而积累的盈余最终也会惠及那些被"剥削"得最厉害的人，即农民和妇女。但是，那些控制了政治和国家权力的人可以决定如何处理这些"剩余"，他们也可以决定自己获得比其他人更大的份额。这可能导致一个新的国家阶级的出现，这个阶级以垄断政治为生。通过"生产性"劳动产生的"剩余"寥寥无几，如果是这样的话，那么在革命胜利之后，围绕这种有利可图的工作的竞争就会特别激烈。我猜想，在革命后国家的所有政治决策机构中，女性代表人数之所以很少，这就是主要原因。男人，尤其是那些革命党人，垄断了国家权力。

然而，女性却被归入家庭以及私人或非正式的"附属"经济。这种模式确保了"大人物"对国家权力的垄断不受挑战。女性被排除在这个领域之外，而"小人物"则通过他们在家中的相对权力被"收买"。

从强调民族国家（nation）到强调国家政权（state），这个过程也反映了这种转变。在解放斗争期间，整个民族拥有心理和历史上的共同点，而在解放之后，国家及其机关则声称他们代表共同利益。因此，建设现代经济通常与建立一个强大的国家是一致的。在这个阶段，前文提到的革命海报上的女性国家形象被开国元勋的形象所取代。事实上，他们是国家政权的父亲，而不是民族国家的父亲。正如其他父权制国家一样，女性在整个国家建设过程中的作用被理想化的国家奠基人掩盖了[1]。

---

[1]　1982 年 3 月 8 日，我有机会在格林纳达见证了这样一个社会主义—爱国主义谱系的建立。已故总理莫里斯·毕晓普（Morris Bishop）在对聚集在一起的格林纳达妇女讲话时，赞扬了她们对国家经济建设的贡献，以及她们对美帝国主义的斗争。但随后他宣称：

你们是卡斯特罗的女儿。

你们是切·格瓦拉的女儿。

你们是鲁珀特·毕晓普（Rupert Bishop）的女儿。

鲁珀特·毕晓普是莫里斯的父亲。他被前总理加里的警察杀害。这篇演讲让我印象深刻的是，莫里斯不仅将劳动妇女和"母亲"贬低为"女儿"，而且他甚至没有提到卡斯特罗、切·格瓦拉和他自己的母亲。这种将"母亲"贬低为革命父权制下立国者的"女儿"的做法，意味着妇女权力的丧失和新的"父亲统治"的合法化。这种父权社会主义谱系和其他父权谱系一样，都是空想，因为真正创造了人的妇女，在其中没有地位。

理论盲区

克里斯汀·怀特认为，许多第三世界的人不加批判地采用了分析 19 世纪欧洲社会时制定的经典框架，导致他们对自己国家的具体历史事实存在认识上的盲目性（White，1980）。在"封建主义"这一概念的使用上更是如此，他们用这个概念来描述这些国家非资本主义的生产关系。除此之外，对"工人阶级""劳动""生产劳动""剩余"等词的使用也是如此。

这个理论框架是为 19 世纪的欧洲制定的，可能并不适合非洲、亚洲和拉丁美洲殖民地的情况。问题不仅局限于此，还在于这个框架是否足以分析过去和现在欧洲或美国的情况。最近女权主义者对经典理论中有关家务分析（或者说缺乏对家务的分析）的批评，已经指出了这一理论中的"盲点"（v. Werlhof，1978，1979）。但这并不是全部。尽管妇女问题和殖民地问题构成了资本主义社会现实下重要的核心部分，但这些问题被排除在这一理论的分析范畴之外。根据马克思主义理论，雇佣劳动和资本之间的矛盾，以及通过不断剥削无产阶级的剩余劳动来扩大资本再生产，构成了历史发展的动力。资本渴求不断增长的积累，以此推动生产力发展、生产丰富的商品，这导致生产关系（财产关系）和生产力（技术进步）之间的矛盾，激发无产阶级革命，破坏生产关系，进而催生出一个新的社会。

然而我们已经看到，剥削殖民地、剥削妇女、剥削其他非雇佣工人，对资本主义积累过程而言并不仅仅是偶然的、边缘的，而绝对是至关重要的事情。没有对非雇佣劳动的剥削，就不可能有对雇佣劳动的剥削（见第一章）。把这两个主要的"超级剩余"榨取领域排除在分析之外，不仅误导了欧洲的工人阶级，同时也把经历过解放斗争的人民引入了误区。

如果看一下德国社会民主党的历史就会发现这一点。德国社会民主党是欧洲第一个将马克思主义或科学社会主义作为其理论基础的社会主义政党。除了罗莎·卢森堡周围的激进分子外，德国社会民主党人并不反对殖民扩张。只有出现暴力和非人道的残暴行为时，他们才批评对殖民地的控制措施。

> 如果能采取和平的方式进行扩张，那么该党就没有理由提出反对意见。例如，当德国国会讨论中国胶州湾的租赁条约时，社会民主党的代表谴责了行动中的暴力行径，但没有谴责租赁条约本身（Mandelbaum，1974: 17）。

在党报《前进报》（*Der Vorwärts*）中，"中国的开放"是一种历史需要，甚至成为论证这一条约正当性的理由。

沿着马克思的分析，德国社会民主党人期待着通过生产力的迅速发展，即"最先进"工业国家的技术和工业，推翻资本主义，带来社会主义的胜利。他们把社会主义主要解释为国家接管生产资料。因此，正如他们中的一个人所说，他们认为殖民扩张是"社会主义普遍文化使命的一个组成部分",因为它将促进宗主国的资本增长,消除"野蛮国家"的生产障碍(Mandelbaum,1974:19)。在这方面,社会民主党人与德国资产阶级的文化沙文主义一样,他们总是把资本主义工业国家称为Kulturnationen(文明国家),而将殖民地称为"野蛮"或"野生"的Naturvölker(土著或自然民族)。社会民主党人奎塞尔(Ludwig Quessel)甚至认为,欧洲国家的殖民政策可以使地球上的所有生产力都能够为欧洲的Kulturmenschen(文明人)服务,同时还可以通过一种"福利专制主义"(welfare despotism),使"土著人"获得发展。这种福利专制主义将向有色人种传授工作纪律,如果他们要生产超过自己眼前生存所需的产品,就必须有这种纪律。在这种工作纪律中,他看到了一种特殊的伦理价值(Mandelbaum,1978:17-18)。

伯恩斯坦这位党内"右派"理论家之一也写道:"我们谴责某些征服野蛮人的方法,但我们不会谴责征服野蛮人这一行为和我们作为比他们更优越的文明的权利。"(引自Mamozai,1982:212;译自M. M.)这种沙文主义思想的物质核心是,只有工业国确立了自由剥削殖民地劳动力的"权利",以尽可能低的价格开采其原材料,并将殖民地作为获取资本的市场,所谓的Kulturnationen的无产阶级群众才可能期望提高生产力,提高自身的生活条件(Luxemburg,1923)。在这一点上,殖民地的物质生存利益和土著人的自主权是次要的。

在这方面,德国、法国或英国的工人阶级之间并没有什么区别，他们都不仅支持本国的殖民活动，而且还支持帝国主义战争。

列宁是谴责德国社会民主党人修正主义的人物之一。在他关于民族和殖民地问题的著作中，他宣扬无产阶级的国际主义。他支持殖民地人民争取民族独立的斗争，呼吁欧洲工人阶级和"西欧先进国家"的共产党也支持殖民地的民族解放斗争。但他已经注意到，欧洲工人的这种团结并不是理所当然的。英国工人不准备与本国政府的殖民政策作斗争。但列宁只将这种态度作为西欧劳工贵族腐败的表现加以谴责（Lenin，1917），他并没有解决固有的问题。

新解放国家的政府大多处于相同的发展和进步模式之中，他们面临着严重的两难局面。在解放斗争中，他们必须动员所有阶层的人参加反殖民斗争。他们提出了平等、结束剥削和压迫，以及关于社会前景的美好承诺。但是，在建国后的经济政策中，他们又往往希望遵循增长模式，追求生产力的快速发展。

根据相关理论的原则，只有这样才能结束贫困，提高生活水平，带来丰富的商品和货物——在资本主义关系下，这些商品和货物是通过对工人的剥削生产出来的。然而我们已经看到，资本主义社会的这种"进步"不仅建立在对这些国家的"自由"雇佣劳动者的剥削之上，而且还建立在对那里的非雇佣劳动者（通常是家庭主妇）的剥削之上，以及对殖民地和欠发达民族的掠夺和剥削之上。如果解放国家的政府想遵循这一模式，那么归根结底，他们不可能做到没有剥削，也不可能在积累过程中平等对待所有的人。在没有外部殖民地的情况下，他们将经济划分为集体化的现代国家部门和"附属"的私人部门，他们在这种划分中看到了出路。这种社会分工与资本主义典型的劳动性别分工几乎是一致的：被定义为雇佣劳动者和"养家糊口者"的男性主导着社会化的优先部门，而被定义为家庭主妇的女性则归属于次要的、基于家庭的"附属"部门。这种划分确实扩大了生产，提高了包括农村妇女在内的生产者的生活水平，加速了积累过程。但它也导致了女性劳动负担的增加，非集体化和私有化程度的提高，女性在政治决策过程中的撤退或被驱逐，政治决策过程就越来越由男性，特别是男性国家阶级所主导。这种划分也导致了另外一个现象：就像大多数资本主义国家的情况一样，女性解放的目标被当作上层建筑、意识形态和文化问题，而不是基本经济结构的问题。但这种划分本身是矛盾的。虽然在上层建筑层面，关于女性解放的革命言论仍存在，比如在 3 月 8 日的庆祝活动上；但在政治经济基础的层面上，她们的状况接近于发达国家和欠发达国家资本主义关系下女性的状况。

第七章

迈向新社会中的女权主义视角

前文分析了资本积累框架内劳动性别分工与国际劳动分工的相互作用，也讨论了上述内容对女性的生活和人性的影响，现在最迫切的问题是，我们该如何摆脱这种局面？如果一个社会不打着积累更多财富和金钱的旗号去剥削女性、垦伐大自然和开拓殖民地，那么这个社会将会是什么样子呢？在试图回答这些问题之前，我想就国际女权运动的潜力阐明我的立场。

中产阶级女权运动的案例

左翼分子，尤其是第三世界的左翼分子，经常指责西方女权运动，认为它只是受过教育的中产阶级女性的运动，因此无法在工人阶级女性中建立根基。欠发达国家的中产阶级女性被力劝要去大城市的贫民窟或村庄，去帮助贫穷女性摆脱苦难和剥削的魔爪。我曾听到印度许多城市中产阶级女性说，她们自己是有特权的，她们没有受到压迫，女性解放的首要工作应该是让贫穷女性意识到自己的权利。那些中产阶级女性开始在她们之间讨论女性受压迫的问题，她们常常被指责为以自我为中心和精英主义。而这些女性经常对自己属于女性"特权"阶级这件事情感到十分内疚。

对所谓中产阶级女权主义展开批判，背后的理由基于这样的假设：那些每天都要为保障自己的生存而奋斗的女性，无法沉迷于为"女性解放"和"人类尊严"而奋斗的奢侈之中。贫穷的女性首先需要"面包"，然后才能考虑解放问题。同时，那些由于阶级地位而有机会接受现代教育和就业的女性，特别是那些生活在自由的家庭氛围中的女性，人们认为她们已经解放了。显然，这种女性解放的概念恰恰排除了新妇女运动所围绕的父权制男女关系的敏感层面，特别是对女性的暴力这一方面。

但事实是，印度和世界其他地区对女性暴力行为的增加，引发了许多国家真正的女权运动。在印度，"嫁妆谋杀"、强奸、家暴和其他反女性倾向事件逐渐增加，这让城市中产阶级女性认识到，她们所谓的特权阶级的地位并不能保护她们免受性暴力，也不能保护她们免受本阶级男性、家庭中男性、其他男性——其中甚至包括警察这个法律和秩序的守护者的迫害。尽管近年来经历了如此之多，人们仍然可以听到这样一种论调：在受过教育的城市中产阶级女性中，没有必要进行女性解放，因为这些女性本已解放，或者有办法解放自己。这种论调是对现实视而不见的一个例子，而这种视而不见不仅存在于中产阶级，也存在于第三世界国家。这也是一个将解放等同于财富的经济主义式的例子。与此相反，我认为无论是在超发达国家还是在欠发达国家，中产阶级女权运动都是绝对的历史必然。

支持这一立场的理由是多方面的，其中最明显的是前面已经提到的父权制压迫和剥削、性骚扰以及暴力在各地中产阶级中与其在工农群体中一样猖獗，甚至可以说，它们在中产阶级中比在农民当中更普遍，因为在农民那里旧的性禁忌仍然发挥着更大的作用。第二个原因是，中产阶级女性经常提到的使她们有别于贫穷女性的特权，实际上使她更容易遭受暴力侵害。因为她们受家庭中男人的"保护"，所以这些中产阶级女性没有学会自由行动，也没有学会在受到攻击时如何保护自己。此外，她们是"享有特权的"家庭主妇，这意味着她们在家里与世隔绝，周围几乎没有其他女性或男性的社交网络来支持她们。她们什么都拥有，不必向朋友和邻居借钱。凡此种种都使她们比工人阶级或农村妇女更容易受到父权制的压迫，后者通常仍在集体范围内生活和工作，至少在第三世界国家是这样。

此外，中产阶级女性所接受的教育使她们并不具备对抗男性压迫的能力。包括家庭在内的所有教育机构向女孩传授的美德使女孩丧失了所有的自立、所有的勇气以及思想和行动的独立性。由于婚姻和家庭仍然被视为女性的自然命运，所以所谓的教育也就是让女孩准备好承担家庭主妇和母亲的角色。

在这种对家庭生活的准备工作之外，可能也有某种专业培训作为补充，但情况并没有从根本上得到改变。

"女性基本上就是家庭主妇"，这一观念得到了这个阶级的支持并由其传播。这个阶级的女孩学习家政学，使这种意识形态具有了科学视角。所有的媒体，特别是电影，都以这种意识形态为基础塑造女性形象。这种形象包含部分浪漫的爱情观念，这更使西方女性在情感上陷入父权制和性别歧视的男女关系中[1]。所有这些，再加上中产阶级女性作为一种理想类型在经济上依赖丈夫养家糊口的事实，足以让我们得出结论，成为中产阶级女性或家庭主妇并不是一种特权，而是一种灾难[2]。

然而，大多数欠发达国家仍然有意无意地维护这种中产阶级女性和家庭主妇的形象，并将其作为进步的象征宣传。其中的推手不仅有明确的"资产阶级"机构和组织，如保守的妇女组织，还有科学界人员、政治家和行政人员，甚至包括国家和国际的发展规划者，以及最重要的商界。此外，想在工人和农民中传播阶级意识的左翼组织，在妇女中开展工作时，脑海中基本上没有其他女性形象。他们的干部主要是中产阶级的男性和女性，而且他们认为具体的妇女问题（育儿、保健、计划生育、家务）也与这

---

[1] 在与科隆的受虐女性合作时，我们发现，将这些女性束缚在虐待和折磨她们的男人身边的（有时是多年），并不是对男性"养家糊口者"的经济依赖性，而是她们作为女人的自我概念。除非得到男人的"爱"，否则她们无法拥有自己的身份。男人的殴打往往被解释为爱的表现。这就是为什么一些女人回到了她们的男人身边。在我们的社会中，没有被男人"爱"的女人谁也不是。

[2] 这可以说是对马克思关于"生产工人"（即典型的无产阶级）评述的一个类比。在《资本论》中，他写道："因此，成为一名有生产力的工人不是一件好事，而是一件坏事。"（ *Das Kapital*, vol. I: 532 ）

种形象有关。显而易见，即使在经历了财产关系革命性变化的社会主义国家，女性作为（依赖性）家庭主妇的中产阶级形象一直是建立附属或非正式部门的新经济政策的核心。

中产阶级女性的"特权"不仅在于她们被驯化和孤立、依赖男性、情感上受到束缚和削弱，还在于她们被完全物化了女性的意识形态限制。所有这些都与她们作为家庭主妇必须花费丈夫赚来的钱这一事实有关。至少在城市地区，她们已经成为家庭消费的主要代理人，为生产的商品提供必要的市场。在很大程度上，正是这一类女性成了消费的主体和目标。在西方，女性通过疯狂购物来弥补自己的许多挫折感是一种常见的现象。贫穷国家的中产阶级女性遵循同样的模式。非洲、亚洲或拉丁美洲的城市中产阶级女性也或多或少地遵循相同的生活方式和消费模式。只要看看非洲或印度的女性杂志，就可以看出中产阶级女性是如何被动员起来成为消费者的。

国内和国际的资本家将这一种女性形象以及随之而来的消费模式作为进步象征加以维护和传播，因为他们的利益牵涉其中。如果中产阶级女性不提供市场，国内和跨国公司将在哪里销售他们的化妆品、洗涤剂、肥皂、合成纤维、塑料、快餐、婴儿食品、奶粉和药品等呢？

因此，作为家庭主妇、母亲和性符号的中产阶级女性被不断动员起来，追随各种时尚潮流，成为所有营销机构广告策略的主要目标之一。正如伊丽莎白·克罗尔所说，这样的女性形象也出现在北京的广告牌上，在那里，作为"劳动模范"的女性已经被化妆品、电视、洗衣机、牙膏、手表和现代烹饪锅具的"女性消费者"取代。新型海报上的中国妇女们烫着波浪卷儿的头发、涂着红唇、化着绚丽眼妆。妇联对这种广告的抗议效果甚微，因为这种女性形象与中国和西方间日益增长的商业利益及联系密切相关（Croll，1983：105）。因此在中国，作为消费者的西方中产阶级女性似乎也是进步的象征。西方女权主义者正在挑战这种女性形象及其背后的社会现实，不仅是因为她们意识到，面对如此多直接和间接的对女性的暴行，"幸福女性"形象背后隐藏着巨大的虚张声势，而且也因为许多人意识到消费主义是一种毒品，由于这种毒品，无论男女都不得不接受其他不人道的、越来越具有破坏性的生活状况。工业界为保持增长模式而不顾一切地创造的新"需求"是一种上瘾的表现类型。满足这些"瘾"不再带来更多的幸福和人类的满足，而是更进一步地破坏人类本性。

在 20 世纪 70 年代早期，妇女运动和其他一些抗议运动仍然相信，既然"我们已经拥有了足够多的一切"，妇女问题就可以通过简单的再分配过程和实现资产阶级革命的承诺最终得到解决。但显而易见的是，商品过剩和这种过度生产背后的模式破坏了环境以及人类的生活和幸福。此外，整个资本主义父权制文明残酷、愤世性的女性仇恨在今天如此公开地表现出来，以至于女权主义者再也不能幻想，在这种社会范式的背景下有可能实现女性解放。

这种认识在欠发达国家的中产阶级女权主义者中还不是很普

遍。但我认为，她们也有足够的理由不为她们阶级中现存的和不断增长的女权运动感到愧疚。如果城市女性想要抵御世界范围内日益增长的反女性倾向，那么这样的运动确实是必要的。但也有必要让中产阶级女性自己摧毁那些使她们成为虚假进步象征的神话、形象和社会价值观。例如，如果印度的中产阶级女性开始质疑诸如贞操之类的父权制价值观，以及像悉多、萨维特里这样的神话中所宣扬的自我牺牲的女性典范，或者现代家庭主妇的意识形态，那么她们不仅为自己的解放做出了贡献，而且也为工人阶级和农民妇女的解放做出了贡献。因为作为进步的象征，这些女性形象、这些神话和价值观已经被媒体、电影、教育系统以及发展学家、活动家和社会工作者带到了所有的印度乡村。农村和贫民窟地区也开始传播中产阶级家庭主妇思想，问题已经不仅限于这种思想观念内在贬低了女性，更多在于，对大多数贫穷的农村和城市女性来说，这些形象永远都是镜花水月。然而，这些形象却对她们产生了巨大的吸引力，许多人可能会拼命尝试，以达到现代中产阶级女性的标准。随着电视在许多农村地区的普及，美国电视节目（如《达拉斯》）或当地一些模仿它们的电视节目将触及所有观众。因此，城市中产阶级女性，特别是那些想在第三世界国家的贫困农村和城市女性中获取支持的人，有必要批评中产阶级女性的意识形态和现实，防止进一步传播女性作为家庭主妇和消费者的虚假形象，不再将其作为女性解放和进步榜样的象征。对此，观点明确且强有力的中产阶级女权运动是重要保障。如果没有这样一场运动，如果女权主义者没有批评"把中产阶级女性作为更幸福未来的承载者"这一观念，在贫穷女性中做工作的女性活动人士将会下意识地把这一形象传递给那些不需要它的女性。

还有另外一个方面，如果不对中产阶级女性典范及其具体的民族和文化表现形式进行激进的女权主义批评，那么即使中产阶级女性真正致力于女性解放以及所有受压迫者和被剥削者的解放，她们也很有可能会对所谓"落后"阶级和社群中有关女性的真正进步和人性因素视而不见。这些进步和人性因素可能是尚未完全纳入父权制的传统元素，是母权制或母系传统的残余，也可能是女性权力的一小部分，这些权力可能来自她们仍然保持着的社群和集体的生活和工作方式，甚至可能来自她们长期抵抗男性压迫、阶级压迫和殖民压迫的传统（Mies，1983；Chaki-Sircar，1984；Yamben，1976；van Allen，1972）。

正如克里斯汀·怀特对越南共产党的评论，他们对越南母系传统视而不见，几乎只关注封建和儒家传统，这些都是中产阶级男性专注于父权制文明的一种表现（White，1980：3-6）。欧洲资产阶级试图模仿贵族的生活方式，工人阶级也在模仿资产阶级。同样的效仿和模仿过程也在第三世界和第一世界国家之间发生。在这整个过程中，女性曾经或仍然拥有某种自主权和力量的所有民族和地方传统，都被界定为"落后的""原始的"和"野蛮的"。助长这种破坏女性历史的做法是不符合女性利益的。中产阶级女权运动可以从这些"落后的"女性历史和文化中汲取力量、获得灵感、接受指导。

鉴于"男人养家糊口"的谬误——中产阶级女性像围绕着太阳的行星一般围绕着这一谬误——正在迅速瓦解，这一点更加紧迫和必要。越来越多的证据表明，婚姻和家庭不再是女性的经济保障和人身保险，在受过教育的中产阶级中，同样也有越来越多的男子在逃避对女性和儿童的责任。因此，中产阶级女性最好去找她们贫困姐妹，向她们学习如何在这种情况下有尊严地生存下去。

基本原则和概念

知道自己不想要什么比知道自己想要什么更容易。为未来社会设定一个女权主义视角是任何个人都无法单独完成的艰巨任务。况且，在妇女运动中没有任何意识形态和理论核心可以承担这一任务，制定一致的理论、战略和战术。国际女权主义运动是一个真正的无政府主义运动，在这场运动中，任何有责任感和有话要说的女性都可以为未来社会愿景的形成做出贡献。有些人认为这是运动的弱点，有些人则认为这才是运动的优势。但无论采取何种立场，事实上，女权运动并不会以其他方式运作。至少对所有的团体、组织和女性个人来说都是如此，她们不把妇女问题从属于任何其他所谓更普遍的问题，换句话说，她们想保持妇女运动的自主性。

因此，可以将以下想法理解为我们共同努力奋斗的目标，即为一个新社会构建一个具体的女权主义乌托邦。尽管我将试图从我们所生活的社会现实的整体性出发，但是我提出的观点并不是全面的，也不都是新的和原创的，许多想法已经被其他人表达过了。但我将尝试从我们的斗争与最近的经验、研究、反思和争吵中，以及从第一次妇女运动的历史中得出一些结论。我们努力从历史中学到些什么。我认为，除非我们现在就这么做，否则今天随处可见的倒退趋势可能会再次成功地摧毁我们斗争和思想的历史。更重要的是，它们有可能摧毁迄今为止人们所理解的"人类"本质。

要发展一种新的视角，首先我们需要后退一步，暂停一下，对周围的现实进行全景式的观察。这意味着我们必须从一种世界观出发，尽可能地尝试建构我们现实的整体。

我们的分析表明，塑造我们当下现实的资本主义父权制"男性—狩猎者"范式，在各个层面都具有以下特征：二元和等级结构化的划分是原本作为整体的各部分之间剥削性两极分化的基础——人与自然、男人和女人、不同阶级、不同民族，以及人体不同部分之间（例如"头"与"其余部位"），理性与情感之间。在思想的层面上，这些二元划分源于对自然和文化、思想和物质、进步和倒退、休闲和劳动等概念的等级评价和两极分化。我将这些分裂称为殖民分裂（colonizing divisions）。根据这一范式，整体不仅被划分，而且正如之前所述，各部分之间建立的关系是一种动态的、等级的和剥削性的关系，其中一方的进步是以另一方的牺牲为代价的。

这无一例外，因为世界是有限的，至少我们所生活的世界是这样。然而作为资本主义家长的化身，白人并不接受现实的有限性，他希望像上帝一样全能、永恒、无所不知。因此，他发明了无限进步和无限进化的概念，从较低的、较原始的，到更高的、更复杂的存在层次。当然，这种观念主要植根于犹太人和雅利安人征服父权制游牧民族的历史经验。犹太教和基督教神学对支配和征服自然以及无限扩张的权利给予了必要的宗教认可。15世纪和16世纪的欧洲科学革命只是将这种宗教思想世俗化了（参见Merchant，1983）。

然而，人类和地球的有限性不会因为凭空想象而消失，并且平等和自由的原则是以普遍适用性为前提制定的，因此被推入黑暗的"另一面"出现倒退，不能将这种倒退简单地解释为上帝的安排。它被解释为"落后"，是进化的一个"低级阶段"。事实上，进化的理念成为西方"先进"民族进步理念的核心。他们成为所有"落后"民族进步的象征，就像男性成为女性进步的象征一样。

然而我们有目共睹的是，在一个有限的世界里，殖民地的进化进程，即他们接近压迫者水平的过程，在逻辑上是不可能的。但是"不断进步"和"先进"的一方会支撑着他们最终能实现这一目标的幻觉。不过，这种进步比以往任何时候都更加基于对生命、自然、人性、人际关系，尤其是对女性进行逐步的根本性破坏。这的确是一种破坏下的产物。白人的最新技术发明尤其如此：原子能、微电子，以及最重要的基因工程、生物技术和太空研究。这些所谓的技术革命无法解决任何基于剥削的重大社会问题。它们反而会助长对自然和人类本性的进一步破坏。

近年来，女权主义者和其他许多人已经开始阐明他们对"白人"或"男性—狩猎者"模式的彻底拒绝（Daly，1978；Fergusson，1980；Merchant，1983；Griffin，1980；Singh，1976；Capra，1982）。在这一点上，他们尤其拒绝这个模式中的二元分裂，而寻求建构一个整体的方法，首先是关于我们的身体，然后是关于整体的现实。许多女权主义者在寻求新的整体范式时，将其分析和新视角局限于"文化"和意识形态现象，或世界观和宗教领域。尽管这可能很重要，但仅仅就一个新社会提出一个现实的、政治上具体的概念是不够的，哪怕这个概念将包括世界上大多数人的物质生活。这样做不仅意味着拒绝思想领域的殖民分裂，而且意味着拒绝那些存在于物质现实中的分裂，而恰恰是这些分裂塑造了我们的日常生活和整个世界。

因此，女权主义视角必须从一些基本原则开始，以此指导各级的政治行动。在我看来，以下几点是最基本的：

1. 拒绝和废除以不断扩大商品生产和资本积累为基础的殖民式二元分裂原则（男人和女人、不同民族和阶级、人和自然、精神和物质）。

2. 这意味着在我们身体的各个部分、人和自然、女人和男人、社会的不同部门和阶层、不同民族之间建立非剥削性的、非等级性的、互惠的关系。

3. 在我们自己、自然、其他人类和其他民族或国家之间建立非剥削性关系，一个必然的结果将是恢复对我们的身体和生活的自主权。这种自主首先意味着，我们不用被勒索或被强迫去做一些违背人类尊严的事情，以换取我们的生存或生活资料。这个意义上的自主权不应该被个人化和理想化地理解——就像女权主义者经常做的那样，因为在我们这个原子化的社会中，没有哪一个单独的女性能够保持她的自主权。事实上，如果它被理解为这种狭隘的利己主义，那它就是自主权的对立面。因为在商品生产普遍化的资本主义条件下，对消费者的奴役正是由一种幻觉带来的，即每个人都可以通过购买商品，从其他人和社会关系那里买到自己的独立[1]。

要将自主权理解为在我们生活和身体方面不受胁迫和勒索的自由，只有通过集体努力，以去中心的、非等级的方式才能实现。

4. 拒绝无限进步的想法，接受我们人类的宇宙是有限的，我们的身体是有限的，地球是有限的。

5. 所有工作和人类努力的目标都不是财富和商品的不断扩张，

---

[1]　我认为，这种个人主义最终是建立在私人财产所有者的"自由"和他们的购买力之上的，这是西方女权主义最严重的障碍。市场和技术并没有为困扰女性的一些问题寻求社会解决方案，而是以商品的形式为她们提供个人解决方案，至少对那些有钱的人是这样。因此，买得起车的女性比买不起车的女性在街上遭受的男性暴力要少得多。

而是人类的幸福（正如早期的社会主义者所设想的那样），或者说是生命本身的产生。

如果人们试图将这些多少有些抽象的原则转化为历史和日常实践，就会立即意识到，日常生活所围绕着并依其组织起来的基本概念是实现这些原则的巨大障碍。在资本主义父权制中，劳动的概念比其他任何概念都更多地塑造了生活。从女权主义的角度来看，必须彻底改变所有资本主义和社会主义社会中普遍存在的劳动概念。从这一改变了的概念出发，将伴随着工作、工作组织、劳动性别分工、产品、工作与非工作的关系、体力劳动与脑力劳动的关系、人与自然的关系以及身体各部分关系的变化。

对于社会中普遍存在的劳动概念，资本主义社会和社会主义社会之间没有本质区别。在这两种政治形态中，劳动都被认为是一种必要的负担，必须尽可能通过发展生产力或技术来减少这种负担。自由、幸福、创造力、与他人间友好融洽的关系、享受自然、儿童游戏的乐趣等等，所有这些都被排除在工作领域之外，只有在非工作领域，也就是在休闲时间里才有可能实现。由于必要的劳动被定义为满足人类基本需求（食物、衣服、住所）所需的劳动，那么用机器减少这种劳动就是目的。人们认为上述其他"更高"的需求（自由、幸福、文化等），不能在人们从事维持自己基本生活所需的劳动的同时得到满足。"进步"被定义为必要劳动时间的逐渐减少和休闲时间的增加，以便人们可以满足他们的"更高需求"。资本主义以及社会主义的理想，是一个由机器（电脑、自动装置、人工克隆的工作奴隶？）完成所有必要劳动，而人们可以沉溺于消费性和创造性活动的地方。

在《资本论》中，马克思写道：

事实上，自由王国只是在必要性劳动和外在目的规定要做的劳动终止的地方才开始；因而按照事物的本性来说，它存在于真正物质生产领域的彼岸。像野蛮人为了满足自己的需要，为了维持和再生产自己的生命，必须与自然搏斗一样，文明人也必须这样做；而且在一切社会形式中，在一切可能的生产方式中，他都必须这样做。这个物质必然性的王国会随着人的发展而扩大，因为需要会扩大；但是，满足这种需要的生产力同时也会扩大。这个领域内的自由只能是社会化的人，联合起来的生产者，将合理地调节他们和自然之间的物质交换，把它置于他们的共同控制之下，而不让它作为一种盲目的自然力量来统治自己；靠消耗最小的力量，在最有利于和最适合他们的人类本性的条件下来进行这种物质交换。但是，这个领域始终是一个必然王国。在这个必然王国的彼岸，作为目的本身的人类能力的发展——真正的自由王国——就开始了。但是，这个自由王国只有建立在必然王国的基础上，才能繁荣起来。工作日的缩短是根本条件（Marx, *Capital*, vol. III: 799-800）。

这段话中最重要的观点是，"自由王国"在"必要性劳动……终止"之前不会到来。因此，所有经济、科学和政治努力的目标是"缩短工作日，作为自由王国到来的前提"。当私有财产和商品生产被废除后，我们还是需要生产维持物质生存基本要求的东西，缩短这个必要时间仍将是主要的社会目标。马克思在《政治经济学批判大纲》中写到了这一点：

> 如果我们以共同生产为前提，那么时间上的确定性自然是必不可少的。社会生产小麦、牛等所需的时间越少，其他生产所获得的时间就越多，包括物质和知识的。就像单个个体的情况一样，他的全面发展、享受和活动取决于所节省的时间多少。所有的经济最终都归结为时间上的经济（*Grundrisse*：89）。

"社会必要劳动时间"的减少和向自由王国的跃进是通过两个过程实现的：（1）生产力和科学技术的不断发展；（2）废除私有财产和阶级社会，生产资料的社会化以及劳动生产者的社会化和联合化。第一个过程不仅会减少必要劳动时间，而且会使相关生产者自身理性化（rationalization），从而大大增加其对"盲目的自然力量"的支配。这种"理性化"不仅意味着对外部自然的支配和控制，更重要的是它抑制着一个人的"本能"，压制着人的"自我"和"盲目的""动物性"。人类这种"低级"本性的殖民化，既是科学技术不断发展的先决条件，也是科学技术不断发展的结果，或者如马克思主义者所说，是生产力不断发展的结果。然而在恩格斯看来，随着私有财产的废除和科学的不断发展，如此已经实现了向自由王国的跃迁（Engels，1936：311-312），而马克思则持更加怀疑的态度，他认为尽管生产资料实现了社会化，技术进步达到了最高程度，劳动（也被作为"负担"）也不可能完全被废除，即使在共产主义中也是如此。正如我们在第二章所看到的，马克思认为，劳动不仅是一种负担，其重量在历史上由生产力的发展决定，而且独立于历史，是人类与自然的互动，是"永恒的自然强加给人类存在的条件，因此（它）独立于该存在的每一种社会形式，或者更确切地说，是每一种社会形式所共有的"（*Capital* vol. I：183-184）。

在这方面，马克思比恩格斯更像一个现实主义者和唯物主义者，但两人都对科学技术改造社会、废除劳动分工的潜力持乐观和理想主义态度，在早期著作中，他们认为劳动分工是人异化的主要原因，包括：阶级社会的社会分工，（资本主义）工作过程中的劳动分工和工人与其产品的分离，以及脑力和体力之间的分化。

共产主义理想是一个社会必要劳动已经减少到几乎为零的桃花源，在那里，人们有充足的闲暇时间来实现自我，发展自己丰富的个性。

在《德意志意识形态》中，他们写道：

一旦劳动的分配开始出现，每个人都有一个特殊的、排他性的活动领域，这是强加给他的，他无法逃避。无论他是猎人、渔夫、牧人或是批判家，如果他不想失去他的谋生手段，就必须保持这种身份。而在共产主义社会中，没有人有一个专属的活动领域，每个人都可以在他所希望的任何领域有所成就，社会对一般生产进行调节，从而使我有可能今天做一件事，明天做另一件事，早上打猎，下午捕鱼，晚上放牧，晚饭后清谈批判，但这并不会使我成为猎人、渔夫、牧人或批判家（Marx, Engels, vol. 5, 1976: 47）。

马克思和恩格斯期望从生产力的发展、私有财产的废除和生产的社会化中实现共产主义社会的愿景。然而，在马克思后期的作品中，关于共产主义者如何度过田园诗般的一天的画面变得模糊了。

正如阿尔弗雷德·施密特所观察到的，根据马克思的观点，机器和自动化取代人类劳动的过程将相对独立于社会组织。在共产主义制度下，这一进程肯定会加速，而不会减缓或停止：

马克思在《政治经济学批判大纲》中强调，工业对自然的不断改造也是在社会主义条件下进行的。在工业中大规模实现的知识和自然界改造的统一，在未来应该成为生产过程中更具决定性的特征。他设想了工业的完全自动化

（Verwissenschaftlichung），这将使工人的角色越来越多地变成技术上的"监督者和领导者"（Schmidt，1973：147）。

科学对工业劳动过程的全面渗透、劳动时间的不断缩短、自动化的发展，最终导致作为生产主要动力的工人被淘汰：

> 他只是整个生产过程的参与者，而不是它的主要动因。在这一蜕变过程中，既不是人类自己所做的直接劳动，也不是人类接管它的时间，而是人类对自身生产力的占有，人类对自然的理解，以及人类通过作为社会成员的存在对自然的掌握，简单来说，即社会个体的发展，现在看来才是生产和财富的伟大基础（*Grundrisse*：592 et seq.）。

我阐述了马克思主义的劳动概念、马克思主义关于技术进步的观点和共产主义对真正社会的看法，这些观点为大多数社会主义者以及许多女权社会主义者所认同，特别是认为科学技术的无限进步是一种"自然规律"或历史规律，并将成为改变人类社会和社会关系的主要力量，这一观点已成为许多人的新信仰。即使是那些认真寻找破坏性资本主义替代方案的人，也把他们的新社会蓝图建立在技术创新的奇迹之上。

安德烈·高兹（André Gorz）认为，现在已经到了向目标直接进军的时候了，因为有了微电子、计算机和自动化，必要的劳动几乎可以减少到零（1983）。对高兹来说，剩下的唯一问题是在人们中间分配剩余的劳动，并向目标迈进，在那里，人们的主要问题将是用创造性活动来填补他们的闲暇时间。高兹和其他人系统地排除了底层部分。这个"美丽新世界"是建立在对外部殖民地和女性的持续性帝国主义式的剥削之上的，女性如同白人的内部殖民地。这些人将继续从事生活生产，在很大程度上，她们将在所谓的非正规部门从事不自由、家庭化的劳动。尽管已经实现全面自动化和计算机化，但是人们的身体仍然需要食物和护理等，而这些并不能单纯由机器完成。克劳迪娅·冯·韦尔霍夫认为，这一理想化目标不是为女性准备的，它是建立在全世界范围内女性不断被剥削的基础之上的。这是白人为实现他的技术官僚构想所做的最后一次孤注一掷的努力（v. Werlhof，1984）。

阿尔弗雷德·施密特所观察到的与左派乐观主义——将丰富的人类个性发展作为主要目标——有关的问题被现代左派和其他理论家通过如下方式予以解决：殖民地（自然、女性、异域民族）被经济人（Homo Oeconomicus）和科学人（Homo Scientificus）束缚着，这样他就不会与自然、地球、他的感官、所有人类存在和永恒幸福状态完全隔绝。只要这个基础稳固，他就可以继续无限地发展生产力，无限地满足无限的欲望（或者说是"瘾"）。对这个人来说，自由王国的确就在眼前，但从某种意义上说是以奴役女性和第三世界为代价的。

走向女权主义的劳动概念

从我们上面的讨论中可以明显地看出，女权主义劳动概念的发展首先是要摒弃社会必要劳动和休闲之间的区别，以及关于自我实现、人类幸福、自由、自主权（自由王国）只能在必需品和必要劳动之外，通过减少（或废除）必要劳动来实现的观点。

1. 如果不把白人男性产业工人（不管他是在资本主义还是社会主义条件下工作）当做工人的模板，而是以一个母亲来代替，那么我们可以立即看到她的工作不符合马克思的概念。对她来说，工作总是兼而有之：既是负担，同时也是享受、自我实现和幸福的来源。孩子们可能会给她带来很多工作和麻烦，但这种工作从来没有完全异化或了无生气。即使孩子们最终令母亲失望，当他们最终离开她或忽视她时——事实上，我们社会中的许多人都是这样做的，她所遭受的痛苦仍然比产业工人或工程师面对他的产品、他生产和消费的商品时的冷漠更具人性。

在生产尚未完全被纳入商品生产和强制性市场的农民中，可以找到工作作为负担和享受的统一。例如，在收获季节必须从黎明干到黄昏的农民，他们的身体和肌肉比任何人都更能感受到工作负担。不过，尽管这种工作很艰辛，但它从来都不只是"诅咒"。还记得我童年时在小型自给农庄里割草或收获，那对每个人来说——无论是母亲、孩子还是父亲——都是劳动强度极高的时刻，但也是最兴奋、最享受和社会互动的时刻。在印度的水稻移植季节，我在贫穷的农民和农妇中也发现了同样的现象。虽然在这种情况下，必须为一个剥削的地主工作，但工作和享受、劳动和休闲的结合仍然存在。此外，这段紧张的工作时间也是最明显的女性文化活动时间。在田间的集体劳动过程中，她们唱着数不清的民谣，这样能帮助她们更轻松地承受劳动负担。到了晚上，吃过晚饭，她们一起跳舞、唱歌，直到深夜（Mies，1984）。任何有机会观察到这一劳动过程的人都会发现，对于从事非市场导向、自给自足生产的人民，作为必需品和负担的工作与作为自我享受和自我表达来源的工作，两者是相互作用的[1]。

工匠的工作或手工业生产也是如此，只要市场强制力还没有完全将这类工作蚕食。

上述工作过程的主要特点是，它们都与生活或使用价值的直接生产有关。女权主义的劳动概念必须以生活生产为工作目标，而不是将物品和财富生产作为目标、将生活生产作为次级衍生物。直接生活的生产在所有方面都必须成为发展女权主义工作概念的核心。

2. 除了作为负担的劳动与作为我们人性的表达和享受的劳动的统一之外，女权主义的劳动概念也不能建立在资本主义的时间经济学上。缩短日常劳动时间或一生中的劳动时间不能成为实现女权主义乌托邦的方法。女性现在已经意识到，减少花在商品生

---

[1] 我注意到，在印度安得拉邦的部落人民中，工作也是享受与负担的结合。

产上的时间并不会给女性带来更多的自由，而是带来更多的家务，家庭生产中更多的非雇佣工作，更多的人际关系或情感工作，更多的消费工作。对女性来说，一个几乎所有时间都是闲暇时间而劳动时间被减少到最低限度的社会愿景，在许多方面都是一个恐怖愿景，这不仅是因为家务劳动和非雇佣工作从未被包括在应该由机器减少的劳动中，而且还因为女性必须让无所事事的男性重新感受现实、意义和生活。

　　因此，女权主义者的劳动概念必须面向一种不同的时间概念，在这种概念中，时间不被划分为繁重劳动部分与预期中快乐和休闲的部分，而是工作时间、休息时间和享受时间的交替和穿插。如果这样的概念和时间安排占了上风，那么工作日的长短就不再那么重要了。因此，漫长的工作日，甚至一生都在工作，将不会被视为一种诅咒，而是人类满足和幸福的源泉。

　　当然，除非废除现有的劳动性别分工，否则无法实践这种新的时间概念。然而，这种变化不会像一些女性所期望的那样，通过合理化和自动化来减少工作日或每周的工作时间就能完成。那些借助现代技术缩短了每周（每天或一生）工作时间的男人，并不会分担更多的家务，而是沉溺于饮酒、看电视或其他男性休闲活动（如看录像带或玩电脑游戏）[1]。自现代以来，整个工作日的缩短并没有促使劳动性别分工发生改变，也没有促使男人觉得对家

————————

[1]　我曾经读到，英国女性社会学家已经确定了一个新的"寡妇"类别。继"足球寡妇"之后，现在是"电脑寡妇"，她们失去了丈夫，这次是被机器夺走了。

务、孩子或生活负有更多责任。

3. 在女权主义劳动概念中必须强调的第三个因素是，保持工作与自然、有机物和生物体之间直接、感性的互动。在马克思主义的劳动概念中，这种与自然（人类自然和外部自然）间感性的、感官的互动在很大程度上被消除了，因为越来越多的机器被置于人体和自然之间。当然，这些机器能够赋予人类对"野生的""盲目的"自然的支配和力量，但同时它们也减损了人类自身的感性。随着劳动不再作为必需品和负担，人体享乐、感官、情欲和性满足的潜力也被消除了。我们的身体永远是我们享乐和幸福的基础，与机器（而不是与生物体）的互动造成对感官的破坏，只会导致对理想化"自然"的病态探索。为了使（男性）身体恢复这种失去的感性，女性身体被神秘化为"纯粹的或基本的自然"，并作为满足所有欲望的客体[1]。现代机械对人类感性的征用和最终破坏，在目前随处可见的计算机狂热中表现得最为明显。这是一种典型的男性狂热，是为那些感官已经被以下事实所摧毁的男性而设的，即技术进步已使之"处于生产过程之外，不再是其主要动因"（Marx）。计算机技术非但没有使人类"占有自己的一般生产力、增加对自然的理解、增强对自然的掌握"，反而正在摧毁人类

[1]　这似乎是资本主义父权制的一种法则。它适用于女性、自然和殖民地。资本主义父权制和科学必须首先摧毁作为自给自足主体的女性、自然或其他民族。然后她们被崇拜和想象为所有男性欲望的目标。这是所有浪漫化爱情、浪漫化自然、浪漫化异国人或"土著人"的基础。

的所有生产力、对自然的所有理解，尤其是所有感官享受的能力。我认为这也是工业化社会中对女性的暴力行为不断增加的原因之一。在工作过程中不能再感觉到自己身体的男性，试图通过攻击女性来重新获得身体和情感上的感觉。这也是恐怖片和色情片成为影像业最畅销产品的原因，它们的主要消费者是男性，其中有许多失业的人，也有从事计算机和服务业的人。

4. 然而，在工作过程中与自然直接的感官互动还不够。这种互动也可以通过一些运动或爱好来实现。事实上，现代社会的设计师们正在设想，将体育活动作为一种新增的方法，用来治疗那些因自动化而被解雇的人。但是，即使人们的日常所需是由国家福利提供的，可是爱好和运动能为人们提供多长时间的目的感和意义感呢？

女权主义的劳动概念必须保持工作的目的感，保证其对从事劳动的人和他们周围的人是有用和必要的。这也意味着这种劳动的产品是有用和必要的，而不是像如今第三世界国家的女性在"创收行动"中制作的大多数手工艺品那样，只是一些奢侈品或多余物。

5. 然而，这种对工作及其产品的有用性、必要性和目的性的感知，只有在逐渐消除生产和消费之间的界限和距离时才能恢复。而今，正如我们已经看到的那样，这种分裂和异化是全球性的。第三世界的女性生产她们不知道的东西，而第一世界的女性消费她们不知道的东西。

在女权主义视角下，生活生产是人类活动的主要目标。这就需要将必需品的生产过程和消费过程再次结合起来。因为只有通过消费我们所生产的东西，我们才能判断它们是否有用、有意义、有益健康，它们是必要的还是多余的。而且只有通过生产我们所消费的东西，我们才能知道生产这些东西到底需要消耗多少时间，需要掌握哪些必要的技能、知识和技术。

当然，废除生产和消费之间的广泛划分，并不意味着每个人或每个小社群都必须生产他们所需要的一切，必须在他们的生态环境中找到一切。但它确实意味着，生活生产建立在一个特定地区的特定人群的某种自足关系之上，其规模必须根据本节开头阐述的原则来确定。输入该地区的商品和服务应该是与自然、女性和其他民族间非剥削关系的结果。生产和消费相结合的趋势，将大大减少这种剥削的可能性，并在很大程度上提高抵抗经济讹诈和政治胁迫的潜能。

一种替代性经济

不断增长的货币收入和高科技发展下不断扩大的生产力，这是以往经济框架的基础所在。显然，上述工作的概念超越了这一经济框架。后者本身也导致了一些国家的过度发展以及女性、自然和殖民地的欠发展，因此一个以生活生产为导向的工作概念需要逆转和超越它。

也许我们还不能提出一个完全可行的替代框架，建立一种不以剥削自然、女性和殖民地为基础的经济，但目前已经出现了相当多属于这种社会的重要特征。这些特征来自一些人的阐述，近年来他们逐渐明白，过度发展不仅对亚洲、拉丁美洲和非洲人民造成损害，而且还在过度发展的中心地带破坏了人类生活的本质（Caldwell，1977；Singh，1976，1980）。

替代性经济的第一个基本要求是改变，无论是超发达国家还是欠发达国家都要改变在其基本生存需求方面——食物、衣服、住所——对外部经济体的依赖，拥有更多的自主性。在生产这些基本生存必需品方面，只有很大程度上能自给自足的国家，才能使自己免于政治勒索和饥饿的影响。其中，粮食的自给自足是首要条件。

马尔科姆·考德威尔（Malcolm Caldwell）已经证明，根据现有的可耕地面积和人口数量，英国完全可能在粮食和能源方面实现自给自足。在欧洲或北美的任何其他超发达国家，这也是可能的（Caldwell，1977：178）。但更重要的是，如果这些超发达国家的政府没有从所谓的廉价劳动力国家进口廉价食物、衣服、原材料等来收买国内的劳动人民，这些亚洲、非洲和拉丁美洲的国家也可以在食物、衣服和住所等方面实现自给自足。奇怪的是，西方国家的人们已经忘记了，所有的欠发达国家不仅有丰富的自然资源和人力资源，而且在白人征服之前都是自给自足的社会。如果将以动物饲料的形式从第三世界国家出口到欧洲、用于生产海量牛奶和黄油的蛋白质食品，提供给当地人食用，那么这些地区中的任何一个人都不会挨饿（Collins and Lappé，1977）。1977年，英国农民饲养家畜用的蛋白质浓缩物有 90% 是从欠发达国家进口的。众所周知，超发达国家的能源效率（生产食物所用的能源与消费这种食物所获得的能源之间的比率）是最低的，这些国家主要通过农业产业生产食物。结果，温室生菜的能源效率只有 0.0023，白面包片的能源效率仅为 0.525，而墨西哥当地没有使用机械种植的食物的能源效率系数为 30.60（Caldwell，1977：179–180）。

大规模[1]的自给自足经济必然会导致现有的剥削性和非互惠的国际劳动分工发生变化，世界贸易和出口导向型生产出现收缩，超发达国家（其经济依赖于工业产品出口）和欠发达国家都必须主要通过出口初级产品来偿还信贷。

一个自给自足的经济所产生的另一个后果是，所有非生产性工作将大幅减少，特别是在第三产业，我的意思是，劳动力构成从工业转向农业。如果一个特定地区的人们希望主要依靠该地区的自然资源和劳动力资源来生活，那么就会有更多的人不得不在粮食生产中从事必要的体力劳动。在这样一个有限的区域内，人们也会小心翼翼，不会因为使用过多的农业化学产品和过多的

---

[1] 在所有关于替代经济的讨论中，有必要强调，"自给自足"的概念并不意味着完全自给自足。一个完全自给自足的经济或社会是一个抽象的概念，但一个基本自给自足的经济是可能的。

机械而破坏了所有人赖以生存的生态环境，也不会耗费过多的能源。因此正如马尔科姆·考德威尔所说，随着无生命能量的投入逐渐减少，产量的增加只能来自人体力的增加（Caldwell，1977：180）。劳动密集型的农业将取代资本密集型的农业。它不会集中在大型农业企业的农场工厂，而是分散于小农场中。随着国际劳动分工的变化以及农业和工业的分工，农业转向自给自足，与更新了的女权主义劳动概念相关的许多要素就将到来：例如，在必要和有意义的情况下恢复劳动，恢复劳动与自然或生物体的直接接触，可能也会恢复有关劳动时间的不同概念，缩小生产和消费之间的距离，提升生产者和消费者对其生产和消费的自主权。在这种经济模式下，将没有空间和必要来生产不必要之物和纯粹的浪费之物——如增长型模式中那样。因为生产决策将基于对自然、生态和人力资源的现实评估，以及人类生活的真实需要。它将不再创造并培育更具破坏性的成瘾行为，而在目前这个关头，这仍是资本希望在超发达地区扩大市场的唯一途径。它将把更多对生活和生产的自主权还给人们。正如考德威尔所指出的那样，这种彻底的经济结构调整不仅是一个美丽的梦想或劝诫性政治的案例，而且将日益成为一种必需品，对于那些因高科技和自动化的快速发展而永久失业的工人来说，情况更是如此。同时考德威尔也提醒我们，早在 1976 年，意大利的大规模失业已经导致了一场大规模的工人回归土地运动。大约 10 万名工人重返农田（Caldwell，1977：181）。两年前，在孟买的纺织工人罢工期间，印度也发生了类似的回归土地运动，这次运动持续了将近一年的时间。

尽管到目前为止，重返土地的运动似乎仍然主要是沮丧的城市中产阶级的选择，但殖民国家中心地区的日益贫困化——特别是外籍工人、年轻人以及最为突出的女性，将许多另类土地迷恋者的浪漫主义转变为一种必要的生存策略。这些人可能最先意识到，人不能吃钱，而食物也不会从电脑中长出来。

大多数生态学家和那些正在为我们所处的破坏性社会寻找激进替代方案的人，都会同意上述观点，许多女权主义者也会同意。但他们会发现，考德威尔对替代经济的简要描述，又一次忽略了两性之间的非互惠性、剥削性分工。对于女权主义者来说，如果不从根本性改变劳动性别分工开始，那么与生态、其他民族、一个地区内的人、小而分散的生产和消费单位建立非剥削关系并形成相对自给自足的经济，这种视角就很难变得广阔。然而，大多数生态学著作要么根本不提及"妇女问题"，要么只是将其附加到一长串其他更紧迫、更"普遍"的问题当中。我在第一章已经说过，如果我们想改变现有的非人道的男女关系，这种"附加"的做法将不再适用。因此，如果不将超越父权制性别分工作为目标，替代性经济的概念就不完整，只是建立在变革的幻觉之上，最终也将无法真正超越现状。

女权主义的替代性经济概念将包括之前所说的关于自给自足和去中心化的所有内容。但它将把现有劳动性别分工（基于养家糊口者—家庭主妇模式）的转变置于整个重组过程的中心。这并非女性自恋式的自我陶醉，而是我们开展历史研究以及对资本主义父权制的运作展开分析的结果。女权主义者不是从外部生态、经济和政治入手，而是从社会生态入手，其中心是男女关系。因此，对我们身体和生活的自主权是国际女权运动的首要要求，也是最基本的要求。任何对生态、经济和政治自给自足的探索都必须从尊重女性的身体自主权开始，尊重她们创造新生活的生产能力，尊重她们通过工作维持生活的生产能力，尊重她们的性。现有劳动性别分工的改变首先意味着，全世界资本主义父权制男女关系中的暴力将由男性而不是女性所废除。男性必须拒绝再把自己定义为"猎人"。如果男性想要保留自己人性的本质，就必须发起运动，抗议针对女性的暴力[1]。

　　这种对女性身体自主权的要求也意味着，必须拒绝国家对女性生育的任何控制。女性被视为一种自然资源，受男性个体和作为最高家长（Total Patriarch）的国家支配，她们必须摆脱这种定位。如果打算恢复人口增长和粮食生产之间的平衡，真正的女性解放将是成本最低、效果最好的方法。事实上，这是考德威尔在对一个替代性的、稳定的社会所做的阐述中的主要缺陷——它在其他方面都十分出色。"人口控制"仍然被认为是国家的责任，它

---

[1]　有一些充满希望的迹象表明，一些男性开始理解这一点。在汉堡，男性发起了一项名为"男性反对男性暴力侵害女性"的新倡议。

不在女性的手中。只要男人或国家仍然试图控制女性的生育能力，那么她们就不是人类社会具备完全责任的主体。

其次，在替代性经济中，男人必须分担直接的生活生产、育儿、家务、照顾病人和老人、人际关系等工作责任，所有这些工作迄今为止都被归入"家务"一词。如果此类工作在一定程度上被社会化——这么做可能有用，那么男性必须与女性平等地分担所有职责。任何社群，只要致力于维护自给自足、走非剥削性的人类发展道路，那么这种"家务劳动"都不能是有偿的。它肯定是社群的免费工作。但每个男人、每个女人和孩子都应该分担这项最重要的工作。任何人（特别是男人）都不能在直接生活的生产中通过购买使自己免于这类工作。如此一来，男人们将不得不花更多的时间陪孩子、做饭、打扫卫生、照顾病人等，能够用于破坏性的工业生产、破坏性的研究、破坏性的休闲活动，以及战争的时间就更少。积极地说，他们将重新获得自己身心的自主权和完整性，他们将重新体验到工作既是一种负担又是一种享受，最后还将在工作方面形成一种完全不同的价值观。只有通过自己做这种创造生命和保护生命的工作，他们才能发展出一种超越剥削性资本主义父权制的工作概念。

劳动性别分工的变化对个人层面的影响，与国际劳动分工的变化对整个地区或国家层面的影响相同。超发达国家做出政治决定，将本国经济与剥削性的世界市场体系脱钩，并在主要领域实现自给自足，这将为欠发达国家的自给自足经济发展铺平道路。同样，"超发达"的男性有意识地放弃剥削和暴力压制女性，放弃在此基础上建立的自我身份认同，并接受他们在创造和维护生活的无偿工作中的份额，这将使女性更容易建立对其生活和身体的自主权，使其形成有关女性身份的新定义。

这些解放的过程是相互关联的。在我们如今的社会中，除非男人也开始同向而行，否则女性不可能冲出父权关系的牢笼。男性反对父权制的运动不应该是出于仁慈的父权主义，而是出于恢复人类尊严和尊重的愿望。如果男人不尊重女人，他们怎么可能尊重自己？同样，超发达国家的人民也必须拒绝并超越以下经济范式，即把不断增长的商品生产和商品消费作为欠发达国家的进步模式。

然而，我们不可能在短时间内改变剥削性的国际劳动分工。同样，建立生态平衡的自给自足经济也需要时间，需要巨大的智力上、道德上和物质上的努力。但是，劳动性别分工的变化可以立即开始。每个男人和女人都可以从他/她的个人层面开始；女性和男性团体可以发展不同的模式；包括和平运动、生态运动、民族解放运动在内的广泛政治运动，可以立即尝试改变劳动性别分工，并从这些核心经验中发展出关于建设更好社会的想法。如果这种情况发生了，女权主义者就不会再对许多这类运动产生怀疑，因为我们曾一次又一次地看到，女性对这些运动的动员都是以或旧或新的父权制劳动分工告终。

　　还有一个原因可以解释，为什么女权主义者需要坚持将变革劳动性别分工放在中心位置。我们对社会主义国家的分析表明，维持或创造资产阶级、父权制、劳动性别分工和核心家庭，显然是一扇微不足道的大门，保守势力可以通过这些做法再次进入一个帝国主义和资本主义控制下的社会。在替代性经济的背景下，只要不改变劳动性别分工，就无法废除资本主义。但是目前，欠发达社会和超发达社会的女权主义者最好保持怀疑精神和批判意识。她们必须一再坚持，除非同时结束对自然和其他民族的剥削，否则女性不会得到解放。此外她们也必须坚持，除非女性得到解放、终结对自然的破坏，否则就不会有真正的民族解放，或者说如果不改变劳动性别分工和国际劳动分工，就不可能有真正的生态型社会。

　　将其中一个矛盾置于聚光灯下，将其他矛盾推向黑暗，正是通过这种方式，资本主义父权制才得以建立并维持主导地位。目前，生态运动和替代运动中的一些人正在遵循这一策略。按照马列主义中主要矛盾和次要矛盾的策略，他们现在把生态危机放到了中心位置，但他们不再谈及资本主义对第三世界国家的剥削。然而我们知道，欧洲和美国的政府把危险工厂和产品转移到欠发达国家，试图通过这种方式来解决他们国家的生态和经济危机。作为对第三世界国家和人民的进一步剥削，白人食利者从那里获取廉价的食物、衣服和性服务等。当然，国际非生产食利者（non-producing rentiers）阶级中也包括白人女性，她们通过增加对第三和第二世界国家的剥削得以维持和支撑，但总的来说，超发达国家的女性将越来越多地与欠发达国家的女性命运一样。通过无形的、低报酬的或无报酬的工作，她们为国际白人男性阶级进入"后工业天堂"提供了基础。

中间步骤

在讨论现有破坏性"秩序"的替代性方案时，问题立即出现了："一方如何导向另一方？如此美丽的乌托邦如何帮助我们朝着想要的方向改变现实？反对我们的力量难道不也是树大根深吗？国际资本的运作，大型跨国公司，科学、经济、军事和政治机构之间日益增多的相互作用，两个超级大国的竞争以及它们永无止境地生产着更多的毁灭性武器，并将这些毁灭性武器延伸到外太空，等等。"面对这种对所有人的生命和生活本身所构成的巨大威胁，西方的许多男女都感到无能为力，并倾向于闭上眼睛，以失败者的方式等待不可避免的大屠杀。

我认为女权主义者承受不起这样的失败言论，不仅因为它有致命危险性，还因为它不现实。只要阶级社会存在，一个统治阶级的崩溃就会被认为是总体的崩溃。如今的情况也是如此，资本主义父权制增长模式面临这种崩溃的威胁。但我们的分析表明，在人类发展中世界各地的女性并没有从这一巨大"寄生虫"的生长中获益。恰恰相反，我们应该在此刻就开始拒绝服从这一制度并不再与其共谋，因为女性不仅是资本主义父权制的受害者，她们也以不同的形式成为这一制度的合作者。对于全世界的中产阶级女性以及工业化国家的白人女性来说，这一点尤为如此。如果我们想重新获得对身体和日常生活的自主权，就必须从放弃与父权制的这种共谋开始。如何才能做到这一点呢？

我认为，对于超发达国家和欠发达国家的女性来说，战略可能是相同的，但战术上的步骤可能会有所不同。在下文中，我将讨论一些可以采取的具体步骤，以使我们能够摆脱反人类、反女性的资本主义父权制的桎梏。我将从西方女权主义者可以做些什么开始。

对消费的自主权

在西方，消费是一个几乎被完全排除在政治斗争之外的领域。工会、政治反对派团体以及妇女运动的抗议和要求要么是针对经济领域的老板，要么是针对国家，要么是针对普遍意义上的男性。他们很少讨论自己在剥削体系中的角色。然而，除非资本主义能够为其不断增长的物质和非物质商品创造和扩大市场，否则它就无法运作，这是一个常识。这个市场部分是由我们这些商品的买家提供的。由于剥削性国际劳动分工和劳动性别分工的存在，市场主要由拥有购买力的超发达国家的群众提供，较小部分是由欠发达国家的城市中产阶级提供，而且很大程度上，是由国家及其对经济的大范围垄断所提供的，例如教育、卫生、邮政系统、国防等。

我们可能无法影响整个市场体系。但是，作为家庭主妇的女性是消费的重要媒介和市场的关键支柱，女权主义者在她们中间发起消费者解放运动，可以在很大程度上破坏资本主义父权制度。与其他社会运动相比，这样的运动有很多优势：

——每个女性都可以在个人基础上立即开始。买什么和不买什么并不完全由我们的需求和市场上提供的东西预先决定。在超发达国家和超发达阶级的家庭中，也许超过 50% 购买和消费的东西不仅是多余的，而且是有害的。其中不仅包括酒精、烟草、毒品，大量高端食品、水果、鲜花，也包括当今电子工业生产的大部分东西：电脑、录像机、音乐设备、电视。特别是新兴行业的产品不再是为了满足人类的基本需求，而是为了创造和扩大被动消费者的新瘾。不能说我们在购买或不购买这些东西方面没有选择；否则，我们就把最后一点主观的个人自由也交给了"资本先生"，同意成为消费的傀儡。因此，个人拒绝购买多余的、基本上是有害的奢侈品将扩大每位女性的自由领域。

——女权主义者如果想忠实于自己的政治目标，除了抵制奢侈品外，还必须抵制我们社会中所有强化女性性别歧视形象或具有反女性倾向的物品。因此，如果女性公开抵制化妆品和新的性感时尚潮流，那么我们就能成功扰乱服装和化妆品行业创造的"美化女性"的新浪潮，这是它们对女权主义的回击，因为后者拒绝按照"有吸引力的、性感的"女性标准化模式塑造自己的身体和外表[1]。

——同样，如果女性尽可能有意识地拒绝购买某些商品，例如雀巢、联合利华、拜耳或赫希斯特等跨国公司生产的巧克力奶制品、快餐、药品等，就可以挫败跨国食品和制药及其他公司对女性作为家庭主妇和母亲的操纵行为。当然，西方家庭主妇已经被"资本先生"奴役到如此程度，以至于持续抵制这些物品会立即挨饿。因此，对于那些强化了将女性定义为性对象和"超级母亲"倾向的物品，只能选择性地抵制。

——选择要抵制的商品，另一个基本标准是商品中所包含和体现的对第三世界生产者，特别是第三世界女性的剥削程度。因此，如果女士们购买联合利华或其任何一家子公司生产的唇膏，那么可以确信，她们也为进一步剥削和征用印度贫困的部落妇女出了一份力[2]。她们也要对那些生活和生产自主权遭到破坏的女性负责。因此，抵制这类物品既意味着将超发达国家的女性从性别

---

[1] 许多女性，包括女权主义者，经常认为女性需要美化自己。可能是因为"爱美之心人皆有之"，但这并不意味着我们必须接受服装和化妆品行业设定的美丽标准。

[2] 联合利华与印度子公司印度斯坦利华公司一起研发了一种方法，从生长于印度比哈尔邦丛林地区的娑罗树种子中提取油脂。以前这些种子是由桑塔尔部落的妇女收集的，用来制作供她们自己使用的油脂。现在这些部落妇女以微薄的价格为印度斯坦利华公司的代理商收集娑罗树的种子。娑罗油的衍生物被用作可可脂的替代品，用来生产各种化妆品。由于特有的融化力，它对生产唇膏特别有用。因此，联合利华生产的唇膏或巧克力剥夺了比哈尔邦部落妇女对油脂生产的控制（参见 Mies：'Geschlechtliche und internationale Arbeitsteilung', in Heckmann & Winter, 1983：34ff）。

歧视的形象中解放出来，也意味着强化第三世界贫困女性在环境和生活生产方面的自主权。

——唇膏和化妆品为女性选择抵制的物品提供了另一个标准：在这些商品的生产过程中，生物体多大程度上遭受残酷暴力，以及生产地区和国家的生态平衡多大程度上受到破坏。简而言之，商品生产中包含的对自然的破坏，也必须成为拒绝购买某些商品的标准。包括动物保护协会在内的动物友好人士已经动员起来，为禁止化妆品行业对活体动物进行实验而开展运动。女权主义者当然可以支持这样一场运动。但是，如果她们不仅是同情那些在化妆品生产过程中被当作试验品折磨的动物，而且还打算发掘自己的人性，那么她们就必须把这场运动扩大到抵制这些公司生产的化妆品。

但是，我们怎么知道在购买和消费的商品中各种具体化的剥削关系呢？我们怎么知道我买的唇膏里有比哈尔邦妇女的饥饿以及跨国公司实验室里对成千上万的豚鼠和小鼠的折磨呢？事实上，在资本主义商品生产国际性、社会性和性别化的劳动分工中，生产者和消费者之间几乎完全分离，因此几乎能够完全使商品中包含的剥削关系神秘化。盲目的消费者与盲目的生产者是联系在一起的！

因此，女权主义消费者解放运动必须从消除这种盲目性开始，对商品进行去神秘化，重新发现这些商品中固有的对女性、自然、殖民地的剥削，并努力将事实上把我们与女性、男性、动物、植物、地球等联系起来的市场关系转变为真正的人类关系。这意味着要重新发现抽象商品背后具体的人。如果我们试图追踪某种商品在到达我们的餐桌或我们的身体之前所走过的道路，这是有可能实现的。在这个旅程的最后，许多情况下我们将见到欠发达国家的贫穷妇女和男子，了解他们如何为世界市场生产某些物品，他们从工作中得到了什么，这如何改变了他们对生活生产的自主权，他们对此有何感受，以及他们如何努力维持或恢复他们的天性。

因此，消费者解放运动也将意味着一个引人入胜的新型学习过程，一种不同于早期女权主义意识促进团体的良知，它确实会帮助我们厘清看法：在生活和工作中，我们作为客体和主体真正处于什么关系中。社会逐渐意识到商品中固有的所有剥削关系，这将扩大人们的主观自由领域，远远超过所谓专家积累的任何书本知识。它将增加我们的自主权，让我们对自然、外国人民及其生活和斗争有更好的了解，使我们能够决定我们需要什么、不需要什么。

具体来说，这意味着超发达国家和欠发达国家的女权主义团体可以开始对某些产品进行具体研究，根据上述标准进行选择，公布其结果，并将其反馈给那些准备加入消费者解放运动的妇女组织团体的国际网络。

最后这一点使我们想到了与上述运动相关的政治问题。虽然它可以并且应该由每位女性在周边环境中发起——她们在其中拥有一定的权力和选择自由，但很明显，个人的放弃或抵制行为不会对资本主义大公司产生预期的影响。只有社会和政治抵制运动才能产生重大影响。这意味着妇女团体或组织必须公开宣扬他们的抵制运动，在采取行动的同时，围绕她们选择作为运动目标的商品，提供与商品中剥削关系有关的信息并加以分析，在不违背基本原则的情况下尽可能广泛地宣传这场运动。这种行动和反思团体的形成本身会产生另一种解放效果：它将使富裕社会中的女性，特别是家庭主妇，从被称为家庭的狭小牢笼里原子化、孤立的生态状态中解脱出来，从抑郁、药物成瘾、家庭主妇综合征和补偿性消费需求中解脱出来。这将使她们回到公共领域，使她们意识到自己在全球社会关系网络中的地位。

女权主义消费者解放运动政治学将包括但不限于拉尔夫·纳德（Ralph Nader）或汉斯·A. 佩斯塔洛齐（Hans A. Pestalozzi）等人在美国和欧洲发起的批判性消费者运动的策略。在大多数运动中，消费者在拥有清洁、健康、无化学污染和无杂质的产品上的自身利益，与保护稀缺的能源和维持生态平衡的生态学考量有关，而女性受不受剥削和欠发达国家的利益则大多被排除在外。因此，虽然佩斯塔洛齐是瑞士一场批判性消费者运动的发言人，但他相信批判性和生态意识强的消费者不会危及"我们的自由社会和经济体系"。他呼吁资本主义企业的管理者采取新的营销策略（Pestalozzi，1979：31 et seq.）。

如果国际资本利用我们对某些商品的消费抵制来制定一种新

的营销策略，让我们消费所谓的健康食品，这种食品可能是在其他自助企业生产的，它们可能会和跨国食品公司签订合同，正如我们已经在欠发达国家看到的那样，那么女权主义者是不会满意的。现在我们知道，发生在国际资本运作框架内的任何局部解放，都将通过对其他地方的某些其他类别的人和自然的进一步剥削和奴役得到补偿。

女权主义消费者解放运动肯定会赞同法国组织"人类的大地—人类的兄弟"（Terre des Hommes-Frères des Hommes）提出的口号："在这里生活得更好，在那里与饥饿作斗争。"然而我们必须记住，"在这里生活得更好"并不意味着利己主义自利原则的延伸，而是必须通过在我们的身体、男人和女人、我们的自然环境以及欠发达世界的人们之间创造非剥削性的互惠关系来赋予新的内容。此外，这个口号表达了如下愿望：什么是"美好生活"或人类幸福不应再由跨国资本的副手来决定，而是应该由我们自己来定义。女性不应忘记，是我们在培育生活，而不是资本。

对生产的自主权

女权主义消费者抵制运动是朝着我们解放的方向迈出的一步。紧随其后，另一个同样必要的步骤是重新控制生产过程。当然，这最终意味着女性和一般生产者重新获得对生产资料的控制。但在实现这一点之前，对生产决策的控制可能会成为工会和其他工人阶级组织的目标。西方工人阶级接受生产决策——例如生产自动化、武器生产、危险化学品生产和奢侈品生产——都是为了保住他们的工作和一个抽象的进步理念，这种说法是绝对荒谬的。很明显，他们既无法通过上述策略挽救自己的工作，也无法避免这种破坏性的生产。但是男性工人们经常提出这样的论点：他们别无选择，因为他们要"养家"。这种说法在一定程度上是一种借口，因为女性和男性一样都是家庭的经济支柱。但是，对我们的解放事业持认真态度的女性，可以在很大程度上重新获得对生产的更大自主权。这可以从生产更多我们自己需要的东西开始。这可能也意味着，城市居民需要想出在城市种植粮食的方法。

这还意味着，在以生态为导向的小农生产者和城市女性之间建立新的地方市场，从而重新建立生产和消费之间的直接联系。有了这种联系，城市女性和儿童在度假期间去农村并不难，他们不再作为闲散的游客，而是作为农场工人，在这些小农的农场工作以交换日常生产的产品。这接近于考德威尔关于将工业劳动力转移到劳动密集型农业中的愿景，但与他的设想不同的是，在城市和农村之间组织这样一个劳动力交换系统的不是国家，而是生产者和消费者自己。

然而，重要的是要确保这样的生产消费系统不会退化成众所周知的"非正规"部门，在二元经济中，非正规部门只能为正规部门添砖加瓦。这些正规部门会像以前一样继续生产破坏性的高科技产品和其他无用商品，而非正规部门的生产将再次主要用于补贴正规部门的薪资。因此，生产自主权最终也会成为工会、工会中男女以及其他生态和替代运动的要求。广泛的消费者解放运动可能会直接挑战传统雇佣工人作为"养家糊口者"的自我形象。随着更多的人回归某种新的自给自足的生产形式，资本和雇佣工人作为生活生产者的神话将难以为继。

为人类尊严而奋斗

如果我提供一份手册，明确非洲、亚洲和拉丁美洲的女权主义者应该做什么，这有悖于妇女运动的自主原则。自从许多欠发达国家出现女权主义运动以来，第三世界的女性就自己进行讨论，分析她们的处境，研究可能的战略和战术步骤，商量必要的行动。但是根据我们的分析，由于超发达国家和欠发达国家的女性被世界市场联系在一起，所以假装我们可以只关注我们各自的情况和运动，而对世界其他地区发生的事情视而不见，这是不现实的。需要特别注意的是，第三世界女性对父权制剥削和压迫的反抗是由类似的问题引发的，例如对女性的暴力问题，由此我们可以确定第三世界和第一世界女性联合起来的几个要点。这首先是身体政治领域的情况，全世界的女性据此要求对她们的生活和身体拥有自主权。

以下并非超发达国家和欠发达国家内女权主义者采取联合行

动的所有战略。我只是想指出一些可以进行联合斗争的领域，并反思一些斗争经验。

身体政治意味着反对女性所遭受的一切形式的直接暴力（强奸、殴打、割阴蒂、嫁妆谋杀、猥亵），也反对嵌入其他剥削和压迫关系中的对女性一切形式的间接或结构性暴力，如阶级关系和帝国主义关系，还有家庭、医学和教育系统等父权制机构中的此类暴力。在身体政治领域中，女性斗争的中心目标是一致的。最终是坚守女性的人之本性，坚守她们作为人类的尊严、正直和不可侵犯性，拒绝使她们成为他人的物品或自然资源。

我认为，如果我们认可上述斗争的这一最深层次的维度和动机，一个被剥削和被压迫的群体就不可能会再期望以牺牲另一个被剥削和被压迫的群体、阶级或种族为代价，来实现其"人化"（humanization）。例如，白人女性不能期望以牺牲黑人男女为代价，实现她们的"人化"或解放；被压迫的第一世界和第三世界的中产阶级女性不能期望以牺牲贫穷的农村和城市女性为代价；被压迫的男性（黑人或白人工人和农民）也不能期望以牺牲"他们的"女性为代价。除非拒绝并超越父权制和资本主义所造成的所有这些殖民式分裂，否则为人类本性、为人类尊严而进行的斗争就不可能统一，也不可能获胜。

如果研究欠发达国家和超发达国家的新妇女运动简史，我们可以发现一些以维护女性人格完整和尊严为目的的斗争，这些斗争超越了殖民式分裂（至少有这种倾向），新的团结前景出现了。

这种团结不是基于各团体狭隘的私利，而是基于这样一种认识，即资本主义父权制破坏了人的本质，这种破坏不仅存在于被压迫者身上，也存在于那些从这种压迫中获利的人身上。

因此，反对男性暴力、强奸、殴打妻子、猥亵和羞辱女性的女权主义斗争，一直是第一和第三世界国家女性的集结点。有关这些问题的文献被翻译到许多国家并得到阅读。如果女性已经开始与男性暴力作斗争，那么她们就可以跨越阶级、种族和帝国主义的障碍与"其他女性"产生认同。因此在印度，反对强奸和嫁妆谋杀的斗争超越了种姓和阶级所造成的障碍。在这些问题上，女性之间有着真正的团结，尽管有些分歧并没有消失。

如果男女可以共同勇敢地与男性暴力作斗争，那么也可以跨越男女障碍。在传统左翼组织中，强奸、殴打妻子和调戏妇女的问题被领导人淡化了。他们认为，围绕这些问题开展的运动会破坏被压迫阶级（工人、农民）的团结。因此，这些组织中的女性被告知，她们对这种"私人"问题的不满要服从阶级斗争、反殖民斗争和土地斗争等总目标。第三世界的中产阶级女性特别容易受到这种思想的影响，他们往往会将围绕男女关系的斗争推迟到某个遥远的未来。

然而根据我的经验，印度的贫苦农民妇女并不准备接受这种"归顺式的"（subsumptionist）策略。她们表明，一场针对男性暴力的威慑性斗争并没有破坏贫苦农民阶级面对压迫地主时的团结，反而使他们的团结和力量加倍[1]。

荷兰和联邦德国的西方女权主义者与泰国和菲律宾的女权主义者联合开展了国际斗争，他们发起了一场反对第三世界国家开展"性旅游"和卖淫旅游的运动，这是如何成功克服第三世界和第一世界女性之间分歧的一个例子。1982年，一群第三世界和第一世界的女性在斯希普霍尔机场（荷兰）和曼谷的机场组织了一次这样的联合行动。在斯希普霍尔机场，这些女性向飞往曼谷的乘客介绍了欧洲"性旅游"产业对泰国年轻女性和女孩的非人道剥削。在曼谷机场，一个类似的团体用海报迎接为"性旅游"而来的欧洲男子，并告诉他们，泰国女性不是他们的妓女。这一行动让旅游部长非常尴尬，他不得不发表声明，表示政府欢迎游客，但不希望泰国女性被外国人当作妓女。这一联合行动的另一个结果是在法兰克福建立了一个亚洲妇女中心，法兰克福是许多亚洲

---

[1]　这场斗争于1980年至1981年发生在安得拉邦纳尔贡达区贫穷的农民中，女农民与她们的丈夫一起在村庄和妇女协会中组织起来。他们有不在男人领导之下的独立妇女组织，这使她们有勇气开展反对殴打妻子的斗争。其中一名妇女在参加妇女会议期间经常遭到丈夫的殴打，这是引发这场斗争的关键。这导致了该地区所有村庄的贫困女农民之间进行了长期的讨论。在这些讨论中，大多数妇女决定，如果妇女经常被丈夫殴打，两人无法再相处下去，丈夫必须离开家，"因为房子属于妇女"。管理者和那些男士随后讨论了这一决定。他们认识到，如果他们以地主对待他们的方式对待自己的女人，他们就永远无法指望摆脱压迫和剥削。这些女性将殴打妻子作为一个公开问题，并建议对那些家暴的男性进行社会制裁。在后来反对地主的斗争中，男人们意识到，那些没有将"妇女斗争"屈从于"阶级斗争"的女人们比男人们更具战斗力、勇气和毅力。她们也表现得比许多男人更致力于"普遍事业"，因为男人很容易腐败或被地主贿赂。这一点至少被一些男人所理解（Mies，1983）。

女性进入欧洲的人口，她们以"妻子"的身份被德国男性带到那里，在大多数情况下，她们最终会进入法兰克福或汉堡的妓院。

尽管这场运动始于女性对新父权制这种破坏性形式的自发反抗，但这也不可避免地使大家认识到旅游业和男性间存在共同商业利益。

第三世界和第一世界的女性也围绕计划生育、生育控制、基因和生殖工程等问题展开过类似的联合运动和行动[1]。其中，有关我们的生活和身体的自主原则也是出发点。西方女权主义者多年来一直在与国家斗争，因为国家要求她们生育更多的白种人子女，而第三世界的女性则开始意识到，她们面临着胁迫和堕胎，因为她们不被允许生育更多的孩子。在这样的联合运动和行动中，女权主义者不仅能够揭露法西斯主义的"选择和消灭"政策，而且能够清楚地确定共同利益及其背后的人，这些人操纵着世界各地的女性，贪婪地追求不断增长的财富。

因其致癌性，甲羟孕酮在美国被禁止使用，但被倾销到第三世界国家，这也许是第三世界和西方女权主义者如何合作以揭露这些策略的最著名例子。随着生殖和基因工程的新发展，第三世界和第一世界女性的经验、分析和信息相互结合，这对于任何抵抗运动都是至关重要的（参见 Corea，1984）。

所有这些斗争都发生在身体政治的领域内。超发达国家和欠

---

[1] 参考 1985 年 4 月 19 日至 22 日在波恩举行的"妇女反对遗传工程和生殖技术"国际大会，以及女权主义反对生殖和遗传工程国际网络（FINRRAGE）。

发达国家女权主义者的斗争和行动相结合，可以揭露和削弱国际资本对女性的双面政策。第三世界和第一世界的女权主义者可以通过共同反对资本主义父权制的非人化和反女性倾向来克服殖民式的分裂。

在经济或经济斗争领域，要发现超发达国家和欠发达国家女性的共同点更为困难，因为正如我们所看到的，这一领域几乎完全被国际劳动分工和性别分工所控制。在这个框架内，第三世界的女性生产者与第一世界的女性消费者以一种矛盾甚至是对立的方式联系在一起。为西方消费者生产服装和内衣的世界工厂，如果为争取更好的工资和工作条件而罢工，那么这些公司就可以要求西方消费者支付更高的产品价格。即使西方女性意识到这种更高的价格是某个迁移走的工厂罢工的结果，也无法确定更高的价格是否会到达实际的生产者那里。一方面，如果女权主义者开始抵制这些产品以支持这些工厂的罢工妇女，那里的妇女却可能无法理解这样的行动，因为在特定的结构中，她们能否保有工作和获得工资这类直接利益与资本销售其产品的利益密切相关。

另一方面，纺织行业转移到了亚洲或非洲，欧洲女性的工作被收入微薄的亚洲或非洲女性夺走。而在这两类女工之间，不存在团结的物质基础。如果其中一方试图改善她们作为雇佣工人或消费者（而非人类）的物质条件，资本就将试图通过挤压另一方的方式来抵消他们可能存在的损失。因此，在国际劳动分工的既定框架，以及雇佣工人的利益与资本的利益紧密相连的既定框架内，第三世界和第一世界的女性之间几乎没有真正的团结，至少没有那种超越家长式言辞和家长式慈善的团结。

但是，如果超发达国家和欠发达国家的女性，都准备要超越国际劳动分工和性别分工的界限，超越商品生产和销售所设定的界限；如果她们接受自给自足、自成一体的经济原则；如果她们在第三世界国家准备用满足人民需要的生产来取代以出口为导向的生产；那么这样，就有可能把世界两端的女性斗争结合起来，使一方的胜利不会导致另一方的失败。例如，如果第三世界女性为控制自己的土地和生计生产而进行的斗争——这种斗争往往针对的是国际或国内公司与男性的共同利益——得到超发达国家消费者的支持，那么这种情况就有可能发生。

超发达国家内由女权主义者领导的消费者解放运动在许多方面可以为欠发达国家的女性生产解放运动奠定基础。这场运动中，某一地区的人们利用土地、人力和物质资源，首先提供他们生产需要的东西：食物、衣服、住所、健康和教育。同时，他们的经济将部分地与世界市场脱钩，特别是与国际信贷陷阱脱钩。西方的消费者解放运动与亚洲、非洲和拉丁美洲的生产解放运动相结合，这将使跨国公司没有太多的动力，再通过不公正的国际劳动分工进一步殖民这些国家。他们中的许多人将关闭工厂，搬回祖国。然后，当地的工业将不得不为国内市场而生产，而不是为富裕社会中已经饱和的市场而生产。在西方，来自第三世界国家的廉价进口商品逐渐枯竭，这将导致所有基本消费品的价格上涨，也将迫使经济回归自己的农业根基，结束过度依赖的、浪费的和破坏性的生产。这种运动一个合乎逻辑的结果是男人养家糊口、女人操持家务的模式被放弃。因为如果没有剥削性的国际劳动分工，在昔日的超发达国家中，很少有男人能够"养活"并维持一个"不工作"的家庭主妇。所有人都必须为生产或生存而工作，而女性则必须要求男性也接受她们为生活生产所做的贡献。资产阶级家庭主妇模式最终会失去吸引力，不再是进步的象征。

参考文献

Ahmad, Z. & M. Loutfi. *Women Workers in Rural Development* (ILO, Geneva, 1982).

Akhter, Farida. *Seeds of Movements* (Narigrantha Prabartana, Dhaka, 2007).

Allen van, J. 'Sitting on a Man: Colonialism and the Lost Political Institutions of Igbo Women', *Canadian Journal of African Studies,* vol. IV, no.2, 1972.

Amos, V. & P. Parmar. 'Challenging Imperial Feminism', *Feminist Review,* no.17, July 1984.

Andors, P. ' "The Four Modernizations" and Chinese Policy on Women', *Bulletin of Concerned Asian Scholars,* vol.13, no.2, 1981, pp.44–56.

Arditti, R., Duelli-Klein, R. & S. Minden (eds). *Test-Tube Women: The Future of Motherhood* (Pandora Press, Boston & London, 1984).

Ardrey, R. *The Territorial Imperative* (Atheneum, New York, 1976).

—— *The Hunting Hypothesis* (Atheneum, New York, 1976).

Atkinson, T. G. 'Die Frauenbewegung hat versagt' (The failure of the women's movement), *Courage,* 9 September 1982.

Attali, J. *L'Ordre Cannibale* (Paris, 1979).

Aziz, Abdul. 'Economics of Bride Price and Dowry', *Economic and Political Weekly*, 9 April 1983.

Badinter, E. *L'amour en plus* (Flammarion, Paris, 1980).

Balasubrahmanyan, V. 'Medicine and the Male Utopia', *Economic and Political Weekly*, vol. XVII, no.43, 23 October 1982.

Bandarage, A. 'Towards International Feminism', *Brandeis Review*, vol.3, no.3, Summer 1983.

Bardhan, P. 'Little Girls and Death in India', *Economic and Political Weekly*, vol. XVII, no.36, 4 September 1982.

Barret, M. & M. McIntosh. 'The "Family Wage": Some Problems for Socialists and Feminists', *Capital and Class*, no.11, Summer 1980.

Bauer, M. *Deutscher Frauenspiegel* (München, Berlin, 1917).

Bazin, J. 'Guerre et Servitude à Ségou', in Meillassoux, C. (ed.) *L'esclavage dans l'Afrique pré-coloniale* (Maspéro, Paris, 1975).

Bebel, A. *Die Frau und der Sozialismus* [Dietz Verlag, (Ost)-Berlin, 1964].

Becker, B., Bovenschen, S., H. Brackert *et al. Aus der Zeit der Verzweiflung: Zur Genese und Aktualität des Hexenbildes* (Frankfurt, 1977).

Bennholdt-Thomsen, V. & A. Boekh. 'Zur Klassenanalyse des Agrarsektors', AG Bielefelder Entwicklungssoziologen Bd 5 (eds) (Breitenbach, Saarbrücken, 1979).

Bennholdt-Thomsen, Veronika, and Maria Mies. *The Subsistence Perspective* (Zed Books, London, 1999).

Bennholdt-Thomsen, V. 'Investment in the Poor: Analysis of World Bank Policy', *Social Scientist*, vol.8, no.7, February 1980 (part I); vol.8, no.8, March 1980 (part II).

—— 'Subsistence Production and Extended Reproduction', in: Young, K. *et al* (eds): *Of Marriage and the Market* (Routledge and Kegan Paul, London, 1981, pp.16–29).

—— 'Auch in der Dritten Welt wird die Hausfrau geschaffen, warum?' (Also in the Third World the housewife is being created. Why?) Deutsche Gesellschaft für Hauswirtschaft e. V. DGH Bericht ü. d. 33. Jahrestagung am 22/23 9 1983 in Bonn.

—— 'Zivilisation, moderner Staat und Gewalt. Eine feministische Kritik an Norbert Elias' Zivilisationstheorie', (Civilization, modern state and violence: a critique of Norbert Elias) *Beiträge zur feministischen Theorie und Praxis*, Nr. 13, 1985, p.23.

Bock, G. & B. Duden. 'Labor of Love—Love as Labor', *Development*, Special Issue: Women: Protagonists of Change, no.4, 1984, pp.6–14.

Bonté, P. 'Esclavage et relations de dépendance chez les Touareq de Kel Gress', in: Meillassoux, C. (ed.), *L'ésclavage dans l'Afrique pré-coloniale* (Maspéro, Paris, 1975).

Bornemann, E. *Das Patriarchat: Ursprung und Zukunft unseres Gesellschafts-systems* (S. Fischer, Frankfurt, 1975).

Boserup, E. *Woman's Role in Economic Development* (St. Martin's Press, New York, 1970).

Briffault, R. *The Mothers* (Atheneum, London, 1952).

Brooks, G. E. 'The Signares of Saint-Louis and Gorée: Women Entrepreneurs in Eighteenth Century Senegal' in: Hafkin, N. J. & E. B. Bay (eds) *Women in Africa* (Stanford University Press, Stanford, 1976).

Brown, J. 'Economic Organisation and the Position of Women among the Iroquois', *Ethnohistory*, no.17 (1970), pp.151–167.

Bunch, C. & S. Castley (eds). *Report of the Bangkok Workshop: Feminist Ideology and Structures in the First Half of the Decade for Women* (Bangkok, 23–30 June 1979).

—— *Developing Strategies for the Future: Feminist Perspectives,* Report of the International Workshop, Stony Point (New York, 20–25 April 1980).

Caldwell, M. *The Wealth of Some Nations* (Zed Books, London, 1977).

Capra, F. *The Turning Point* (1982).

Carr, M. *Technology and Rural Women in Africa,* ILO World Employment Programme, Research Working Paper (ILO, Geneva, 1980).

Centre of Education and Documentation (eds). *'Operation Flood: Development or Dependence?'* (4 Battery Street, Bombay 400 039, India, 1982).

Chaki-Sircar, M. *Feminism in a Traditional Society* (Shakti Books, Vikas Publishing House, Delhi, 1984, 3rd ed.).

Chattopadhyaya, D. Lokayata: *A Study in Ancient Indian Materialism* (People's Publishing House, New Delhi, 1973, 3rd ed.).

Childe, G. *What Happened in History* (Penguin Books, London, 1976).

Cohn, N. *The Pursuit of the Millenium* (Paladin, London, 1970).

Collins, J. & F. Moore Lappé. *Food First—Beyond the Myth of Scarcity* (Institute for Food and Development Policy, San Francisco, 1977).

Corea, G. 'How the New Reproductive Technologies Could be used to Apply to Reproduction the Brothel Model of Social Control over Women', paper presented at 2nd International Interdisciplinary Congress on Women, Groningen, Holland, 17–21 April 1984.

Croll, E. J. 'Socialist Development Experience: Women in Rural Production and Reproduction in the Soviet Union, China, Cuba and Tanzania', discussion paper, Institute of Development Studies at the University of Sussex (IDS), September 1979.

—— *The Politics of Marriage in Contemporary China* (Cambridge University Press, London, 1981).

—— *Chinese Women after Mao* (Zed Books, London, 1983).

—— 'Chinese Women: Losing Ground', *Inside Asia,* February–March 1985, pp.40–41.

Dalla Costa, M. R. *The Power of Women and the Subversion of the Community* (Bristol, 1972).

Daly, M. *Gyn-Ecology: The Metaethics of Radical Feminism* (Beacon Press, Boston, 1978).

Daswani, M. 'Women and Reproductive Technology in India', paper presented at the congress 'Frauen gegen Gentechnik und Reproducktionstechnik', Bonn, 19–22 April 1985.

Datar, C. 'The Anti-Rape Campaign in Bombay', paper submitted at the Anthropological Congress in Amsterdam, April 1981.

—— In Search of Feminist Theory: A Critique of Marx's Theory of Society with Particular Reference to the British Feminist Movement (Masters Thesis, Institute of Social Studies, The Hague, 1981).

—— 'The Left Parties and the Invisibility of Women: A Critique', *Teaching Politics,* vol. X, Annual No., 1984, Bombay 1984, pp.71–82.

Davin, D. *Women-Work, Women and the Party in Revolutionary China* (Clarendon Press, Oxford, 1976).

Deere, C. D. 'Rural Women's Subsistence Production in the Capitalist Periphery', *The Review of Radical Political Economy* (URPE), vol.8, no.1, Spring 1976, pp.9–17.

Diamond, N. 'Collectivization, Kinship and Status of Women in Rural China', *Bulletin of Concerned Asian Scholars,* vol.7, no.1, January–March 1975, pp.25–32.

Diwan, R. 'Rape and Terror', *Economic and Political Weekly,* vol. XV, no.28, 12 July 1980.

Dodge, N. *Women in the Soviet Economy: Their Role in Economic, Scientific and Technical Development* (John Hopkins Press, USA, 1966).

—— & M. Feshback. 'The Role of Women in Soviet Agriculture', in *Korcz,* J. F. (ed.) *Soviet and East European Agriculture* (University of California, USA, 1967).

—— 'Recruitment and the Quality of the Soviet Agricultural Labour Force', in: Millar, J. R. (ed.) *The Soviet Rural Community* (Illinois Press, USA, 1971).

Dross, A. *Die erste Walpurgisnacht: Hexenverfolgung in Deutschland* (Verlag Roter Stern, Frankfurt, 1978).

Dualeh Abdalla, R. H. *Sisters in Affliction: Circumcision and Infibulation of*

Women in Africa (Zed Books, London, 1982).

Dube, L. 'The Seed and the Field: Symbolism of Human Reproduction in India', paper read at the Xth International Conference of Anthropological and Ethnological Sciences, New Delhi, 1978.

Dumont, L. *Homo Hierarchicus: Essai sur le système des castes* (Gallimard, Paris, 1966).

Dutt, P. *India Today* (Manisha, Calcutta, 1947, 2nd ed. 1970).

Ehrenfels, O. R. *Mother-Right in India* (Hyderabad, 1941).

Ehrenreich, B. & D. English. *Witches, Midwives and Nurses: A History of Women Healers* (Feminist Press, New York, 1973).

—— 'The Manufacture of Housework', *Socialist Revolution,* 26, 1975.

—— *For Her Own Good: 150 Years of the Experts' Advice to Women* (Pluto Press, London, 1979).

Eisen, A. *Women and Revolution in Vietnam* (Zed Books, London, 1984).

Eisenstein, Z. *Capitalist Patriarchy and the Case for Socialist Feminism* (Monthly Review Press, New York, 1979).

Elias, N. *Über den Prozeß der Zivilisation* Bd. I & II (Suhrkamp, Frankfurt, 1978).

Elson, D. & R. Pearson. 'The Latest Phase of the Internationalisation of Capital and its Implications for Women in the Third World', discussion paper 150, Institute of Development Studies, Sussex University, June 1980.

Engels, F. *Herr Eugen Dühring's Revolution in Science* (Anti-Dühring) (London, 1936).

—— 'Origin of the Family, Private Property and the State' (abridged) in: Marx/ Engels *Selected Works,* vol.3 (Progress Publishers, Moscow, 1976).

Epstein, S. *South India Yesterday, Today and Tomorrow* (Macmillan, London, 1973).

Evans, R. J. *Sozialdemokratie und Frauenemanzipation im deutschen Kaiserreich* (Dietz Verlag, Berlin, Bonn, 1978).

Farooqui, V. *Women: Special Victims of Police & Landlord Atrocities* (National Federation of Indian Women Publication, Delhi, 1980).

Federici, Silvia. *Caliban and the Witch: Women, the Body and Primitive Accumulation* (Autonomedia, Brooklyn NY, 2004).

Fergusson, M. *The Aquarian Conspiracy* (Los Angeles, 1980).

First Congress of the Toilers of the Far East, Reports, Moscow, 1922.

Fisher, E. *Woman's Creation* (Anchor Press, Doubleday Garden City, New York, 1979).

Flandrin, J. L. *Families in Former Times: Kinship, Household and Sexuality* (Cambridge University Press, 1980).

Ford Smith, H. 'Women, the Arts and Jamaican Society', unpublished paper, Kingston, 1980.

—— 'From Downpression Get a Blow up to Now: Becoming Sistren', paper presented at the workshop, 'Women's Struggles and Research', Institute of Social Studies, The Hague, 1980.

Frank, A. G. *Capitalism and Underdevelopment in Latin America* (Monthly Review Press, New York, 1969).

—— *World Accumulation 1492–1789* (Macmillan, London, 1978).

Friedan, B. *The Feminine Mystique* (Penguin, London, 1968).

Fröbel, F., Kreye, J. & O. Heinrichs. *The New International Division of Labour* (Cambridge University Press, Cambridge, 1980).

Gandhi, N. 'Stree Shakti Sangahit Jhali Ho!' *Eve's Weekly,* 16–22 February 1985.

Gay, J. 'A Growing Movement: Latin American Feminism', *NACLA Report,* vol. XVII, no.6, November–December 1983, p.44.

Goodale, J. *Tiwi Wives* (University of Washington Press, Seattle and London, 1971).

Gorz, A. *Les chemins du paradis* (Editions Galilée, Paris, 1983).

Gough, K. 'The Origin of the Family', in Reiter, R. (ed.) *Toward an Anthropology of Women* (Monthly Review Press, New York and London, 1975).

Government of India, Ministry of Education and Social Welfare, 'Towards Equality', report on the Committee on the Status of Women in India, December 1974.

Griffin, S. *Woman and Nature: The Roaring Inside Her* (Harper Colophone Books, New York, 1980).

Grossman, R. 'Women's Place in the Integrated Circuit', *South East Asian Chronicle,* no.66, 1979, and *Pacific Research,* vol.9, nos. 5–6, 1978.

Guillaumin, C. 'Pratique du pouvoir et idée de nature. "L'appropriation des femmes"', *Questions Feministes,* no.2, Février 1978.

—— 'Le Discours de la Nature', *Questions Feministes,* no.3, Mai 1978.

Hammes, M. *Hexenwahn und Hexenprozesse* (Fischer, Taschenbuch, 1977).

Handwerker, W. P. 'Changing Household Organisation in the Origins of Market Place in Liberia', *Economic Development and Cultural Change,* January 1974.

Hartmann, H. *et al. The Unhappy Marriage of Marxism and Feminism: A Debate on Class and Patriarchy* (Pluto Press, London, 1981).

Hawkins, E. K. Statement on Behalf of World Bank Group, International Bank for Reconstruction and Development (Washington, 1968).

Heinsohn, G. & R. Knieper. *Theorie des Familienrechts, Geschlechtsrollenaufhebung, Kindesvernachlässigung, Geburtenrückgang* (Suhrkamp, Frankfurt, 1976).

——, Knieper, R. & O. Steiger. *Menschenproduktion: Allgemeine Bevölkerungslehre der Neuzeit* (Suhrkamp, Frankfurt, 1979).

—— & O. Steiger. 'Die Vernichtung der weisen Frauen Hexenverfolgung, Menschenkontrolle, Bevölkerungspolitik', in: Schröder, J. (ed.), *Mammut*, März Texte 1 & 2 (März Verlag, Herbstein, 1984).

Héritier, F. 'Des cauris et des hommes: production d'esclaves et accumulation de cauris chez les Samos (Haute Volta)' in: Meillassoux, C. (ed.): *L'ésclavage dans l'Afrique pré-coloniale* (Maspéro, Paris, 1975).

Honneger, C. (ed.). *Die Hexen der Neuzeit: Studien zur Sozialgeschichte eines kulturellen Deutungsmusters* (Suhrkamp, Frankfurt, 1978).

Hosken, F. 'Female Sexual Mutilations: The Facts and Proposals for Action', *Women's International Network News,* 1980.

—— 'The Hosken Report—Genital and Sexual Mutilation of Females' (2nd ed.) *Women's International Network News,* 1980.

Illich, I. *Gender* (Pantheon, New York, 1983).

Irrigaray, L. *Speculum, Spiegel des anderen Geschlechts* (Ed. Suhrkamp, Frankfurt, 1980).

Jain, D. *Women's Quest for Power* (Vikas Publishing House, New Delhi, 1980).

Janssen-Jurreit, M. L. *Sexismus* (Carl Hanser Verlag, München and Wien, 1976).

Jayawardena, Kumari, and Maria Mies. *National Liberation and Women's Liberation* (Institute of Social Studies, The Hague, 1982).

Jelpke, U. (ed.). *Das höchste Glück auf Erden: Frauen in linken Organisationen* (Buntbuch Verlag, Hamburg, 1981).

Kagal, A. 'A girl is born', *Times of India,* 3 February 1985.

Kapadia, K. M. *Marriage and Family in India* (Oxford University Press, London and Calcutta, 1968).

Karve, I. *Kinship Organisation in India* (Asia Publishing House, Bombay, 1965).

Khudokormov, G. N. (ed.). *Political Economy of Socialism* (Progress Publishers, Moscow, 1967).

Krishnakumari, N. S. & A. S. Geetha. 'Dowry—Spreading Among More Communities', *Manushi—A Journal about Women and Society,* vol.3, no.4, 1983.

Kumar, D. 'Male Utopias or Nightmares', *Economic and Political Weekly,* vol. XVIII, no.3, 15 January 1983.

Lakey, B. 'Women help Women—Berit Lakey of the WOAR talks to Vibhuti

Patel', *Manushi—A Journal about Women and Society,* March–April 1979.

Lalitha, K. 'Origin and Growth of POW, First ever Militant Women's Movement in Andhra Pradesh', *HOW,* vol.2, no.4, 1979, p.5.

Land, H. 'The Family Wage', *Feminist Review,* no.6, 1980, pp.55–78.

Leacock, E. 'Women's Status in Egalitarian Society: Implications for Social Evolution', *Current Anthropology,* vol.19, no.2, June 1978.

Lee, R. B. *The Kung San: Men, Women and Work in a Foraging Society* (Cambridge University Press, London, New York, New Rochelle, Melbourne, Sydney, 1980).

Lenin, V. I. 'Imperialism, the Highest Stage of Capitalism', in Lenin, V. I., *Selected Works,* vol. I (Progress Publishers, Moscow, 1970, p.666).

Leukert, R. 'Weibliche Sinnlichkeit', unpublished Diploma thesis, University of Frankfurt, 1976.

Lorenz, K. *On Aggression* (Methuen, London, 1966).

Luxemburg, R. *Die Akkumulation des Kapitals, Ein Beitrag zur ökonomischen Erklärung des Kapitalismus* (Berlin, 1923).

—— *Einführung in die Nationalökonomie,* Levi, P. (ed.) (Berlin, 1925).

Mamozai, M. *Herrenmenschen: Frauen im deutschen Kolonialismus* (rororo Frauen aktuell, Reinbeck, 1982).

Mandel, E. *Marxist Economic Theory* (Rupa & Co., Calcutta, Allahabad, Bombay, Delhi, 1971).

Mandelbaum, K. 'Sozialdemokratie und Imperialismus', in: Mandelbaum, K., *Sozialdemokratie und Leninismus, Zwei Aufsätze* (Wagenbach, Berlin, 1974).

Manushi, 'Delhi—"Women's Safety is Women's Right" Beldiha, Bihar—Mass Rape—Police, the Culprits', *Manushi—A Journal about Women and Society,* March–April 1979.

—— 'Such Lofty Sympathy For a Rapist!' *Manushi—A Journal about Women and Society,* no.5, May-June 1980.

Marcuse, H. *Der eindimensionale Mensch* (Luchterhand, Neuwied-Berlin, 1970).

Martin, M. K. & B. Voorhies. *Female of the Species* (Columbia University Press, New York, London, 1975).

Marx, K. & F. Engels. 'The German Ideology', part one, with selections from parts two and three together with Marx's 'Introduction to a critique of political economy', Arthur, C. J. (ed.) (New York, 1970).

Marx, K. *Capital: A Critique of Political Economy,* Engels, F. (ed.), 3 vols (Lawrence & Wishart, London, 1974).

—— *Grundrisse* (Berlin, Dietz Verlag, 1974).

—— & F. Engels. *Collected Works,* vol. V (Progress Publishers, Moscow, 1976).

—— & F. Engels. 'Feuerbach. Opposition of the Materialistic and Idealistic Outlook', Chapter I of the German Ideology, in: Marx, K. & F. Engels, *Selected Works,* vol.1 (Progress Publishers, Moscow, 1977).

Mass, B. *The Political Economy of Population Control in Latin America* (Women's Press, Montreal, 1975).

—— *Population Target: The Political Economy of Population Control in Latin America* (Women's Press, Ontario, 1976).

May, R. M. 'Human Reproduction reconsidered', *Nature,* vol.272, 6 April 1978.

McKim, M. 'Little Communities in an Indigenous Civilisation', in: 'Village India, Studies in the Little Community', McKim, M. (ed.): *The American Anthropologist,* vol.57 (3), 1955, p.181.

Metha, M. 'Urban Informal Sector Concepts, Indian Evidence and Policy Implications', *Economic and Political Weekly,* 23 February1985, pp.326–332.

Meijer, M. J. *Marriage Law and Policy in the Chinese People's Republic* (Hong Kong University Press, Hong Kong, 1971).

Meillassoux, C. *Femmes, Greniers et Capitaux* (Maspéro, Paris, 1974).

—— (ed.). *L'esclavage dans l'Afrique pré-coloniale* (Maspéro, Paris, 1975).

—— 'The Progeny of the Male', paper read at Xth International Congress of Anthropological and Ethnological Sciences, December 1978, New Delhi.

Merchant, C. *The Death of Nature: Women, Ecology and the Scientific Revolution* (Harper & Row, San Francisco, 1983).

Mies, Maria. 'Why German?', *Bulletin of the Deccan College Research Institute* 27, 1967/68 (Poona).

Mies, Maria. *Indian Women and Patriarchy* (Concept Publishers, New Delhi, 1980).

Mies, Maria, Veronika Bennholdt-Thomsen and Claudia von Werlhof. *Women: The Last Colony* (Zed Books, London, 1988).

Mies, M. 'Towards a Methodology of Women's Studies' (Institute of Social Studies, The Hague), *Occasional Papers,* no.77, November 1979.

—— *Indian Women and Patriarchy* (Concept Publishers, Delhi, 1980a).

—— 'Capitalist Development and Subsistence Reproduction: Rural Women in India', *Bulletin of Concerned Asian Scholars,* vol.12, no.1, 1980, pp.2–14.

—— 'Social Origins of the Sexual Division of Labour', *ISS Occasional Papers,* no.85, Institute of Social Studies, The Hague, January 1981.

—— 'Marxist Socialism and Women's Emancipation: The Proletarian Women's Movement in Germany', in: Mies, M. & K. Jayawardena, *Feminism in Europe:*

Liberal and Socialist Strategies 1789–1919 (Institute of Social Studies, The Hague, 1981).

—— & R. Reddock (eds). *National Liberation and Women's Liberation* (Institute of Social Studies, The Hague, 1982).

—— (ed.). *Fighting on Two Fronts: Women's Struggles and Research* (Institute of Social Studies, The Hague, 1982).

—— *The Lacemakers of Narsapur: Indian Housewives Produce for the World Market* (Zed Books, London, 1982).

—— 'Landless Women Organize: Case Study of an Organization in Rural Andhra', *Manushi,* vol.3, no.3, 1983a.

—— 'Geschlechtliche und internationale Arbeitsteilung', in Heckmann, F. & P. Winter (eds): *21. Deutscher Soziologentag 1982 Beiträge der Sektions und ad hoc Gruppen* (Westdeutscher Verlag, 1983b, p.34).

—— 'Wer das Land besitzt, besitzt die Frauen des Landes. Klassenkämpfe und Frauenkämpfe auf dem Land. Das Beispiel Indien' in: von Werlhof, C., Mies, M. & V. Bennholdt-Thomsen, *Frauen, die letzte Kolonie* (rororo, Reinbeck, 1983c, pp.18–46).

—— (assisted by K. Lalita & K. Kumari). 'Indian Women in Subsistence and Agricultural Labour', World Employment Programme (WEP), Working Paper no.34, International Labour Office, Geneva, 1984 (2).

—— 'Frauenforschung oder feministische Forschung', *Beiträge zur Feministischen Theorie und Praxis,* no.11, 1984b.

Militarism versus Feminism, an Enquiry and a Policy, demonstrating that Militarism involves the Subjection of Women (no author) (Allen & Unwin, London, 1915).

Miller, B. D. *The Endangered Sex: Neglect of Female Children in Rural North India* (Cornell University Press, Ithaka & London, 1981, p.201).

Millett, K. *Sexual Revolution* (Doubleday & Company, New York, 1970).

Mingmonkol, S. 'Official Blessing for the Brothel of Asia', *Southeast Asia Chronicle,* no.78, pp.24–25.

Minkin, S. 'Bangladesh: The Bitter Pill', *Frontier,* Calcutta, 27 October 1979.

Mitchell, J. *Women's Estate* (Pelican, London, 1973).

—— *Psychoanalysis and Feminism: Freud, Reich, Laing and Women* (Vintage Books, New York, 1975).

Mitra, A. 'The Status of Women', *Frontier,* 18 June 1977.

——, L. Pathak & S. Mukherji. *The Status of Women: Shifts in Occupational Participation 1961–1971* (New Delhi, 1980).

Mitra, M. 'Women in Dairying in Andhra Pradesh', term paper, Mimeo, Institute of Social Studies, The Hague, 1984.

Möller, C. 'Ungeschützte Beschäftigungsverhältnisse—verstärkte Spaltung der abhängig Arbeitenden', Beiträge zur Frauenforschung am 21. Deutschen Soziologentag, Bamberg, München, 1982.

Moraga, C. & G. Anzaldua. *This Bridge Called My Back: Writings by Radical Women of Color* (Persephone Press, Watertown, Mass., 1981).

Moselina, L. M. 'Olongapo's R & R Industry: A Sociological Analysis of Institutionalized Prostitution', *Ang Makatao,* January–June 1981.

Mukherjee, G. 'Laws discriminate against women', *Sunday,* 27 July 1980.

Muktadar, S. *Report of the Commission of Inquiry* (Hyderabad, 1978).

Niggemann, H. *Emanzipation zwischen Sozialismus und Feminismus Die Sozialdemokratische Frauenbewegung im Kaiserreich* (Peter Hammer Verlag, Wuppertal, 1981).

Oakley, A. *Sex, Gender and Society* (Harper Colophon Books, London, 1972).

Obbo, C. *African Women: Their Struggle for Economic Independence* (Zed Books, London, 1980).

O'Faolain, J. & L. Martines. *Not in God's Image: Women in History from the Greeks to the Victorians* (Harper Torchbooks, New York, 1973).

Ohse, U. 'Mädchenhandel und Zwangsprostitution asiatischer Frauen', *Evangelische Pressekorrespondenz,* no.5, 1981.

Omvedt, G. *We will smash this Prison: Indian Women in Struggle* (Zed Books, London, 1980).

Ortner, B. S. 'Is Female to Male as Nature is to Culture?' in: Rosaldo, M. Z. & L. Lamphere (eds), *Women, Culture and Society* (Stanford University Press, Stanford, 1973, p.67).

Pasquinelli, C. 'Feminism and Politics in Italy: Theoretical Aspects', paper presented at Women's Symposium of the International Union of Anthropological and Ethnological Sciences (IUAES), Intercongress, Amsterdam, 23–24 April 1981.

Patel, V. 'Amniocentesis and Female Foeticide—Misuse of Medical Technology', *Socialist Health Review,* vol.1, no.2, 2 September 1984.

Pearson, R. 'Women's Response to the Current Phase of Internationalisation of Capital', paper presented at Women's Symposium of the International Union of Anthropological and Ethnological Sciences (IUAES), Intercongress, Amsterdam, 23–24 April 1981.

Pestalozzi, H. A. 'Der neue Konsument—Fiktion oder Wirklichkeit', in: *Der neue Konsument* (Fischer Alternativ, Frankfurt, 1979).

Phongpaichit, P. *From Peasant Girls to Bangkok Masseuses* (International Labour Office, Geneva, 1982).

Radhakrishnan, P. 'Economics of Bride-Price and Dowry', *Economic and Political Weekly,* vol. XVIII, no.23, 4 June 1983.

Rajaraman, I. 'Economics of Bride-Price and Dowry', *Economic and Political Weekly,* vol. XVIII, no.8, 19 February 1983.

Rao, A., Vaid, S. & M. Juneja. 'Rape, Society and State', People's Union for Civil Liberties and Democratic Rights, Delhi, n. d.

Ravaioli, C. *Frauenbewegung und Arbeiterbewegung Feminismus und die KPI* (VSA, Hamburg, West Berlin, 1977).

Reddock, E. Rhoda. *Women, Labour and Politics in Trinidad and Tobago: A History* (Zed Books, London, 1994).

Reddock, R. 'Women's Liberation and National Liberation: A Discussion Paper' in: Mies, M. & R. Reddock (eds): *National Liberation and Women's Liberation* (Institute of Social Studies, The Hague, 1982).

—— *Women, Labour and Struggle in 20th Century Trinidad and Tobago 1898–1960* (Institute of Social Studies, The Hague, 1984).

Reed, E. *Woman's Evolution from Matriarchal Clan to Patriarchal Family* (Pathfinder Press, New York, 1975).

—— *Sexism and Science* (Pathfinder Press, New York and Toronto, 1978).

Reiter, R. R. (ed.). *Toward an Anthropology of Women* (Monthly Review Press, New York and London, 1975).

—— 'The Search for Origins', *Critique of Anthropology, Women's Issue,* 9 & 10, vol.3, 1977.

Richter, L. 'Tourism by Decree', *Southeast Asia Chronicle,* no.78, 1981, pp.27–32.

Risseeuw, C. *The Wrong End of the Rope: Women Coir Workers in Sri Lanka,* Research Project: Women and Development, University of Leiden, 1980.

—— 'Organization and Disorganization: A Case of Women Coir Workers in Sri Lanka', paper presented at Women's Symposium of the International Union of Anthropological and Ethnological Sciences (IUAES), Intercongress, Amsterdam, 23–24 April 1981.

Rowbotham, S. *Women, Resistance & Revolution: A History of Women and Revolution in the Modern World* (Vintage, New York, 1974).

——, L. Segal & H. Wainwright. *Beyond the Fragments: Feminism and the Making of Socialism* (Merlin Press Ltd., London, 1980).

Rushin, D. K. 'The Bridge', in Moraga, C. & G. Anzaldua (eds): *This Bridge Called My Back: Writings by Radical Women of Color* (Persephone Press, Watertown, Mass., 1981).

Safa, H. I. 'Export Processing and Female Employment: The Search for Cheap

Labour', paper prepared for Wenner Gren Foundation Symposium on: The Sex Division of Labour, Development and Women's Status, Burg Wartenstein, 2–10 August 1980.

Sambrani, R. B. & S. Shreekant. 'Economics of Bride-Price and Dowry', *Economic and Political Weekly,* vol. XVIII, no.15, 9 April 1983.

Sarkar, Saral. *The Crises of Capitalism: A Different Study of Political Economy* (Counterpoint, Berkeley CA, 2012).

Schergel, H. 'Aus Fernost ein "Kätzchen fürs Leben"', in *Tourismus, Prostitution, Entwicklung, Dokumente* (ed.: Zentrum für Entwicklungsbezogene Bildung, Stuttgart, 1983, pp.89–92).

Schmidt, A. *The Concept of Nature in Marx* (New Left Books, London, 1973).

Schwarzer, A. *So fing es an* (Emma Buch, Köln, 1980).

Singh, N. *Economics and the Crisis of Ecology* (Oxford University Press, Delhi, 1976).

—— 'The Gaia Hypothesis: An Evaluation', discussion paper no.9, Zakir Hussain Centre for Educational Studies, Jawaharlal Nehru University, New Delhi, 1980.

Sistren Theatre Collective. 'Women's Theatre in Jamaica', *Grassroots Development,* vol.7, no.2, 1983, p.44.

Slocum, S. 'Woman the Gatherer', in Reiter, R. R. (ed.): *Toward an Anthropology of Women* (Monthly Review Press, New York, 1975).

Sohn-Rethel, A. *Geistige und körperliche Arbeit* (Suhrkamp, Frankfurt, 1972).

—— *Warenform und Denkform* (Suhrkamp, Frankfurt, 1978).

Sombart, W. *Liebe, Luxus und Kapitalismus: Uber die Entstehung der modernen Welt aus dem Geist der Verschwendung* (Wagenbachs Taschenbücherei 103, Berlin, reprint from 1922: Luxus and Kapitalismus).

Srinivas, M. N. 'A Note on Sanscritization and Westernization', *The Far Eastern Quarterly,* vol. XV, November 1955–August 1956, pp.492–536.

—— *Social Change in Modern India* (Berkeley and Los Angeles, 1966).

Srivastava, A. 'Police did it again', *Frontier,* 9 December 1978.

Stoler, A. 'Social History and Labour Control: A Feminist Perspective on Facts and Fiction', in Mies, M. (ed.): *Fighting on Two Fronts: Women's Struggles and Research* (Institute of Social Studies, The Hague, 1982).

Tanganqco, L. 'The Family in Western Science and Ideology: A Critique from the Periphery', Master's Thesis (Women and Development), Institute of Social Studies, The Hague, 1982.

Than-Dam, T. 'Social Consciousness and the Vietnamese Women's Movement in the 20th Century', unpublished paper, Institute of Social Studies, Women & Development, 1984.

Thomson, G. *Studies in Ancient Greek Society: The Prehistoric Aegean* (Citadel Press, New York, 1965).

Thompson, L. 'State, Collective and Household. The Process of Accumulation in China 1949–1965', in: Smith, J., Wallerstein, I. & H. D. Evers (eds.): *Households and the World Economy* (Sage, London, 1984, pp.180–198).

Thönnessen, W. *Frauenemanzipation, Politik und Literatur der deutschen Sozialdemokratie zur Frauenbewegung 1863–1933* (Europäische Verlagsanstalt, Frankfurt, 1969).

Tiger, L. *Men in Groups* (Random House, New York, 1969).

—— & R. Fox. *The Imperial Animal* (Holt, Rinehart and Winston, New York, 1971).

Tourismus, Prostitution, Entwicklung, Dokumente. Ed.: Zentrum für Entwicklungsbezogene Bildung (ZEB), Stuttgart, 1983.

Turnbull, C. M. *The Forest People: A Study of the Pygmies of the Congo* (Simon and Schuster, New York, 1961).

Ullrich, W. *Weltniveau* (EVA, Frankfurt, 1979).

Unidad de Communicacion Alternativa de la Mujer—ILET, publicaciones alternativas de grupos de mujeres en america latina, Santiago, Chile, 1984.

Urdang, S. *Fighting Two Colonialisms: Women in Guinea-Bissau* (Monthly Review Press, New York, 1979).

Vargas-Valente, V. 'The Feminist Movement in Peru: Balance and Perspectives', paper presented at Women's Symposium of the International Union of Anthropological and Ethnological Sciences (IUAES), Intercongress, Amsterdam, 23–24 April, 1981.

de Vries, P. 'Feminism in the Netherlands', *International Women's Studies Quarterly*, London, 1981.

Wallerstein, I. *The Modern World-System: Capitalist Agriculture and the Origins of the European World Economy in the Sixteenth Century* (Academic Press, New York, San Francisco, and London, 1974).

Weinbaum, B. 'Women in Transition to Socialism: Perspectives on the Chinese Case', *Review of Radical Political Economics*, vol.8, no.1, 1976, pp.34–58.

—— & A. Bridges. 'Die andere Seite der Gehaltsliste: Das Monopolkapital und die Struktur der Konsumtion', *Monthly Review*, no.3, September 1976, pp.87–103.

von Werlhof, C. 'Frauenarbeit, der blinde Fleck in der Kritik der Politischen Ökonomie', *Beiträge zur feministischen Theorie und Praxis*, no.1, München, 1978.

—— 'Women's Work: The Blind Spot in the Critique of Political Economy',

Journades D'Estudi sobre el Patriarcat, Universitat Autónomia de Barcelona, 1980.

——, M. Mies & V. Bennholdt-Thomsen. *Frauen, die letzte Kolonie* (rororo aktuell, Technik u. Politik, no.20, Reinbeck, 1983).

—— 'New Agricultural Co-operatives on the Basis of Sexual Polarization Induced by the State: The Model Co-operative "Cumaripa", Venezuela', *Boletin de Estudios Latino-americanos y del Caribe,* no.35, Amsterdam, December 1983, pp.39–50.

—— *The Failure of Modern Civilization and the Struggle for a 'Deep' Alternative: On 'Critical Theory of Patriarchy' as a New Paradigm* (Peter Lang Verlag, Frankfurt am Main, 2011).

—— 'The Proletarian is Dead. Long live the housewife?' in: Wallerstein *et al.: Households and the World Economy* (Sage, New York, 1984).

—— 'Der Weiße Mann versucht noch einmal durchzustarten. Zur Kritik dual-wirtschaftlicher Ansätze', *Kommune,* 2 Jhrg, no.11, 2 November 1984, p.61.

Werner, J. 'Socialist Development: The Political Economy of Agrarian Reform in Vietnam', *Bulletin of Concerned Asian Scholars,* vol.16, no.2, 1984, pp. 48–55.

White, C. 'Women and Socialist Development: Reflections on the Case of Vietnam', paper presented at PSA Conference, Exeter University, April 1980.

Wolf-Graaf, A. *Frauenarbeit im Abseits* (Frauenoffensive, München, 1981).

Women and Fascism Study Group. *Breeders for Race and Nation: Women and Fascism in Britain Today* (Bread and Roses, London, 1982).

Women in Russia. Almanac, Zamisdat, 1981.

Wood, R. E. 'The Economics of Tourism', *Southeast Asia Chronicle,* no.78, 1979.

World Bank. *Integrating Women into Development* (Washington DC, 1975).

—— *Recognizing the 'Invisible' Woman in Development. The World Bank's Experience* (Washington DC, 1979).

Yamben, S. 'The Nupi Lan: Women's War of Manipur 1939', *Economic and Political Weekly,* 21 February 1976.

Youssef, N. & C. B. Hetler. 'Rural Households Headed by Women: A Priority Concern for Development', World Employment Programme Research, working paper, WEP, 10/WP.31, ILO, Geneva, 1984.

Zetkin, C. *Zur Geschichte der proletarischen Frauenbewegung Deutschlands* (Verlag Roter Stern, Frankfurt, 1971, reprint).

Newspapers, Magazines, Documentation

Der Spiegel, no.43/1984.

Economic and Political Weekly, 26 July 1980.

Indian Express, 10 December 1980.

Maitrey, no.1, April–May 1982.

Maitrey, no.4, October–November 1982.

Sunday, 27 July 1980.

Sunday Mail, Harare, 27 November 1983.

Sunday Statesman, 10 August 1980.

The Times of India, 15 June 1980.

图书在版编目(CIP)数据

父权制与资本积累:国际劳动分工中的女性/(德)
玛丽亚·米斯(Maria Mies)著;李昕一,徐明强译
. —上海:上海书店出版社,2023.8
(共域世界史)
书名原文:Patriarchy and accumulation on a
world scale:Women in the international division
of labour
ISBN 978 - 7 - 5458 - 2282 - 3

Ⅰ.①父… Ⅱ.①玛… ②李… ③徐… Ⅲ.①国际分
工—女性—研究 Ⅳ.①F114.1

中国国家版本馆 CIP 数据核字(2023)第 084193 号

责任编辑 伍繁琪 范 晶
营销编辑 王 慧
装帧设计 郦书径

父权制与资本积累:国际劳动分工中的女性

[德]玛丽亚·米斯 著 李昕一 徐明强 译

出 版 上海书店出版社
　　　　 (201101 上海市闵行区号景路 159 弄 C 座)
发 行 上海人民出版社发行中心
印 刷 江阴市机关印刷服务有限公司
开 本 889×1194 1/32
印 张 14.5
字 数 250,000
版 次 2023 年 8 月第 1 版
印 次 2023 年 8 月第 1 次印刷
ISBN 978 - 7 - 5458 - 2282 - 3/F·62
定 价 98.00 元